商都文史资料

政协商都县委员会 编

第十辑

中国文史出版社

图书在版编目（CIP）数据

商都文史资料. 第十辑 / 政协商都县委员会编. —北京：
中国文史出版社，2022.7
ISBN 978-7-5205-3577-9

Ⅰ.①商… Ⅱ.①政… Ⅲ.①文史资料—商都县
Ⅳ.①K292.64

中国版本图书馆 CIP 数据核字（2022）第 121961 号

责任编辑：赵姣娇　　　　　装帧设计：程　跃　王　琳

出版发行：中国文史出版社

社　　址：北京市海淀区西八里庄路 69 号　　邮编：100142
电　　话：010 - 81136606　81136602　81136603（发行部）
传　　真：010 - 81136655
印　　装：北京温林源印刷有限公司　　邮编：102445
经　　销：全国新华书店
开　　本：787mm×1092mm　1/16
印　　张：23
字　　数：298 千字
版　　次：2022 年 10 月北京第 1 版
印　　次：2022 年 10 月第 1 次印刷
定　　价：68.00 元

前　言

又是一年收获期，情注文史写春秋。

《商都文史资料·第十辑》，经过全体撰稿人和编辑的共同努力，今天正式出版发行了。

本着拾遗补阙的原则，我们重新审视前九辑《商都文史资料》中遗漏的历史事件和历史题材，深入历史事件发生的遗迹现场，大量走访询问知情人士，孜孜不倦地查阅历史资料，并向有关学者和研究机构索取资料加以求证，从而再现了许多鲜为人知的史实。这些内容虽然并无多少惊天动地的事件，但由于编者的严谨与求实，选编的每一篇文稿都精彩纷呈，都有着"存史、资政、团结、育人"的社会功能和"匡史书之误、补档案之缺、辅史学之证"的学术价值。

本辑按讲述的内容进行分类，共设置了岁月峥嵘、史海拾贝、往事寻踪、山水风光、文艺长廊、创业精英、心香一瓣、民俗拾遗等八个栏目，收录了49篇文章。从不同视角、不同层面记述和回忆了抗日战争和解放战争时期，商都儿女与日本侵略者和国民党反动派浴血奋战的动人事迹；曾经发生在商都这块土地上的历史事件；改革开放之前的商都社会生活印记和商都县域内的景观名胜、民俗风情；商都籍或曾经在商都生活工作过的文艺人才、农民企业家曲折动人的经历。这些有血有肉的第一手资料，教育引导商都县各族人民群众，特别是青少年学生，更好地涵养家国情怀，传承红色革命基因，赓续共产党人精神谱系，增强"四个意识"，坚定"四个自信"，做到"两个维护"，弘扬社会主义核心价值观，铸牢中华民族共同体意识，从而进一步推动商都县经济社会高质量发展。这便是我们编辑出版本辑文史资料的目的和初衷所在。

地理是空间的载体，历史是时间的轮回，文字则是在沧海桑田之后留下的璀璨明珠。一路走来，我们风雨兼程，我们忠诚担当，将历史的脉搏延续跳动，使得根植于商都这片沃土的革命传统、优秀传统文化薪火相传，致力于凝心铸魂，共同建设美好的商都伟大事业，始终是我们文史资料工作者不忘的初心，更是一份沉甸甸的责任。

本书文字简练明隽，兼采雅俗，限于编者水平，有不妥之处，敬请指正，并给予谅解。

编　者

2022 年 8 月 30 日

目 录

岁
月
峥
嵘

吉鸿昌在商都的日子

王学吾

　　20世纪30年代的《新闻报》^①记载了吉鸿昌在商都的活动轨迹。该报1933年8月31日以《吉部抵商都后将与库伦联络》为题，对吉鸿昌所部行踪进行报道："北平　吉鸿昌部抵商都后，将与库伦联络。该处居察边，近张库大道，粮食充足。宋据报，即派王团及庞炳勋堵截，免后患。"据《商都县志》等有关资料介绍，吉鸿昌所部于8月26日来到商都境内，在四台坊子一带活动。

　　吉鸿昌为什么来到商都呢？这得从他带领的这支抗日队伍说起。1933年2月21日，日本关东军、伪满军10余万人，以锦州为基地分三路进犯热河，热河沦陷，史称"热河事变"。事变之后，日军不仅完成了对东北的殖民占领，而且侵华力量从东北转移到华北。随后，察北康保、宝昌、沽源、多伦的地方武装投降成立伪政权。面对蒋介石"攘外必先安内"的基本国策，一些爱国将领奋起抗日。5月26日，冯玉祥、吉鸿昌、方振武等在张家口宣布成立察哈尔民众抗日同盟军，由冯玉祥任总司令。同盟军组成复杂，有败退的东北义勇军、热河军，也有察哈尔民团和一些蒙旗武装，还收罗了一些土匪武

_____

　　① 《新闻报》是清光绪十九年正月初一（1893年2月17日）由中外商人在上海合资兴办的一家报业，民国初期发行量全国第一。

装。同盟军得到了苏联的武器支援，吉鸿昌任前敌总指挥兼第二军军长，率部向察北伪军进击，在收复康保、宝昌、沽源等城池后，7月12日，收复日伪重要据点多伦，中国人民欢欣鼓舞，各抗日团体纷纷发来贺电。此时的吉鸿昌已秘密加入中国共产党，他的身边有不少共产党人在活动。

察哈尔民众抗日同盟军发展到10余万人，国民政府自然不能容忍这种公然"自立山头"的行为，再加上冯玉祥允许共产党员在同盟军内活动，这对蒋介石为首的中央系是一种极大的威胁。蒋介石对冯玉祥等人必欲除之而后快。但是由于长城抗战刚刚失败，而同盟军高喊抗日口号，国民政府不敢立即取缔同盟军，只得公开声明不承认同盟军的合法地位，断绝内地与察哈尔省的一切联系，禁止枪弹、粮食、医药从内地进入察哈尔，命令晋绥军集中于山西北部，西北军和中央军集中于冀北，做军事围剿准备，而关东军也在北部虎视眈眈。蒋介石同时派出大批政客、间谍前往同盟军各部进行分化、收买等活动。在外部压力下，同盟军分崩离析，有的将领或明或暗"归顺中央"，有的部队被解散，有的被暗杀。更严重的是，一些部队叛变投敌，如商都人熟知的由土匪改编成同盟军的王英部重新成为土匪，后被关东军网罗为"大汉义军"等，吉鸿昌攻克多伦后，所部数万兵马只剩下几千人。

多伦之战后，同盟军面临危机，吉鸿昌与部队中的共产党员宣侠父等商议，决定将部队拉到绥西、宁夏一带创建根据地。商都是必经之地。而国民党污蔑吉鸿昌已与库伦（今蒙古国首都乌兰巴托）联络，要投靠苏俄。

同日，《新闻报》继续就这一事件进行报道："蒋伯诚、萧振瀛、庞炳勋三十日午自张返平，蒋即谒何报告。萧谈，吉已率部抵大青沟以北廿里处，图窜商都。吉因受共党包围，执迷不悟，宋（哲元）正派王团及庞炳勋部会同赵承绥骑兵堵截。商都已有准备，决难得逞。

方则中央如予名义,即离军队。"

上述文字用白话解释,就是参与围剿同盟军的中央军将领蒋伯诚、萧振瀛、庞炳勋 30 日从张家口前线返回北平,向何应钦汇报。得到的消息是方振武同意蒋介石的方案,将军队交由宋哲元改编,对自己出洋考察的建议尚在考虑中。宋哲元不愿太过武力逼迫,对方振武部决心以和平方式解决。但吉鸿昌受共产党影响太深(当时还不知他已加入共产党),执迷不悟。宋哲元正派王团及庞炳勋部从后追击,驻守平地泉(今集宁)的赵承绶骑兵正面堵截。其中关键的一句话有点模糊:"商都已有准备",事实上当时商都驻军为高树勋、余亚农部,他们都是西北军根系,与冯玉祥同声共气。同盟军成立后,他们发电拥护并要求加入。蒋介石围剿同盟军后,他们随即转舵。此刻,他们奉中央军命令,不准吉鸿昌西进,成为阻挡吉部的第一道防线。昔日战友,如今刀兵相向。这时,西进中的吉鸿昌部面临两种抉择,要么接受改编,要么被武力解决。因吉鸿昌不受宋哲元改编,宋哲元决心以武力解决。

9 月 5 日,《新闻报》以《宋哲元赴商都率部追击吉鸿昌部》为题对吉鸿昌一事继续进行报道。"张北电:吉鸿昌三日夜率部二千余,由下脑包到二台子,与宋接洽,愿将所部交宋,吉本人请政府给资出洋游历,刻正接洽中。"按文中所述,僵持数日后,吉鸿昌于 9 月 3 日作出了妥协,同意改编,自己出洋游历。

同日,《新闻报》继续报道:"宋三日晚令知张允荣、王树勋、张凌云、阮立武、雷中田各将领,搜索张北商都吉残部,限即肃清免扰闾阎。""赵承绶驻节平地泉,已命步骑炮三团及第一旅,进驻察绥交界,严堵吉部西窜。二日三日,军部接前方报告,吉部在商都县境,未入绥省,绥东安谧如恒。"此时,察哈尔省主席宋哲元亲临商都,对吉鸿昌所部的围剿已近尾声。

吉鸿昌部队按照协议在尚义县二台子等待改编,但遭到晋绥军傅作义部和原同盟军的张凌云部的围攻，只得折回独石口，与方振武会合。9月10日，吉鸿昌、刘桂堂、方振武会同原热河守将汤玉麟在云州整编队伍，决定公开对抗国民政府，自立山头。改名为"抗日讨贼军"，宣布一边抗日，一边讨蒋介石这个"贼"。整编后，讨贼军6000多人南下进攻北平，企图夺取北平为根据地。10月初，何应钦调集中央军将讨贼军包围在昌平、大小汤山一带，激战十余日。讨贼军无后援，无补充，最终仅剩四五百人。不得不宣布接受国民政府"改编"。方振武、吉鸿昌化装逃离。吉鸿昌后在天津租界被国民党政府逮捕枪杀。

吉鸿昌在商都的时间，准确的应为1933年8月26日至9月3日。这是他人生最为跌宕的日子，后有追兵，前有堵截，战友背叛，外援断绝，陷入四面楚歌的困境。

六台滩军民浴血抗日追忆

刘喜存　穆贵宝　竺元平

　　80多年前，在商都县高勿素二道洼地区，国民党正规军与当地百姓联手正面阻击日军东犯商都，这是一场中国军民以血肉之躯捍卫祖国领土的殊死搏斗。虽然敌我双方实力悬殊，参战国军几乎全军覆没，当地民众惨遭杀戮，但烈士英灵，气贯长虹；抗敌精神，永垂后世。

一、抗敌背景

　　1931年，"九一八"事变后，日本帝国主义首先入侵我国东北三省。随着侵略者野心的不断膨胀，日本关东军逐渐向南、向西占领了平绥铁路沿线的许多战略要地，进而向我华北地区集结。日军占领了张家口以后，企图进犯控制我绥远省。商都是国防北线的战略要地，为绥远东部的门户，也是日军由张家口进兵绥远的必经之路。

　　日本军国主义在占领东蒙以后，于1935年底，命伪蒙古军李守信骑兵师进攻商都，企图打通商都—陶林—卓资山通道，进而西犯绥远、包头。当时驻守商都的是国民党宋哲元二十九军骑兵师第一团张凌云部。张凌云不但不准备抵抗，反而于1936年1月1日，带兵弃城逃窜。伪蒙古军李守信部的陈团长率 300 余人，在没有任何抵抗的情况下轻而易举拿下了商都。1 月 4 日，日军参事官朝场秀二、政治工作班长岗上等带翻译官朱裕文开始筹组伪政权。4 月 1 日，成立了日伪商都县伪政府，委任汉奸朱之一（又名朱敏痴）为县长。从此，商都完全置于日军铁蹄之下，但真正的日军在商都只有三个，为日军效劳的都是些汉奸蒙奸。

二、六台滩设防

当时，负责国防左翼察绥前线抗击日军任务的是国民党傅作义部。傅作义手下有两员得力大将：一是董其武，一是孙兰峰。孙部开赴平绥线东段作战；董其武部驻守平绥线西段。董部二一八旅的四三五团和四三六团，扼守在察北集宁、商都一带，前线指挥部就设在现在的兴和县七大顷村。那时候，当地老百姓都称董其武的部队为傅作义的"西军"。他们严密监视着企图自热河经察北向西进犯的日伪军。

1936 年 8 月 29 日，是农历的七月十三。董其武部按照上峰的军事部署，派两个连 200 多人的兵力，分别驻守在五台海边，商都到张家口公路两侧的两个村庄，即刘家村和二道洼。其中，二道洼村驻守一个连，官兵约 120 人。二道洼地处张商公路南侧，是张家口通往商都的必经之地，地势平坦开阔。二道洼全村 30 多户人家，都是安分守家的贫苦农民，仇恨日军的烧杀抢掠是他们的自然天性。村里有一座比利时人建的大教堂，主持管理天主教堂的神父汉名叫田清波，比利时人，精通汉语，为人和善。他在传教的过程中曾经从不同方面多次帮助过村里的平民百姓。因为他端正的人品和热情的工作态度，村民们绝大多数都成了天主教徒。他同情中国人民的抗日行为，为中国人民的抗日做出过一定的贡献。国民军要阻击日军西进，在这里屯兵

7

设防是理想之地。一是这里群众基础好，后勤保障安全可靠；二是此处为敌军西犯必经之路，便于我军设伏，以逸待劳，随时出击。

董其武部到达五台海边的二道洼村这个咽喉之地，仅仅两天就开始了紧张的备战。该村地处商都城东 23 公里的五台海西南边。商张公路擦村北而过，地势比较开阔，当地人称这一带为"六台滩"。历史上这里就一直商旅不绝，是通往县城商都的门户。董其武部进驻二道洼后，与村里老百姓说明了情况，立即联合沙拉卜、二道洼两个村的老乡，配合军队进行战前准备。百姓们为军人奉献米面，主动当向导，带领军人侦察地形，共同修筑防御工事。神父田清波也利用大教堂的便利条件，组织教友在教堂内为军人们烧水、做饭。老百姓为公路两边修筑工事的军人们送水、送饭，积极配合军队挖战壕，筑工事。两天的时间，就做好了战前的准备工作。军民严阵以待，随时准备歼击进军商都的日军。当时，董其武的西军，军纪严明，与村里老乡和谐相处，秋毫无犯，深受百姓的欢迎爱戴，百姓把抗日的希望寄予他们这些正规军的身上。这些官兵大部分为外地口音的年轻人。他们怀着满腔的爱国热情，操练、备战。虽说武器装备大都是汉阳造的步枪，弹药也不充足，却个个情绪高涨，热血沸腾。他们怀着"宁当战死鬼，不当亡国奴"的信念，做好了浴血奋战的准备。

三、浴血奋战

1936 年 8 月 31 日，正是农历的七月十五中元节。其时，正是庄户人秋收大忙季节。天刚蒙蒙亮，一股日军从东向西跨过五台海，在两辆坦克、几辆装甲车（当地老乡叫它铁板车）的掩护下，正向沙拉卜、二道洼两个村逼近。两辆坦克在前面开路，随后跟着二三百人的步兵长队，铁板车在后面压阵，耀武扬威地行进在土公路上。他们端着枪，亮出了明晃晃的刺刀，在晨光的照射下寒气逼人。这时候刚刚来到地里准备割小麦的老百姓安维、贺继子、王锡龙三个人，看到一队个子不高，说话"叽里呱啦"，凶神恶煞的军人，不像中国人，慌忙掉头想回村报信，结果被日军发现，两个凶残的日本强盗，追上去将三个人用刺刀活活捅死。场面惨不忍睹。就这样，三个老百姓不明不白地惨死在了干活的农田里。

在防御工事放哨站岗的士兵，听到远处"隆隆"的马达声，同时看到扬起的滚滚烟尘，判定是一支部队向村中开来。于是他们立即进村报告了指挥部。村内接到报告的将士迅速进入防御阵地，严阵以待。日军在坦克的掩护下，顺着公路气势汹汹直奔村庄。国军士兵在连长的指挥下，迎头痛击来犯之敌。一时间枪声大作，手榴弹、迫击炮像雨点一样洒向日军的队伍。烟雾弥漫在村庄上空。顷刻间，日军的坦克越过了国军前几天挖好的战壕，冲破国军的防线，向村内冲过来。国军战士射出的子弹打在敌人的坦克和铁板车上，蹦出耀眼的白光，发出刺耳的怪叫，那些钢铁怪物丝毫无损，在阵地上疯狂冲撞碾压。我国军将士同仇敌忾，跃出战壕与日军进行殊死肉搏。他们心中只有一个信念："人在阵地在，人土共存亡。"从东边又飞来了两架红头小飞机，在战场上空超低盘旋，时不时地扫上一排子弹，射向国军战士，射向搬运弹药的百姓。战斗持续了半个多钟头，终因敌强我弱，众寡悬殊，未能打退日军进攻。惨无人道的日军坦克横冲直撞，来回在战壕周边及牺牲战士的尸体上碾压。战场上尸血成泥，惨不忍睹。战后清点，120多名官兵，除一个曾住在村民刘富家的副连长因被打断胳膊昏迷在死人堆中侥幸生还外，其他全部壮烈牺牲。为保卫村庄、保卫商都献出了年轻宝贵的生命的国军将士，在商都的抗战历史上留下了悲壮的一页。

四、血腥报复

日军进村后进行了疯狂的报复。见到中国人，不管是军人还是老百姓，一律机枪扫射。飞机还投下了炸弹。南梁村的村民边大急着回家探视老母，行走在二道洼村大南洼的路上，被日军飞机投下的炸弹击中腹部，肠子流出，惨痛挣扎、呻吟呼救多时，血尽身亡。二道洼全村 30 多户，300 多口人，惊慌失措地向几里之外远离公路的郝二举梁奔跑逃命。附近的天成梁、马家村到处都是逃命的人流。灭绝人性的日军见人就杀，不分军民无论老幼。村民高振署和他妻子、儿子，一家三口正在地里拔麦子，被两个日军冲进麦田，用刺刀捅死。高振署企图与日军搏斗，手指、胳膊被日军砍成几截，惨状不忍目睹。战后，教徒们在神父田清波的组织下，把三具尸体用芦苇草裹上埋在沙拉卜公路旁边的土坑内。村子遭日军洗劫后一片狼藉，到处是尸体。幸免于难的副连长左胳膊被枪弹打断。他强忍着剧痛，在老乡的帮扶下，上了马快速向驻在兴和县七大顷村的董其武指挥所报告了战况。指挥所当即派兵力前去支援，试图共同抗击日军，挽回败局。然而，日军施完暴行后，顺着公路已快速窜向了商都。日军在商都犯下的罪行真是罄竹难书，我们应该铭记历史，深记日军对中国人犯下的滔天大罪，永世不忘这血海深仇。

五、安葬英灵

一场悲壮的战斗结束了。120 多名中国军人用生命诠释了他们的爱国情怀，为中国人民的抗日战争留下了不可磨灭的光辉形象。战斗结束后的当天夜里，在神父田清波的支持下，由当时德高望重的老乡刘富主持，召集村中部分青壮年以及王大军、吴宝英、李老喜等天主教徒若干人，在教堂举行了简单的悼念仪式。老乡们有人的出人，有钱的出钱，把将士遗体装上了从七大顷开来的汽车上。让带车的士兵在刘富家吃过饭后，再带了一些神父田清波捐助的干粮，连夜将将士遗体拉回到七大顷指挥部，又进行了集体悼念。后来几经周折，终于安葬于商都城西南方。现已80高龄的刘德义、胡玉老人对此事件都留有不同程度的陈述资料。

收殓将士遗体的当天夜里，风雨交加，电闪雷鸣，大雨倾盆，似乎老天在为那些死难将士呜咽催泪，天地哀沉。国军战士及村中老乡强忍着泪水，化悲痛为力量，将将士遗体收殓于车上，怀着沉痛的心情目送军车西去，这悲壮的一幕深深地刻在了老乡的心中。

六、简短后记

董其武西军的两个连队在二道洼的时间虽然只有几天，但殊死抗日一战却震惊了商都。英雄们浴血奋战，虽然失败了，但不怕牺牲、不屈不挠的精神永存。烈士的鲜血没有白流，他们的抗日精神激励着二道洼的一代又一代后人。在解放战争中，二道洼村民杨生福、马存才、王生、李生、田五、田六、阮补、张某某（名字不详）等相继参加了中国人民解放军。其中马存才、张某某赴朝作战，光荣牺牲。杨生福因在解放战争中屡立战功，全国解放后晋升为军级领导。解放后参军的樊品京，入藏剿匪立下战功。这些英勇的抗日将士们，商都人民将永远缅怀他们！

我是如何走上革命道路的

高桂月 口述　　王学吾 整理

我叫高桂月，1929 年 2 月出生在商都县十八顷村。

十八顷村是商都县一个较大的村落，在我出生时，全村有 270 户 1100 多口人。土围子将全村围了进去，在土围墙北面，还有一个小村落叫后十八顷。传说，立村不久，土匪横行，人们不得已垒围墙筑炮楼防匪。修土围墙时，有钱的出钱，有力的出力，那些没钱没力的人家是不许住进围子里的，只能依附围子居住墙外。围子四角建有四个炮台，围子外面还挖有护城壕。从民国到日伪统治时期，十八顷村都是商都县东部地区的政治、经济中心，设有区公所和警察公署。村里除驻有警察外，还有众人出钱供养的民团武装。铁桶般的防御，土匪望而却步。所以战乱年代，十八顷村从没有遭受袭扰，人们过着相对太平的日子。

十八顷村的人虽然也靠种地为生，但平安的环境和优越的地理位置吸引了不少外地商人、手艺人，他们有的开商店，有的办作坊，租别人的房子住或者经营，维持一家人的生计。从我记事起，就有油坊、面铺、缸坊等五六十家。那时的十八顷村，山西、河北和本地口音混杂，人来人往，很热闹，人称"二商都"。

我家以农为生，是从兴和县哈北嘎搬迁到十八顷村的。在老家时日子就很富足，来十八顷后买下五六十亩地，建了一处院子，虽算不上数一数二，但也是雇长工佣短工，算得上富户了。我没念过书，没下过地，从小受封建家庭的影响，大门不出二门不迈，能干活后每天围着锅头转，给母亲打下手。父亲高三补老实勤快，可惜在我 10 岁时他就丢下我们兄妹五人早早离世，一大家子就靠大哥和母亲扛着。好在土地不少，不至挨饿。父亲去世后，母亲做主为我找了婆家，也是十八顷村的人，那时我才 11 岁，就成了一个不认识人的未婚妻。可是没办法，父亲的去世使一家人少了依靠，母亲是想找一个靠山能在村里立足，我打心里不同意这门亲事。

大约在我十四五岁时，我家西厢房住进一位山西籍的商人，他在十八顷开了一个小商店，卖些针头线脑。我记得人们都叫他李掌柜。李掌柜经常外出，买卖人嘛，不是进货就是到乡下卖货。李掌柜的妻子有点风风火火，除了偶尔去店里帮忙外就是串门。我也经常去和她聊天，在李掌柜不回来的时候，我就和李嫂做伴，一来二去，我们成了好朋友。李嫂的见识很广，她经常给我讲些我没听说过的大道理，我印象最深的是女人的事情要自己做主，不能完全听从别人的安排。我那时对母亲给我订下的婚事越来越不满意，一想起这事就心烦意乱，李嫂的话说到了我的心里，引起了我的共鸣。李嫂有时还带着我到她家的商店，在她的影响下，我的胆子大了起来，敢一个人到大街上走了。那时，我感觉李嫂和别的女人不一样，是个有主见有本事的人。

1945 年 8 月，苏联红军进入商都县城，十八顷的伪区公所、警察署一夜之间跑得空无一人。接着，八路军进了十八顷村。八路军首先在十八顷成立人民政府，农会、妇救会等组织也成立了。这时的李掌柜好像更忙了，他每天和别的商号串联，东家进西家出；李嫂天天往区政府跑，给妇女开会，村里成立妇救会后，李嫂被选为主任。

李嫂动员我也去参加妇救会，我说："得我妈同意才行。"她就去找我妈了。在这个老封建面前，李嫂败下阵来。李嫂刚说到让我参加妇救会，我妈就不高兴了，呛李嫂道："二女是好人家的姑娘，在外面抛头露面算个啥？她是有婆家的人，让婆家找上门，我们怎么交代？"

一次不行，李嫂又动员了一次。这次李嫂败得更惨。我妈不客气地对她说："你是我家的租客，你参加妇救会我管不着。你要是我的姑娘，我能打断你的腿。"

李嫂彻底没辙了。是呀，她是房客，在东家面前，她硬不起来。于是，李嫂想出了一个办法，我妈彻底服软了。

一天，区里的一个干部找上门来。他叫张忠，生得虎背熊腰五大三粗，走路自带一阵风。他来到院里后，大黄狗也不敢硬叫，支吾了几声就躲进狗窝。张忠噔噔噔进到屋里，开门见山对我妈说："大娘，下午村里要开妇女大会，家家都要出一名妇女参加，你家谁去呀？我先登记一下。"

我妈说："我们是小户人家，让别人家的多去些就行了。"

张忠不客气地说："大户小户也是人家，除了光棍人没老婆不用去，别的家都得去。"

我妈还想推诿："我们娘俩得给干活的受苦人做饭，没功夫去呀。"

张忠事先就想好了："你们走不开，那就把会场放在你家吧，家里坐不下就在院里开。"

我妈一听慌了，不知道是叫张忠的魁梧镇住了还是让张忠腰里别的小枪吓住了，反正不敢言语了。我知道张忠是来叫我的，忙对我妈说："妈，要不你去吧，我在家做饭。"我妈的脚比我的还小，她也是锅台上的把式，从不抛头露面，哪里敢参加什么妇女大会？她望着我说："我家让二女去呀。"张忠边往外走边说："二女也行，要不去我还来请你们。"

就这样，我得到了一个宝贵的开会机会。下午的会开的时间不长，选我当了村里的妇女干部。区里的三个干部送我回家，向我妈贺喜。我知道他们不是来贺喜的，是让我妈以后不要干涉我的工作。我妈的胆子很小，满口应承下来。果然，从此以后，我妈再也没管过我工作上的事。

我当了妇女干部以后，跟着李嫂搞宣传、做动员，还到别的村开会。妇女干部是多大的官，我没搞清楚，但我知道我是妇女的头了，是大家眼睛看的对象，我的工作更卖力了。刚当上妇女干部时，我的思想境界也不是很高，只想着什么时候能当上区里的干部，也能穿上令人羡慕的列宁装，也能剪个齐耳短发的解放头。后来在党的教育下，我才懂得革命就是给穷苦大众办好事。1945年10月，我又被选为小区委员，不但妇女的事我管，男人的事我也管了一半。

1946年3月，在区委组织委员张秉英介绍下，我加入了中国共产党。我站在党旗下宣誓，心情异常激动。那时刚刚解放，党的活动还不是公开的，谁是党员连自己的家人和朋友都不知道，组织生活只能以其他名义进行。但党组织要求我们吸收表现积极的人向党靠拢，我第一个想到了李嫂，想把她发展成为党员，我也想把我入党这一喜讯和她以某种形式分享。但就在我入党的那天，李掌柜一家悄悄搬走了。

几乎一夜之间，李掌柜一家不知去向。他没有和人们说起他要去哪里，作为李嫂好朋友的我也不知道她去了哪里。我在心里无数次抱怨她，为什么要走呢？买卖做得好好的，说走就走。就是要走，也应该和我说一声呀，真不够意思。直到若干年后，我才忽然想通了，李掌柜夫妻是负有特殊使命的人，他们就是传说中的地下党。当十八顷解放后，他们又被分配到了新的战场。

回想起李掌柜在十八顷开商店的时候，隔三岔五都要到周围的村去卖货，货担也是普通的挑子，但这些村解放后都冒出了那时候入党的共产党员，如八家村、爬胡营子、梁家村、赵家村、范家村等等，这些农村党员与李掌柜有没有关系呢？李嫂是我革命道路的引路人，是我当妇女干部、入党的引荐人，以前我只觉得她泼辣能干，后来才想到她一直在暗地里帮我，给我灌输革命思想，培养我成为一名战士，要不然第一次参加妇女大会我怎么能被选为干部呢？更重要的是她教我开展革命的工作，把我扶上马还要送一程。在我能独立工作的时候，她悄悄走了。可惜的是，我再也没见过李掌柜一家，也无从打听。是呀，到了一个新的地方，他们也许成了王掌柜、刘掌柜，至于他们的真名实姓，那是不重要的，重要的是他们是共产党员。

李嫂走后，我当了区妇救会干部和村里的妇救会主任，她丢下的工作都由我担了起来。我肩上的担子更重了，好在我有李嫂教给的办法，胆子越来越大，大会小会都敢讲话，大姑娘小媳妇都很羡慕我。从我在党旗下举起拳头宣誓的那一刻，就暗自下定决心，要一辈子跟着共产党干革命。入党后，我的工作更积极了，特别是在妇女解放运动中做了不少的工作，协助区干部发动妇女走出家门，参加生产劳动，争取婚姻自由。在工作实践中，我的思想也发生了很大的变化，越来越解放，再也不是从前那个腼腆的小姑娘了。

1946 年 5 月，我参加了县里的妇女干部培训，在那次培训会上，我有了自己的大名：高桂月。

我没进过学堂，小名二女子，大名自然叫高二女了。就是当了妇救会干部，也是被人们称作高二女。和我一起培训的，四区（驻屯垦队村）有一个女干部叫梁二女。县妇救会主任靳桂枝与我们非常投缘，没几天就处成了好姐妹。靳桂枝对我们说："你们应该起个大名，参加革命当干部了，不能让大人孩子都二女二女的叫你们。"她还对我们说，你们的名字太土了，没有一点革命的气息。你们动员妇女要自强自立，可你们怎么就不能先自立一下呢？她就给我们改了名字。

我和梁二女一听，还真就是这么个理，可自己从小就叫二女，父母也没给起过大名，叫个啥呢？梁二女对靳桂枝主任说："姐，你给我起个大名吧。"靳桂枝的文化也有限，搜肠刮肚想了半天也想不出个好名字，倒是急出了一头汗。梁二女灵机一动："姐，我就随你叫吧，你叫靳桂枝，我叫梁桂枝，我们就真成了姐妹了。"我也就顺着这个"桂"起了个名字——高桂月。我俩都觉得新起的大名非常好听好记，俩人都高高兴兴地完成了"任务"。于是，梁二女就成了梁桂枝，我就叫成高桂月，这个名字一直伴随我们走过战火纷飞的岁月，走出内蒙古，梁桂枝后来在湖南长沙离休。

我参加革命在十八顷搞妇女工作的一年多时间，家人一直反对我参加这样那样的活动，他们怕村里人说闲话。那时也的确存在这样的现象，我有一个姑姑，她就经常念叨："女孩子家这样不好，老往外跑，给老高家丢脸。男男女女常在一起，算怎么回事？"还有的说得更难听。家人的反对，外人的闲话，没有动摇我的思想。我始终认为，共产党是来解放妇女的，我为党做事，也是为广大的妇女做好事。后来，村民们看到共产党和八路军给人们做了很多的好事，对我的看法也有了改变，反对声音渐渐弱了下去。

1946 年 8 月，国民党挑起了全面内战，商都县的形势陡然紧张起来，上级通知我们要做好战斗准备。9 月的一天，区里召开干部大会，区委书记张秉英讲道："部队要撤走，凡是暴露身份的党员都要撤，其他同志愿意跟着走的也行。什么时候走，等通知。"张书记私下和我说："小高，你必须撤走，你穿过列宁装留过解放头，在村里很显眼。你不走，国民党反动派来了就会受到凌辱。"我坚定地说："你们到哪里我跟到哪里。"23 日晚上 10 点左右，我们接到撤退的通知，部队当天晚上要撤出商都县城向北转移，组织上决定让我们跟着部队一起走。在我走的那一刻，家里乱成了一锅粥，母亲哭，大哥、二哥叹气。他们也知道，不走，顽固军来了我就有死的危险；走，一个女孩子，不知道去哪里，也不知道能不能再回来。但大家的思想空前统一，都催我快点走，谁也没有阻拦我。

撤出商都后，我们一些没有战斗经验的女同志被分配到刚成立的后方游击队。我们一路边打边撤，过草地、越沙漠，经过近一年的"长征"，到达赤峰。培训、训练之后，我们被分配在不同的岗位上，搞土改、征军粮，从那时起，我成了一名真正的战士。

1949年1月，商都县第二次解放，我被分配到了商都工作，还干我的老本行，任城关区委委员、区妇联主任。我随部队撤离商都后，已近三年，在紧张的工作之余，无时无刻不在想念家乡、思念亲人，也不知多少次在梦中与亲人团聚，醒来后泪水打湿枕头。3月10日，我草草吃了几口饭，向领导请了假，回家看望母亲。塞外的初春，乍暖还寒，然而，归心似箭的我，哪里顾得上冷？那天我从国民党撤走时来不及带走的仓库里找到一件黄色棉大衣、狗皮帽子，一副男人的打扮，骑着一匹马，一路小跑回到村里。母亲见到我，哭着把我搂到怀里，一声声喊我"二女"，生怕我再走似的。两个哥哥看到我，一个搓手一个傻笑。等母亲不哭了，他们拿我的装扮取笑，奇怪为什么穿成这样？大哥说："你们八路军不分男女，就给穿这样的衣服？"我忙解释："我们才回来几天，还没有发衣服。这也是我为了防冻从敌人的仓库里找来的。"一家人你一言我一语，一会儿哭一会儿笑。我这才知道，在我走了以后，他们的日子也不好过。因为我的缘故，家里戴了一顶"匪属"的帽子，顽固军三天两头找碴，敲诈勒索。顽固军对待共产党家属，什么手段都能使出来，幸亏我走了，要不然命也没有了。乡亲们听说我回来了，纷纷来看我。姑姑也来了，她嗔怪妈妈："不快点给孩子做饭，光顾看呀！"母亲这才想起给我做饭，久违的莜面烩山药，朝思暮想的家乡饭。

1951年，我参军入伍，随丈夫到部队工作。之后，转业到大同、张家口。不论工作环境如何变化，我始终记得，我是从十八顷村走出来的，那里永远是我的家乡。

父亲参加的红格尔图战役 *

刘国柱

一、奔赴红格尔图

红格尔图为蒙语，意为低洼之地。位于原陶林县西 160 里，现属乌兰察布市察哈尔右翼后旗。红格尔图东、南、北三面环山，西面为开阔地，是察哈尔和绥远交界之要冲，日军进犯绥东，首当其冲即红格尔图。当年红格尔图是绥东一大村镇，有住户 300 多家，1200 余人，商号店铺数十家。当街建有一座高大的天主教堂，又名敬原堂，有教友近千人。神父易世芳，河北崇礼人，因排行老三，当地人称呼三易神父。村庄东西南北四面各有一门，堡内还有清代遗留的 4 门大土炮，每门重 400 多斤；8 门小土炮，每门重 100 多斤。1936 年 11 月，晋军骑一师第二团团副张著率领骑兵第一连和第四连驻扎红格尔图。第一连连长姓傅，名字未能查出；第四连连长寇春元；机枪连连

---

    * 本文选自刘国柱先生所著《追寻父辈的抗战足迹》一书。抗战时期，刘国柱先生的父亲刘福星是晋绥军第三十五军第二一八旅第四三六团第一营营长，曾跟随傅作义、董其武参加了许多战役。本文选取了书中记载的红格尔图战役部分片段以及对这次战役所涉村庄的采访和地名考证。

长侯行贵带一个排，有六五重机枪两挺，轻机枪 8 挺，步枪马枪 200 多支，有大批手掷弹、地雷等，兵力 300 人。天主教堂组织的教友 100 多人，当地民团青壮年 100 多人，官兵和民众共 500 余人。

此前，红格尔图为防敌人来犯，当地政府和军队采取了许多措施。村干部和天主教堂神父，一起发动附近村庄群众毁掉莜麦青苗，在堡外四周日夜挖外壕。外壕宽、深都为 5 米，在外壕内侧积土上泼水，使外壕冻得十分坚固，总长有 4 里多。外壕内沿则建交通壕、散兵坑，各种武器射击阵地、单人掩体、防空洞、避弹坑等。单人掩体深 2 米到 3 米，都有足踏孔。这些工事，都超过需要的两三倍，使每个官兵都有两到三个，炸毁这个，还有那个。在村四角和东门，用砂石和白灰修筑了 5 座大碉堡，每座都有 1 丈多高。四个堡门都架设好鹿寨，安好土炮。整个工程由军、县、乡三方派人组成领导，军队负责技术指导，县里组织人力，乡里管理食宿。采取以乡包工程，村包地段，每 10 人一组，修完就走，因此进度很快。经过 4 个月赶筑，基本完成。张著进驻红格尔图后，带领连长、排长，侦察村周围地形，划分各连担任的防守地段，并立即着手加强阵地构筑。还未全部筑完敌人就开始进攻了。

2013 年 9 月，我专程前往红格尔图探访。还在这年清明节时，我从呼和浩特市返回乌兰察布市寻找资料，素不相识的市政协文史委主任鲍黎明女士十分热情地为我查找，并叮嘱以后若来提前和她联系。蒙古族人的热情好客令人经久难忘。此番前往先期告知。鲍主任一上班就带车接我直奔红格尔图。出集宁，只见天茫茫，野旷旷，天地相连，视野开阔。远处山脉，缓缓起伏如一曲慢板。朔风猎猎，天蓝云白，心情分外舒畅，好像又回到了我童年的故乡。同车人介绍当地地形风物，原来附近 400 公里范围，为典型火山地貌，是 400 万年前喷发所形成，共有 21 座休眠火山，被称为察哈尔火山群，属于世界地质公园。从车窗望去，一片广阔原野上，时有圆锥形山包凸起，那就是沉寂的火山。那圆锥形十分漂亮，无论车转到哪个方向，圆锥形状始终如一。有时看到火山嘴呈褐色，是村民们曾经挖火山灰造成的，现已制止。这里还有水温在80℃的温泉，有金矿，实在是祖国北疆一方宝地。转过并不太高的不浪山，东方一脉山下，一线铺开的村落，就是红格尔图了。

1936年11月11日上午，日军飞机多架，在红格尔图我军阵地上空反复侦察。12日，日机3架轰炸红格尔图守军阵地，天主教堂被炸。在村干部带领下，我们找到了被日军飞机炸毁的天主教堂残留的石座基，路东一座院子的大门处，镶嵌在大门北侧门柱底座上。新天主教堂于1987年在原址重建。13日夜和14日晨，日伪军先头部队同我军发生前哨战。我军以逸待劳，奋起反击，将敌击退。

15日（农历十月初二），日伪先头部队千余人，在飞机大炮掩护下，向我军发起猛烈进攻。先占领了红格尔图东山头，被我军击退。当晚，下起了清雪，接着是鹅毛大雪，西北风也突然刮起来，满天白毛糊糊，敌人进攻睁不开眼，看不清路，冻得手都伸不出来，而红格尔图守军正好顺风。张著听到炮声，立即指挥各连进入预定阵地加强隐蔽。命令远不开枪，弹不虚发。当敌人进入有效射程内，各就射击位置，步枪、冲锋枪、轻重机枪、手掷弹一齐爆发，给敌以重大杀伤。直战到下午5时，打退敌人7次进攻。

骑二团团长张培勋，接到张著团附报告后，率骑兵两连，星夜驰往增援。黄昏时，到达高家地附近。在距红格尔图20里的地方，听到了激烈的枪炮声。又奔驰到距红格尔图六七里的地方，枪炮声逐渐稀疏，漫山遍野手电光却时明时灭。张培勋团长判断是敌人组织新的进攻前夕，正好突入。立即命令部队，不准说话，不准开灯，不准打枪，快速前进。从距离敌人四五百米之间的空隙中穿插而过，在红格尔图西北方顺利进村同全团会合。增援部队到来，大大鼓舞了防守将士的奋战激情。进村后，张培勋命令立即卸鞍，饱餐后进入阵地。未几，敌人 7 架飞机用炸弹和机关枪轮番轰炸扫射，地面则有 10 门大炮轰击，步兵以波浪式密集方式进攻。张著团附灵活抽调兵力，随时变换重机枪阵地，使围攻之敌，处处受到我炽盛火力的杀伤，也令敌人摸不清我方布防和兵力。几百名群众，带着土炮，参加战斗。炮手齐兴宽、孙大文出手不凡，百发百中；猎人史二，不慌不忙，枪枪命中。村民组织担架队，把山药窖改造成防空洞，白天进窖隐藏，黑夜出来做饭，打饼子蒸馒头。20 多家干货铺成了供应部，炕干粮，做月饼，炸麻花，支援守军。砂房铸铁炉成了兵工厂，把所有的烂生铁打碎装了土炮。群众有的抢救伤员，有的做饭送水送弹药。好一派全民参战的壮丽景象！群众也付出了牺牲，民团炮手袁老六阵亡；村民刘六子白天做饭冒了烟，全家被飞机炸弹炸死、炸伤。

日军一连三天没有攻下红格尔图。16 日凌晨，日特务机关长田中隆吉亲自上阵指挥。李守信骑兵第二师尹宝山部，王英部石玉山、杨守诚两个骑兵旅，金甲三步兵旅，总兵力达到 5000 人，在野炮、装甲车和飞机掩护下，向我守军阵地轮番轰炸，猛烈进攻。敌机十分嚣张，每到城壕，飞得特低，机枪扫射，投弹轰炸，对守军威胁很大。民团神枪手王五海，冒着生命危险，出散兵坑，用步枪瞄准，乘敌机低飞扫射之时，扣动扳机，正中敌机要害。只见敌机冒出一股黑烟，往商都方向溜去，没多久，一头栽到地上，轰然爆炸了。全体参战将士和村民一起欢呼起来。群众给王五海编了顺口溜：

> 王五海，真有名，他在游击队当过兵。
> 他打靶子很有准，一枪给它个倒栽葱，啊呀一声活不成。

由于军民团结一致，战斗情绪十分高涨。激烈的战斗进行了三天三夜，敌人始终未能迈进红格尔图一步。此外，对伪军的瓦解工作，也起到了重要作用。驻扎大拉村的伪军第十二连，连长姓张，河北人，大高个儿，赤红脸膛，很有爱国心。他同红格尔图守军寇春元连长经常来往、传送情报。每次来时，都身穿黑色袍，头戴灰礼帽，骑头小毛驴，使我军对敌情了如指掌。红格尔图的坚守，给主力部队突袭，创造了良好的条件。

我们在红格尔图探访时，无论村干部还是普通群众，都对这次保卫战十分清楚。当得知我在追寻父亲参加红格尔图战役时，对我十分亲切，也更加兴奋。他们都说，"要不是你父亲他们老一辈抗日，我们村可就惨了。现在我们村名气可大哩！"在村西和村南，他们指着一道长满茅草的沟壕说，"这就是当年的战壕。"我下到战壕中，茅草甚高，没过腰部。近80年了，战壕还如此清晰，可见当年战壕之深之阔。我们来到简单复原的地堡，这里也有废弃的战壕。是的，当年祖国可谓积贫积弱，但是，当敌人入侵时，父辈们仅仅凭借这些简单的工事和低劣的武器装备，不畏强敌，不怕牺牲，义无反顾地投入了保卫祖国神圣土地的战斗之中，他们为我们树立了光辉的榜样，我们如何才能将这种精神传承下去呢？

二、达密凌苏龙

在红格尔图保卫战中，时任正黄旗总管兼绥东四旗剿匪司令的达密凌苏龙率领部队积极投入了战斗。

达密凌苏龙，蒙古族，今察哈尔右翼后旗乌兰哈达人。出生在察哈尔商都牧厂一个贫苦牧民家庭。22岁时被编在清朝地方武装当披甲正兵。1915年，加入曾参加过辛亥革命丰镇起义的赵立成部队。后因其释放了阿拉善王爷，遭"黑军"追捕而逃到外蒙古大库伦（乌兰巴托）当兵，并升任连长。1916年，内外蒙古分治，他带领近百名士兵取道阿拉善，回到内蒙古正黄旗。1917年2月，任正黄旗十二苏木章盖。1920年，察哈尔都统衙门成立锡察护路队时兼任小队长。1923 年升为正黄旗副参领。1927 年升任正黄旗参领。1928 年，察哈尔右翼蒙兵武装警察总队成立，达氏任东路游击队队长。1930 年，升任正黄旗总管。1933 年率部投奔冯玉祥，参加抗日同盟军。1934 年，绥远省政府主席傅作义，将正黄、正红、镶红、镶蓝四旗的察哈尔民众抗日自卫军改编，在集宁成立了"绥东四旗剿匪司令部"，达氏任司令，共产党员纪松龄任参谋长。司令部设在正黄旗十二苏木，下设 3 个中队，一中队驻兴和县和正黄旗巧尔基庙、四苏木一带；二、三中队分驻十二苏木和土牧尔台、阿贵庙等地，共 700 多人。1936 年 5 月，为绥境蒙政会委员。1936 年 7 月，伪西北防共自治军总司令王道一派兵进攻土牧尔台，达氏即命令驻土牧尔台分队长吉米格扎木沙，率部协同当地民团抗击敌人。激战两小时打退了敌人的进攻。吉米格扎木沙乘势出击，毙伤敌人多名。王道一失败后，十分恼火。8 月 2 日，又向红格尔图发动进攻。红格尔图距离土牧尔台仅 20 里，两地成犄角之势。达氏得知后，即令沙格德尔率领第二中队，在红格尔图南的二老牛洼山地迂回作战；令尔林庆率领第三中队，在红格尔图西部北部和尼肯特山地迂回作战。战斗开始，王道一以主力集中攻击红格尔图，但都被守军击退。王道一就分兵两路，攻击红格尔图南北山地，企图占领制高点后，居高临下再攻击红格尔图。不料，南山有沙格德尔中队奋勇作战，使敌人惨败；而北山的尔林庆中队长只留少数兵力在正面牵制，骑兵抄敌后路，将敌人一举打垮。

红格尔图保卫战打响后，达氏率领部队，除担任向导外，再次进军到红格尔图南山和北山，使日伪军只能从东面发动进攻，难以形成三面合围。11 月 14 日夜，达氏派出的巡逻队同王英一股伪军接触，发生战斗。15 日，王英兵分三路进攻红格尔图，北路和东路的敌人，被守军和民团用土炮、机枪、手掷弹击退。南路敌人约两个连队，行至距离我南山阵地 200 米时，早有准备的第二中队突然从敌侧杀出。

敌人猝不及防，急忙向东南撤退。第二中队战士们十分勇猛，乘胜追击，一直追到三股地西山一带。遭到潜伏在山后的敌炮轰击。这时，达氏派出的接应部队赶到，再次从敌人侧后杀出，使第二中队安全撤回。这些蒙古族战士们英勇顽强的战斗精神，实在令人敬仰。

15日夜，张培勋团长率领骑兵赶来增援时，达氏派人给他们带路，从红格尔图西门进入。红格尔图南有个小村苏木，距离红格尔图15里，此时为敌人占领，成为我军一个钉子。16日凌晨，达氏命令第三中队进攻该村。第三中队的骑兵出现在村南和村西时，敌哨才发现，急忙打枪报警。顿时村内敌人慌乱起来。尔林庆中队长兵分两路，冲入村内，把一个连的敌人包围在村中一个大院里。十分遗憾的是蒙古骑兵弟兄们善用马刀，而不善用手掷弹，也没有机枪，仅杀伤20多名敌人，其余大部突围了。

17日晚，当大批援军来到十二苏木后，司令部和旗政府忙着接待援兵，老百姓也忙着烧茶送水。达氏派出一个分队，配合援军在红格尔图西面和南面警戒，严密监视敌人动向。援军出动时，达氏将自己的卫队排分拨到各营团作为向导。达密凌苏龙对红格尔图战役取得胜利，发挥了重要作用。为此，红格尔图群众专为达氏竖了一通碑。村干部带领我们来到一所院落里，碑就在一排房屋前，碑面字迹已漶漫不清，看不出碑题，也看不清落款时间，仅能模糊地辨出"达密凌苏龙政德碑"几个字。群众说，红格尔图保卫战，董其武部队夜袭发挥了重要作用，但打完仗就走了，大家不知道具体是谁，却知道达密凌苏龙，因为他是当地人，就为他立了碑。达氏有个绰号：长胡子。关于"长胡子"，还有许多故事流传。其实，所谓长胡子并非胡子长，而是一个瘊子上长出的一撮长的黑毛。达氏对这撮长毛十分爱护，平时用绸子缝了个小袋将黑毛装在里面，不让别人看。一上战场就解开小袋子，让"长胡子"迎风飘扬，据说可以刀枪不入，所战必胜。有群众说，这是达氏迷信。也有群众说，这是鼓舞自己杀敌，也鼓舞将士们奋勇前进。十分庆幸的是，在察右后旗的红格尔图战役展览馆我们看到了达密凌苏龙的照片。达氏个头很高，典型的蒙古族。自然有那撮"长胡子"，不过，因不是在战场，那"长胡子"仅是下垂着，没有飘扬起来。

达氏参加红格尔图保卫战，我们自应记得他的贡献。然而，他的所经历，也让我们叹息。1937年，达密凌苏龙参加了蒙奸德王召开的蒙古联盟自治政府第二次大会，被任命为伪察哈尔盟副盟长。是年，绥东沦陷后，他投靠了日军。其部被整编为日伪蒙古军第七师，任少将师长。1945年，日伪又授其中将军衔。日本投降后，他率部赴商都，向苏蒙军和晋绥军投降。不久，其部在苏蒙军和晋绥部队监视下，开赴蒙古人民共和国。1948年5月，达密凌苏龙回国。年末，担任内蒙古自治区人民政府参事室高等参事。1950年，因病在乌兰浩特去世，终年72岁。达密凌苏龙最后总算回到了祖国的怀抱。

三、十二苏木的故事

十二苏木位于商都境内，当年是绥东四旗剿匪司令部达密凌苏龙的总部，也是红格尔图夜袭战的总指挥部。2013年在红格尔图探访时，很想去十二苏木一探究竟。我们从察哈尔右翼后旗出发，经乌兰哈达，东向，看到东方有起伏的山梁。南拐，行进在一条乡村路时，前面路上有的地段刚刚铺了水泥路面，铺草覆盖；有的地段还是土路基，难以通过。这段路正在修建。我不甘心，下车步行。走了一大段，远远望见东面山梁下有个村庄，十二苏木还望不到，只好返回。

2014年6月，再赴商都，主要目的自然是十二苏木了。十二苏木在商都县城西南方，相距甚远，不熟悉路况，真还找不到。

出商都城，南下，一路天宽地阔，天地相连。渐渐，原野略有起伏。过十大顷、大山洼，开始有散落的枳机丛。枳机，是我小时候在河套时常见的一种植物。枳机杆儿较硬，冬天可当柴烧；丛状枳机根叫枳机墩子。下车，深呼吸，空气极新鲜，纯粹原野气息。草至半腰，乌鸦多只，翩翩飞来，忽然一只野兔，从路边直窜草丛间。这里的大自然，生机勃勃，旺盛而和谐。上车，渐渐看到有缓坡状山岭出现，接着有红瓦覆盖的村庄坐落在山脚下。村庄之北之东，山岭环抱。这应是军事驻屯处，既可隐蔽，又能出击，可谓攻守皆备之地。是的，这里就是十二苏木，我十分想探访的地方。村里红瓦房较少，大部仍为土墙泥屋，低矮陈旧。十二苏木村支书魏后生带领我们入村，找到村中83岁的白占元老人，老人思路清晰。当问到长胡子的司令部在哪里时，白老说，"长胡子"司令部不在这里，在西边闪旦营。他本人经常带兵来我们这里，要粮、要草，还拉人去给他铡草，拉马饮水。还叫人打了一口井，"长胡子"的手枪掉到井里，没找见。白老一番话，让我既兴奋又迷惑。兴奋的是，老人记忆如此真切，许多细节十分生动；迷惑的是，所有资料都记载达密凌苏龙司令部在十二苏木，怎么会是闪旦营呢？老人生于斯，长于斯，所说自然是真实情况。辞别白老，我们去看那口井。井就在附近，居然有棚，且新翻修过，村民们还在使用这口井。棚内有石槽，通棚外，和棚外横向石槽相连接，井内打上水来，倒入棚内石槽，井水就流到棚外石槽，供牲畜饮水之用，这真是个聪明的办法。

带着疑问，我们北转，从十二苏木村的东山和北山间蜿蜒穿行，大约五六里便到苏木村。我从《绥东抗日红格尔图战役略图》中看到，十二苏木东北，是八苏木。但从现在地图上看，却是苏木，就想，苏木可能就是八苏木。村长介绍说，村名就是苏木，不是八苏木。还说，有一位87岁老人正在地里干活，知道很多情况。我们一起到村边的农田找到老人。老人名李美，身体健旺，精神极好。我们席地而坐，请李老谈谈"长胡子"的故事。李老知道"长胡子"是第七师师长，还知道王道一。李老也提供了许多细节。他说，那时的冲锋枪子弹很短，他曾捡到过子弹壳，没有那个细葫芦。手榴弹可大哩，里面是黑火药，他还用这种火药，装在猎枪里打过猎。苏木村是否董其武指挥部？我问李老，他记不清楚。

既然十二苏木不是达密凌苏龙总管府，那就要去白老所说闪旦营一探究竟了。2014年7月，再赴察右后旗，首先要探访的自然是闪旦营以及十二苏木了。从马场起，路况越来越差，到闪旦营附近，有圆圆的山岭就是红山了。达氏的指挥部应该在红山下。这是一座死火山，挖火山石将南侧变为黑色凹陷。这一带原来全是"长胡子"的地盘，而红山脚下，就是"长胡子"的"绥东四旗剿匪指挥部"，如今只剩下高出地面的房基，周围散落着许多砖石瓦块，表明这里曾经的辉煌。火山石，一种有着细密气孔的黑色的石块，拿在手里，很轻很轻。还有能说明此处的是两株高大的榆树，在周围仅有草丛的原野上，真正鹤立鸡群。据说原来是三株，被盗走一株。大家说，树龄约百年以上，它是见证过"长胡子"风采的。看来，十二苏木村白老所言不虚，闪旦营一带，才是"长胡子"的指挥部。然而，资料中因何标注指挥部是十二苏木呢？原来，苏木是蒙古族地区的行政称谓，正黄旗于嘉庆年间就已划出十八个苏木，红格尔图一带在十二苏木内。因而，十二苏木应是行政区划的名称，等同于现在的乡镇，而非村落的名称。抗战时，达氏在红山安营扎寨，此处属十二苏木，因此就把他的司令部说成十二苏木了。而达氏之十二苏木，与商都之十二苏木村，是两个不同的地方。

1937年元旦刚过，范长江先生就从归绥出发赴绥东采访。他和广西劳绥代表团同乘一车，先到平地泉，过十二苏木，再去红格尔图。关于十二苏木，他写道：

近几月来，大家全熟悉了的蒙古英雄达密凌苏龙，他的政治军事中心，是在十二苏木。十二苏木在离红格尔图十五里的大路东面。在盆地的中心，即为达密凌苏龙之司令部所在。司令部为灰色土房大院，四周有马圈甚多，牛马粪堆聚如小丘。另有大土圈，囤聚草料至多，古时用兵所谓聚草囤粮，我在今天以前，还没有找到这种实例。司令部之西，有土屋与蒙古包合璧的住宅群，为达司令之袍子队驻地，袍子队即等于蒙古之民团。而达司令直属蒙古保安队，则多已着汉式军装，编制训练，亦如汉式，即等于蒙古之正式军队。十二苏木为正黄旗旗政府所在，达氏以其所属蒙人，无论生活习惯及政治军事做法，皆已受很深之汉化。目前对于绥东之抗战，达氏有相当之劳绩。

四、拜访头股地

头股地，在红格尔图东南 10 余里，属商都县境。当年日伪驻军，是进攻红格尔图的前哨阵地，其大本营则在头股地以北偏东 10 里的大拉村。

1936 年 11 月 17 日，董其武旅长命令驻卓资山的第四三六团和驻集宁的第四二二团连夜出发，开赴红格尔图以西丹岱沟一带集结。父亲所在之第四三六团，是乘汽车赶赴集结地的。按照预先策划，车不误时，人不误车，车人紧密对接，一夜之间，步兵和炮兵已经跃出 200 里之外，到达十二苏木西南方圆三四十里一带的村庄。村庄的居民们凌晨一开门，只见大批军队或蹲在院墙根，或依在房檐下，抱枪休息，似乎一夜未睡。有的则在场院，身盖乱草，闭目而卧，好像避免人们看见。更有许多柴草堆，仔细一看，全是汽车。特别奇怪的是，马匹不向阳，而是或靠墙或在房檐下阴影中。而村庄里预先建好的碉堡和工事，已有士兵站岗，向东向北监视。村口路口，也有士兵站哨，无论何人，只准南行，不准北去，全部封锁。老百姓看到是自己的部队，再不怕日伪欺负了，就积极为军队烧水煮饭，军队还多给钱，自然十分高兴。

关于人车紧密配合，快速到达情况，范长江有一段精彩描述：

> 记得一个半月以前，红格尔图战争的时候，我在平地泉亲眼看着我们的战士出发的情形。去年11月15日，王英匪部以十数倍之兵力，攻我红格尔图。我们增援部队，是在16、17两日的夜间，由平地泉出发。我们增援的骑兵，是赵承绶司令的部队，步兵是傅作义和李服膺的部队，统由骑兵师长彭毓斌和步兵旅长董其武指挥。在雪色皑皑的夜间，一队一队的骑兵，头戴长尾的成吉思汗式皮帽，身披短羊皮大氅，白色皮裤，短筒战靴，翻皮马蹄袖，毛色大体一致编成的马队，一个个衔枚疾走，人无声，马不吼，但听得"沙沙……"的马蹄声，送走了抗敌骑士的身影。在车站附近，另外停放着成队的载重汽车。从电炬的闪烁中，看到无数步兵，屏息而来，似乎参谋处的分配，已十分周密。30、21队的士兵，井井有条地走近了他们应坐的车辆，没有喧嚷，没有纷乱。等到部队全到齐了，汽车队开始"嘟"的发火，一对一对的灯光，把车站附近照得如同白昼。一会儿，前进的号音响了，顿时间，几十辆载重车上，装成了一座一座的兵山。第二次前进号后，这几十辆兵车，连成一条火龙，浩浩荡荡，直奔红格尔图前方。

2013年9月，我同鲍黎明主任等一起赴商都，受到商都政协领导同志的热情接待。我们驱车西向，直奔红格尔图以东属于商都的几个村落，这些村落曾是日伪进攻红格尔图的大本营和前哨阵地。一路上，只见南北两山，坡度缓缓，大致东西走向。两山间，是略缓略宽的川沟。村落大都建在北坡向阳处。过黑毛湾，泉子沟，村庄间隔并不太远，然后就是大拉村（大拉村在历史资料中均为打拉村）。该村依山向阳、东西走向一长条，这里曾经是日伪军司令部。该村较大，全村60多户，村委会在一处较宽的院落里，办公室房檐上"农业学大寨"字迹还隐约可见。当年日伪司令部在哪里？已不清楚了。出村南向，一道浅浅的沟壕。越沟壕，上大路过土城子，到阳坡村。阳坡村名，是这一带村庄的典型代表，均属依山向阳式。阳坡村较之大拉村就小多了。阳坡村原来有大阳坡和小阳坡。小阳坡因搬迁，已经消失了。现在各村青壮年都外出打工，村中实际已没有多少人。大家见我拿着相机，都说赶快拍照，随着新农村建设，这一片村子恐怕将来都要拆掉了。资料所记二台子，大家都不知道。七股地也是日伪驻扎之地，因在北面，距离较远，需下次探访。掉头去头股地，头股地属西井子镇，从地图上看，头股地距离大拉村并不远，实际却在南山之后，并不好找。南山亦为缓坡状，车过川沟，刚越山岭，又一较宽川沟；川沟之南，又一长长缓缓略高的山梁。越山梁，右拐，终于看到依山向阳的头股地村了。

头股地村名的来历，据介绍是当年放垦时的术语，就是从这里开始放垦的，因而称为头股地。放垦前，属于牧区，没有村落。这一带村名，许多都是按放垦顺序称呼的，还有三股地、七股地等。头股地并不大，大约20来户。放眼南望，村南，川道较宽，大约有四五里。而川南之山，似乎比其他地方要高许多，也更黑，应是火山地貌之故。父亲和他的将士们，半夜从十二苏木出发，摸黑翻山越岭，然后，突然向驻扎在头股地的敌人攻击，真真不易！当天晚上，我居然梦见了父亲。仍像以前做梦时一样，父亲总是不说话。可我竟然也没有问，就是在梦中，我也懵懂啊，真真不可救药！我并不迷信，但此时，我宁可用唯心论来解释。我相信，父亲一定是随着我的足迹，重返他曾经战斗过的地方。诗潮涌动，记录如下：

头股地感怀

一

风尘越岭寻头股，隐匿山川无坦途。
险峻南山曾夜渡，冰河铁马灭强虏。

二

老父直攻头股地，儿趋战场拜英魂。
乡亲簇拥情何热，壮士由来在众心。

三

天人感应费疑猜，老父居然入梦来。
岂止儿孙虔敬意，商都志士皆萦怀。

头股地村不大，却连续发生过两场战斗。除父亲率部夜袭外，之前的 1936 年 8 月初，伪西北防共自治军司令王道一率领 3000 多人进攻红格尔图。当时，防守红格尔图的是晋绥军孙绍九骑兵第三团。在军民奋起抗击下，伪军被击败，退到头股地进行整顿，准备再次进犯。其时，骑一师第二团驻防在集宁。接到彭毓斌师长命令后，张培勋团长连夜率部向乌兰哈达集中。在行军途中，彭毓斌师长也赶来，同张培勋团长同乘一车，先行到达乌兰哈达，同绥东四旗剿匪司令达密凌苏龙及其参谋人员一起，研究敌人退至头股地的情况，并把袭击头股地敌人王道一部的任务交给张培勋。张培勋仅挑选 80 名蒙古族战士做向导，轻装出发全速挺进。在连翻 13 座山头后，于凌晨 2 时提前赶到。经侦察，伪军竟然毫无防备。张培勋团长不等彭毓斌师长到达，先行进攻。由于土板围墙又高又厚，一时难以突破。排长王有仁发现有暗水道可以钻入，当即带领部队从水道中进入围墙内，立即分头向伪军所住院落投掷手掷弹。敌人摸不清情况，仓促应战，十分混乱。只有一座碉堡内伪军用重火力向我射击，我军集中火力给以消灭。全部战斗仅用了 3 小时。当彭毓斌师长到达时，战斗已经胜利结束。此役击毙击伤大量敌人，匪首王道一等逃散，缴获了大量枪支弹药和给养，给敌人造成极大震动。

五、土城子，标错位置的《绥远抗战示意图》

在内蒙古乌兰察布市境内，名为土城子的村庄甚多，察哈尔右翼中旗、兴和县、商都县均有，而商都县就有土城子、大土城子和小土城子三个。资料上之《绥远抗战示意图》，由于当时诸多条件限制，绘制成这幅示意图已属不易。其中把土城子标注到了原陶林县现察哈尔右翼中旗西北的上城子乡所属土城子，距离红格尔图有上百里之遥，显然是标错了。其实绥远抗战中的土城子，是商都境内的土城子。

先看战斗情况。1936 年 11 月 17 日 23 时董其武在红格尔图以南十二苏木召开了参战部队军事长官会议，当即下达了作战命令，命王雷震第四二二团、李作栋第四三六团，各加强一个炮兵连，于明日凌晨 2 时开始，向土城子、大拉村、二台子、七股地一带之敌军分割包围，予以聚歼。成功后，在土城子北方东西绵亘高地待命。同时命令骑兵迂回至大拉村、土城子以东地区，截击溃退之敌和敌之援兵，并担任追击任务，其余作为预备队，随指挥部跟进。

具体部署是：18 日凌晨，第四二二团第一营附炮兵一连，向大、小阳坡进攻；第二、第三营主力向土城子进政。成功后，占领土城子北方及其以西高地待命；第四三六团第一营、第二营附炮兵一连，以一部猛扑头股地，拿下后，在头股地北方地阻击大拉村之敌援，并援助骑兵夹击大拉村之敌。父亲就在这支猛扑头股地的部队中。再以主力向小土城进攻，消灭敌人后，急向土城子北方高地，阻击台道湾之敌南援，并协助第四二二团扑灭土城子之敌。成功后，占领土城子北以东高地待命。其时，第一营营长父亲刘福星；第二营营长王建业。第三营为预备队，由旅长掌握，跟随该团前进。从《绥东红格尔图战役略图》中所标注看到，父亲所率之第四三六团第一营以及王建业所率之第二营，是先攻击头股地，拿下后向土城子之东、大拉村之西继续进攻的。骑五团第一连，向四号地进攻，然后直捣高烟筒、小井子、大井子。这几个村庄，在红格尔图之北。再东进，向台道湾会合；骑一师第四团，先拿下三股地，紧接着攻击匪巢大拉村；骑五团第二连、第三连，秘密迂回大拉村、土城子以东出击，截击溃退之敌，阻击商都方面敌之增援，并担任追击任务。要求各部队用手掷弹和刺刀，以消灭敌人为目标，非万不得已，不准开枪。步兵用红色信号弹，骑兵用黄色信号弹，各连发两弹联络。敌向何方溃退，信号弹指射何方。每团配3名蒙古队战士做向导。部队先到十二苏木，从那里出发夜袭。而《绥远抗战示意图》标注从卓资山和集宁分别直接向远在陶林西北的土城子夜袭，这同战斗部署是不符合的。

其时，正值农历十月初四，一钩新月，早已落下。北风呼啸，大雪飘落，一片银白。各路大军，悄悄出发，屏息前进。凌晨1时30分，各部队已到不浪山腰。不浪山，是敌人所驻村南一处东西连绵的高地，连接红格尔图之南。突然，枪声骤起，手榴弹也轰轰炸响。原来，不浪山沿山有敌人警戒部队，也有简单工事。当我军摸到山腰，距敌不到百米时，被敌发觉，鸣枪阻止。我军一枪不发，加紧前冲，及至近前，用手掷弹边炸边冲。由于我军隐蔽前进，不打枪，冲锋又猛，敌人猝不及防，警戒部队纷纷后退。我军则紧跟着冲击，第四二二团右翼和团预备队第四三六团第三营直对大土城子，先冲下山，在土城子以南小高地同敌人发生激战。第四三六团第一营和第二营，即父亲所率之一部，已攻下了头股地，紧接着，向小土城子发起攻击。战斗中，第七连连长王廷榜在小土城子阵亡。占领小土城子后，部队立即北追溃敌，并以一部助攻大土城子。很快，大土城子也被我两团占领，第四三六团第四连连长赵怀晋负伤。此时，阳坡村也被第四二二团第一营占领，急向北猛追。而我骑兵孙团也将敌巢大拉村占领，紧接着向台道湾抄袭。战斗到拂晓，我骑兵两团，已经绕到台道湾东方高地。看到土城子以北东西之山，全部被我步兵占领，一部敌人正向东溃退，还有一部从台道湾附近逃窜，而另有大部骑兵向西北方向逃去。骑四团立即向东急追，骑三团和野炮一连，截击当面之敌。向北拼命逃窜的敌人被我炮兵击毙甚多。骑五团第一连原在我步兵左侧，搜索敌人，警戒北进。激战开始，红格尔图东、北两面之敌，全向北退去，而南面之敌也由红格尔图之东，向北绕道后撤，当即被我及时赶到的骑兵击毙 30 余人，我伤亡 6 人。其后，骑兵连在步兵左翼，搜剿高烟筒、小井子之残敌，直追至台道湾同孙团长会合。台道湾之敌已经肃清，于是，返回大拉村。这时，彭毓斌师长、董其武旅长已到达，时为 18 日上午 7 时。

从以上具体战斗情况来看，夜袭的土城子，显然是商都境内同大拉村、台道湾、七股地等相邻的土城子。而且，部队夜袭也仅攻击到台道湾一带，全部攻下后，部队在台道湾、大拉村集结，连七股地等村庄也未到，敌人就逃跑了。当我仔细察看《绥远抗战示意图》中所标注土城子的位置，对比原陶林县、现察哈尔右翼中旗地图，在中旗政府所在地科布尔镇之西北找到了土城子乡。在土城子乡最西有土城子村，又名董家村。2014 年 6 月，我从四子王旗赴察哈尔右翼中旗时，就是从三元井、狼窝卜子、广益隆过来的。这段路上，丘缓原绿，天蓝云白，阳光灿烂。广袤大地上，一片阳，一片阴，不时有红瓦村庄出现，具体领略了"天似穹庐，笼盖四野"的原野风味。然后就是土城子、黄羊城、米粮局。过黄羊城，有突起的灰腾梁，风电林立，甚为壮观。此处的土城子，按地图比例粗算，距离中旗旗政府所在地直线距离也有 26 公里，道路呈弧状就更远。距离察哈尔右翼后旗的红格尔图，在百里开外。从距离角度看，也是不可能的。在梁建军、曹晋编著的《绥东抗战》一书最后所附《绥远抗战示意图》下方，有注曰："本图土城子所标位置有误。土城子应在红格尔图东北偏东方向，距离红格尔图约十五里。这里所标的是位于土牧尔台西北部的另一个同名的村子。"我多次赴红格尔图、土城子等地实地探访，证明《绥东抗战》书中所注是正确的。那么，《绥远抗战示意图》因何标错了呢？我想，一、绘制者可能未亲赴战场进行实地考察；二、红格尔图原属陶林县，而标错的那处土城子也在陶林县境内。其实，红格尔图是陶林县最东的村庄，堪称孤星远悬。红格尔图以东夜袭的村庄，包括阳坡村、土城子、大拉村、台道湾等，都属商都县；三、在傅作义所撰《绥战经过详记》中，抄录了一段缴获日伪军王英于11 月 13 日下午 7 时在商都总司令部给其部下下达命令的原文，其中一段为："步兵第二旅，骑兵第一旅，第二旅，骑兵支队，及直属各部队，于十一月十四日，由商都出发，经过红格尔图、土城子、乌兰花、黑教堂、固阳，向包头方面前进。"这里，红格尔图和土城子同时提到，容易和商都境内的土城子混同。乌兰花，即现在的四子王旗所在地，在原陶林县、现察右中旗之西。仔细分析这些地名是从东到西出现的：红格尔图之西，是土城子；土城子之西，是乌兰花等。因而这里的土城子，显然是察右中旗的土城子，而非商都的土城子。现在几乎所有革命历史纪念馆，或展览馆，或纪念堂关于绥远抗战全部采用此示意图。我想，应该予以纠正。

六、关于商都境内大、小土城子之探讨

商都境内有土城子、大土城子和小土城子三个村庄。土城子位于红格尔图东之阳坡村、大拉村之间；大土城子和小土城子位于土城子以北台道湾、粉家沟、七股地之北。两处土城子南北相距约 30 里。《绥东抗日红格尔图战役略图》中，将大、小土城子标到了阳坡村和

大拉村之间，也就是现在土城子的位置。那么，红格尔图夜袭战，涉及的究竟是哪里的土城子呢?

我们从最原始的资料查起。《董其武日记》1936 年 11 月 17 日: "于明日凌晨 2 时开始，向土城子、打拉村、二台子、七股地一带之敌军进行分割包围，尔后予以聚歼。" 11 月 18 日: "本日 2 时整，我下达了开始攻击的命令。四二二团和四三六团立即向土城子、打拉村之敌发起进攻。" 这里只有土城子，而没有出现大、小土城子。《董其武日记》虽为选集，但从 11 月 14 日至 25 日，仅缺 19 日和 22 日两天，而在 21 日，对百灵庙战役还进行了两段补记，因而，这一段应是较全的，可信的。在《绥东抗战》中收录的民国二十六年六月，即 1937 年 6 月《陆军骑兵第一师及临时配附各部队在红根图及商都境土城子、达拉村剿匪战斗详报》中，全部都是土城子，而没有大、小土城子的记载。如: "师长于八时三十分进入红根图，此时我各部已将达拉村、土城子及其西北高地完全占领，第三团已追击溃匪至台道湾，第五团至小井子、高烟筒一带，骑四团在达拉村及其以北高地停止，对商都方面施行警戒。此时，各团除已派一部追击外，其余正在原地集合整顿。匪机忽来，即在红根图、土城子、达拉村一带掷炸弹数十枚，我官兵微有伤亡。" 这里的红根图，即红格尔图。

大、小土城子，出现在 1937 年《军事杂志》百期纪念专号傅作义所写《绥战经过详记》中。文中第二节 "第二次红格尔图战纪" 中记载: "果于晚 9 时至 11 时，敌东面一路，枪炮齐鸣，向我猛攻。北面一路，一枪不发，向我猛冲，均被击退。北面落入外壕者十数名，除被我手榴弹炸毙者外，俘三名。供称: 敌 '全部皆在阳坡村，大、小土城子，台道湾，达拉村（八台），头、二、三股地分驻，每日轮换来攻。'" 这是最早出现的 "大、小土城子"。其后文中在彭毓斌的命令中有: "敌军五千余，除围攻红格尔图者外，均分驻于阳坡村，大、小土城子，台道湾，头股地，三股地，达拉村等处，我骑六团仍在红格尔图，与围攻之敌对战。"在叙述战斗时也有："以主力向小土城子袭击，灭敌后，急向土城子北方高地，阻止台道湾之敌南援，协助我四二二团，扑灭土城子之敌，成功后，占领土城子北方以东之高地待命。"还有更详细记载："而我步兵，亦分别冲至阳坡村、小土城子、头股地等村，与各村之敌拼战。头股地、小土城子被四三六团之部队先后攻下，第七连连长王廷榜，在小土城子亡。该部一面北追溃退之敌，并以一部助攻大土城子，旋即被我两团部队占领，敌向北溃退。四三六团第四连连长赵晋怀在该处受伤。"从以上记载和叙述来看，小土城子在红格尔图夜袭战中是涉及了的。前所引《陆军骑兵第一师及临时配附各部队在红根图及商都境土城子、达拉村剿匪战斗详报》中，文中没有大、小土城子，却在所附《陆军骑兵第一师十一月十五日至十八日在红根图、达拉村一带剿匪战斗报告（表一）》最后附记一栏有记载"当场毙匪数目：第三团八月二日在红根图毙匪八十余名，八月五日在台道湾毙匪四十六名。第六团八月四日在阳坡村毙匪四名，八月五日，在头股地、小土城子毙匪三十二名。"这里记录的虽然是 8 月份红格尔图战斗，而非 11 月 18 日红格尔图夜袭战，但小土城子同头股地并排提出，小土城子应该在头股地附近。现在的问题是：这大、小土城子究竟在哪里？现在这一带村庄分布是：红格尔图之东即日伪曾经驻扎之处，从南到北分别是：头股地、三股地，为东西一线；往北，阳坡村、土城子、大拉村，为东西一线；再向北，台道湾；再北，七股地；再北，小土城子、大土城子为东西一线。大、小土城子，日伪可能曾驻军，而夜袭并没有打到七股地，更没有打到之北的大、小土城子，敌人就溃退了。《绥东抗日红格尔图战役略图》中，除在南面标注有头股地、三股地外，往北，从西往东标注有：大阳坡、小阳坡、土城子、小土城、大拉子。再北，则是台道湾，连七股地也未标，可见夜袭未打到那里。那么，在阳坡村和大拉村之间，究竟是仅有土城子？还是同大阳坡、小阳坡一样，有大土城子和小土城子？若有，在何处？为此，我再赴红格尔图战地探访观察，先到和乐村，东行数里，到了阳坡村，此即大阳坡。阳坡村很特别，村中一条小路，居然是县界，将村分为两半，西面属察右后旗，东面属商都。一村而两县，于是，阳坡村有两位支书、两位村长。往东，应该是小阳坡，村民说，小阳坡因搬迁，现在已经没有了，位置就在东面不远有枳机墩子的地方。车驶过，却连枳机墩子也未看到。小阳坡已经从地面上消失了。那么，小土城子是否也像小阳坡一样，因搬迁而消失了呢？再东行，到土城子村。土城子算是较大的村子，问村民：小土城子在哪？答曰：在三十里外的北面。问：村东有小土城子吗？再答没有。再问：是否像小阳坡一样，原来有，现在因搬迁而没有了呢？再答：原来这里就没有小土城子，就是北面有。而当我问到头股地时村民告知，就在南山那边，不过几里地。我望望南山，确有西北东南走向的小路，翻山岭而去。父亲当年就是从南山头股地这条小路，打到土城子的。回到问题《绥东抗日红格尔图战役略图》中所标顺序从西到东为：土城子，小土城。现在七股地之北，从西到东为：小土城，大土城子，顺序相反。显然，这两处的土城子，是不能混为一谈的。然而，难道傅作义所撰《绥战经过详记》中的大、小土城子也错了？怀疑间，村民告知，村南山下有古城遗址。是吗？我一激灵，赶紧快步前行，登上一个土堆望去，距离尚远，镜头拉过来，看到遗址面积不大，有一间房屋，有壕堑，还有不大的黑色遗址碑。据资料介绍此处为金辽遗址。忽然，一个想法涌出：这，是否就是小土城子呢？若如此，则许多疑问就完全冰释了。然而，毕竟一己之念，还请专家学者们深入研究，给以厘清。

七、民谣中的地理情况

夜袭红格尔图取得全胜，按计划看是否可夺取商都。据前一日派出的便衣侦探报告，李守信部的尹宝山师，原打算驻大拉村以东20余里的李家村一带。昨夜听到枪声，立即向商都撤退。又一侦探报告，尹宝山一部已部署在打马板、东庆丰庄两处路口及附近山头，封锁了路口，大部已入商都城，似已有备。这时，敌机4架飞临上空，向我已占领的土城子以北高地轰炸。到9时，又有骑自行车侦探报告，据打入商都城密探说，今早6时混出商都城东门，看到商都城已经关闭，仅留东门，城内伪军很多，并已上了城墙。老百姓传言有200多辆汽车装运伪军，已由化德出发，今天中午可到。综合以上情况，夺取商都时机还不成熟。于是，命令步兵炮兵在红格尔图、阳坡村集结；骑兵在十二苏木、土城子集结，同时侦察向西北逃窜敌人的踪迹。然后，彭毓斌师长和董其武旅长回到红格尔图。

原来，在大拉村、土城子指挥部驻扎的田中隆吉和王英等日伪头目，已经增加到7000余人，准备18日上午发动进攻，却被我军抢了先机，一时乱了手脚，难以组织有效抵抗，急忙爬上汽车东逃，敌全线崩溃。红格尔图战役，从敌人来犯，到全线崩溃，激战7昼夜，捣毁了敌之指挥部，歼敌1700余人，生俘日军电台台长八牟礼吉、雇员松村利雄等以及伪军300余人。击落敌机一架，缴获汽车数辆，军马百余匹，大车数十辆，其他军用辎重以及电台联络密码等一批重要文件，取得了红格尔图战役之全胜。王英在战前曾对他的部下吹嘘说，我王英是"鹰"，红格尔图是"兔"，"鹰"抓"兔"，定能取胜；达密凌苏龙属兔，我王英属蛇，蛇盘兔，还是我胜。可结果王英惨败而归。群众取笑王英说："只估划来个鹰抓兔，没想到碰了个兔蹬天。"关于红格尔图战役，群众编了长篇民谣，转录如下：

二十五年不太平，二十六年反日军。
日伪汉奸第一军，军长就是李守信。
后套来了个老王英，家中养着一团兵。

一心投靠日本人，见了军长笑面迎。

长官长官你是听，让我带队向前冲。

军长听了笑盈盈，我给你问一问日本军。

电话打到东三省，日本军官口气硬：

王英打进绥远城，官上加官往上升；

如若打不进绥远城，"嘶喽嘶喽"脖子平。

王英接到军长信，插起大旗就招兵。

骑兵招了大几千，步兵招得数不清。

瞎子、拐子都顶数，土匪、杂牌一大群。

田科长的一伙人，台道湾村子扎下营。

洋烟二子没精神，正湾村子安了兵。

苏美龙，逞英雄，高烟村驻了军。

大小土城都是兵，黄湾卜子满囤囤。

后方设在商都城，指挥部安在打拉村。

日本军官得了讯，枪械子弹全供应。

李守信的大炮来帮忙，日本人飞机来助阵。

说到此处停一停，再把红格尔图表分明。

红格尔图有个天主堂，神父名叫易世芳。

乡长名叫庞德勇，驻军长官是副团长。

神父、乡长和团长，共同商议怎抵抗。

乡长说：王英同伙日伪军，四面包围咱红格尔图村。

神父讲：王英打进红格尔图村，男女老少活不成。

团附道：军民都是中国人，齐心协力打敌军。

左研究，右商议，决心团结抗王英。

城壕挖它丈二深，王英插翅难进村。

民团、驻军配合好，隔一个民团隔一个兵。

军民拧成一股绳，死守红格尔图不变心。

轻机枪，汉林冲，手榴弹，背在身。

榴弹铁片土炮行，单等王英找上门。

老王英，鬼迷心，站在东山抖威风。

打一枪，不吭声；打两枪，还不动。

连打三枪催得紧，撅着屁股往前冲。

好容易冲到城墙根，又宽又深过不成。

天气刮起白毛风，睁不开眼睛看不清人。

守军开枪又开炮，"弟兄们"死下一大层。

民团里有个王五海，这次抗战有名声。

日本飞机来得凶，机枪扫射炸弹轰。

王五海，眼冒火，右脖紧托枪一根。

端了个正，瞅了个准，飞机冒烟倒栽葱。

这一枪，鼓舞人，敌人看了胆心惊。

王英的伤兵"哇哇"叫，"妈呀妈呀"活不成。

跟上王英白送命，不如在西口当长工。

战斗打了三天整，王英仍然不死心。

易世芳，开言道，叫声团附你是听。

咱们村里兵不多，总共才有几连人。

快往集宁打电话，请求援兵快出动。

骑三团，上了路，骑六团，随后跟。

汽车拉的是步兵，千军万马向北行。

过了大六号过贡红，援兵一到振军心。

军民并肩反冲锋，"长胡子"蒙军随后跟。

骑兵步兵全出营，打得王英退了阵。

王英逃回商都城，损兵折将真丢人来真—丢—人。

2014 年 7 月，当我们从土城子村出来后，再东行，就到大拉村了。2013 年 9 月，曾从商都出发去过大拉村。从大拉村南入村，向西，出村后，偏北有条土路。沿路北去，只见山岭缓坡此起彼伏。田地在凹形的小川间，庄稼茂盛，全都横跨川道，像倒着的马鞍。油菜花黄，土豆花白，小麦穗大，间有开蓝花的胡麻，一幅色彩艳丽的风景画。未几，到台道湾。台道湾三面环山，小气候很好，庄稼更旺，也是适宜屯兵之地。当年，父亲从头股地冲到土城子，然后集结到台道湾。但那时是 11 月份，天寒地冻，是没有这样美好风景的。台道湾再北去，西面是粉家沟。在山川之间转了几个弯后，东面的村庄就是七股地了。七股地几乎四面环山，更是个良好的藏兵之地。向一位牧羊人打听附近有无叫二台子的村庄？答曰：没有。看来二台子是难以找到了。七股地以北即大、小土城子。返回时路过赛乌素，却有两个，一个属商都县，一个属后旗。

民谣中提到了大小土城子。还有两个村子，正湾村和黄湾卜子。地图上查，黄湾卜子，地图上是化窝卜子，可能是发音不同之故，就在阳坡村之北，大拉子村之西，也应该是日伪驻扎之地。而正湾村，在红格尔图、高烟筒之北。2013 年 9 月 24 日上午，我们直趋红格尔图；下午，又从察右后旗返回北上，直到红格尔图乡政府以北。然后向东，走乡道，过田家村、师家村，接着就是正湾村。恰巧汽车有点故障，我们停下来。这里地形，同样是缓缓的山坡，缓缓的坡地，零零星星村民在收莜麦。这样的地形，是便于隐蔽军队的。过正湾村，就是大小井子，南拐，高烟筒，然后，红格尔图，从村东驶过，从村南西向，整整围绕红格尔图村转了一大圈。

八、绥东战役中五个民族英雄

1936 年 11 月 16 日夜，当我袭击兵团皆已开动，红格尔图保卫战正激烈进行之时，兴和方面南壕堑的伪军，为策应北面之敌，向我兴和县城急进。17 日，敌人步兵和骑兵联合，大约 3 个团兵力，向我窑子沟猛攻。窑子沟的保安队奋起抵抗。这里距商都 40 里。同时，窑子沟北面的段家村，也有一个团的敌人，同我段家村保安队 200 余人对峙。此时，王英伪军在北，声势浩大；红格尔图方面战斗异常激烈。到下午，李服膺司令电告傅作义：南壕堑伪军进犯兴和境，已令高朝栋团长，确保兴和，选择地形，预订计划，派兵一部联合保安队，夜袭该敌，痛予打击。并已敕令阳高、天镇部队，即刻准备，待判明该敌主力所在，向敌侧击。18 日上午，我军在红格尔图以东大拉村一带，已袭击成功。李服膺部就以少量兵力守兴和，率领大部队联合地方保安队，向敌攻击。此时，敌人北路之一部，已进到兴和城北土城子附近。北土城子距兴和仅 24 里；其南路之大部已进至打涧沟一带，打涧沟距兴和也仅 35 里，其余零星部队也到达十六号、大小哈拉沟附近，距兴和仅 20 里左右。当夜，高朝栋团长留两个连守城，第一营附保安队 80 人，袭击北路之敌；自己则亲率第二营和第三营两个连以及保安队 50 人，袭击南路之敌。1 时，全部同敌人接触。敌人开始还抵抗，未几就溃退。我军在北土城子俘获枪马齐备敌人一个排，乘胜猛追，一夜之间，除逃散者外毙敌百余名。敌人大部逃出了兴和境外。此后，由各村保安队搜捕残敌，又俘获数十名，缴获枪支 80 多支。到 11 月 20 日，兴和境内已无一敌人。可见，红格尔图战役，力挽狂澜，扭转了整个战局，是何等重要！如日伪得逞，将形成多面受敌攻击，而难以收拾之局面。

18 日上午，敌机进行报复性轰炸，凡我军驻地，都落下数十颗炸弹。第二一八旅旅部参谋席倬，还有一位排长，在红格尔图被炸阵亡。经我小炮集中轰击，击坏敌机两架，飞回商都坠落。其余飞机转向大六号、贲红各地投弹，并于沿途追炸我方运送给养汽车，被炸坏20多辆，伤亡50多人。

1936年11月23日，《大公报》对红格尔图战役中表现突出的将领，给予图文并茂的报道，题目是："绥东战役中的五个民族英雄。"文章如下：

红格尔图一役，因赖我前方将士奋勇杀贼，克奏肤功，举国欢腾，全世钦仰。兹特介绍是役有特殊勋绩之各将领，一彰我民族英雄之风采。

彭师长毓斌。彭为赵承绶部下，现任骑兵第一师师长。湖北黄陂人。现年三十七岁，保定军官六期毕业。民八任中尉职，每年晋一级。至民十六，升任山西督办公署少将主任参谋。现任骑兵师长。为人和平宽厚，好文学，有儒将风。而作战则勇健果毅，不似其面目。此次任前敌总指挥，以包围袭击战法，击溃王英。

董旅长其武。董为山西河津人，现年三十八岁，新任三十五军第二一八旅旅长。民十二由山西太原斌业学校毕业，民十三出任中尉排长，历任连营副官长及团长等职，并曾任国民革命军（铁军）指导员等。十九年再任团长，今年升任旅长。为人谨慎精明，学术修养甚勤。红格尔图解围之战，三团步兵皆归其指挥。

张团长培勋。张为骑兵一师六团团长，六团为此次大功特著之部队。盖张仅以四连骑兵困守红格尔图，敌以十倍以上兵力猛攻此蕞尔小村，终未得逞。张之功为不可没。张为行伍出身，民四在山西入伍，充副兵，由下士中士升连营长。十七年升团长至今。

张团附著。此次红格尔图战役，应以一团六师张团附为首功。盖匪攻红格尔图时，村中只有骑兵两连。张沉着应战，在大炮飞机猛烈攻击之下，始终不稍动摇。支持一日，始得张团长两连骑兵之援助。张为河北保定人，现年三十八岁，保定六期毕业。民八在西北军任见习，自连营长至参谋长，二十一年任团附。

苏团长开元。苏为三十五军二一八旅董其武部四三五团团长，黑龙江青岗县人。现年三十一岁。民十七由日本士官学校二十期毕业，曾任福建陆军干部队官，二十年任团长。现兼集宁守备司令，平地泉后方之维持，苏与集宁县长周钧之力为多。

现将以上将领情况补充如下：

彭毓斌，陆军中将。为人和善宽厚，爱好文学，尤擅诗词。如《将战吟》："丙子大雪日，写于塞上大六号宿营地。大漠朔风吼 / 阴山阵云浓 / 驰驱戎马间 / 时序已初冬 / 解鞍歇荒村 / 千帐静无哤 / 卦魄泻寒光 / 怅然思不穷。"《念奴娇》："八月四日击破匪于红格尔图，归途口占。边声四起，景升儿犹自酣歌未歇。二十四城齐解甲，太息落篱都撤。鬼火蓬蒿，哀湾泣壑，大好金瓯缺。把渔家傲，征人洒泪唱彻。金勒战马蹄骄，芊芊芳草，塞上好时节。千骑衔枚月静悄，疑踏蔡州雪。霹雳弦惊，风云色变，一霎撸枪灭。归程揽辔，多情应谢明月。"1945 年彭毓斌任国民党陆军第七集团军副总司令。9 月 4 日，奉阎锡山命率陆军第三十三军、第八十三军共 8 个师，支援被困在晋东南长治之史泽波等部。10 月 2 日，被八路军刘伯承部包围于屯留以西地区，5 日，兵败自杀。

张培勋，山西崞县（现原平市）永兴村人。红格尔图保卫战中，奋勇杀敌，坚守阵地。《大公报》记者方大曾于 1936 年 12 月 5 日前往红格尔图采访时，与张培勋团长会晤："张团长住在一个狭小的土房子里，在占满了全屋四分之三的土炕上，正中摆着一个炕桌，他独自睡在一边，另一边则让给记者。他的头旁还放着一架军用电话机，他随时随刻都在留心着每一次铃声，好像这东西是他唯一的伴侣一样。""入夜，张团长拿了手电筒出去查勤，经一小时方返回。""睡到三更时分，记者从梦中冻醒时，看见这位英勇果断的团长，正把着耳机在和红格尔图方面谈话，原来他夜间总是枕着耳机睡觉的。6日晨起，蒙他领导记者参观阵地。他指着这四周荒芜的草原说，中国的土地真大啊，你看这片大地，汽车可以畅行无阻，没有任何的天险可守，也没有一棵树木，在这地方作战，真是不易！"1937年9月，日军步炮5000余人进攻绥远凉城，张培勋指挥全团英勇抵抗，激烈拼杀，终因敌我力量悬殊，伤亡惨重。战后，军长赵承绥上报南京政府张培勋阵亡，并在太原举行了追悼大会。张培勋突围后，几经周折，回到师部。赵承绥很尴尬，派人劝张培勋安于一死。张培勋虽极为愤慨，但在各种压力下，只得隐姓埋名，改为"张开印"，隐居于岢岚县骷髅沟，行医务农。直到1965年去世，堪称千古奇闻。

张著，河北保定人。原来对这位抗日英雄知之甚少，仅有范长江先生去红格尔图采访时见到张著的报道："在西村口欢迎我们的一队士兵的最先头军官，是位长方脸带八字须的高大个子，这位将军就是死守红格尔图的张团附。他是河北保定人，正所谓'慷慨悲歌'的'燕赵'之士。他以两连人支持红格尔图战局，这还不算，他在战争紧张时，对彭毓斌师长来的报告，从来没有提到兵力单薄，请求增援的意思，这充分表现他的沉着和勇敢，以及最后牺牲的决心。"

当得知张著外孙蔚东风在太原时，立即前往，了解了张著许多情况。张著，1898年生，有一女张光烈，1921年生。张光烈一子即蔚东风。张著在红格尔图战役之后，由于晋绥军内部矛盾，未能再度担负主要战斗任务，在军中闲置。1972年在呼和浩特去世，终年73岁。

苏开元，1906 年生，原名苏凯元，字硕朋。东三省军士教导队第一期，东北陆军讲武堂第五期步兵科，日本陆军士官学校中国队第二十期步兵科。红格尔图战役后，1937 年任第七集团军少将处长；1940 年任绥远第一游击区中将司令；1945 年任少将参谋；1949 年参加北平起义，任北京市公安局第三处处长。1965 年在北京病逝。

九、各地报刊对红格尔图战役的报道

《大公报》记者方大曾，在红格尔图战役后采访，写了一篇《绥东前线视察记》，其中说："这一带地形没有什么高山峻岭，只是些起伏的丘陵，小小的红镇，即在一块丘陵的洼处，南、北、东三面环山，只有西面是较平的，直通陶林的大道。""这个村镇比高家地大得多，街里的商店也有十几家，不过如今都因军事关系停业了，只剩下一家杂货铺并且兼为邮政代办所的，还在半开着市面，好像度阴历年节一样，显得分外的寂静与荒凉。在每处墙壁上，都有枪弹打中的弹眼，有的密如烧饼上的芝麻。此外，还可看见不少的标语，如'东三省是我们的''欢迎新闻记者'等。"

1937 年 1 月 2 日，范长江先生前往战地采访，有长篇采访记《沉静了的绥边》："出十二苏木盆地北行，即见有另一群山环抱之地区，内含小村，即为全国妇孺皆知之红格尔图。红格尔图村之西、北、东、南四面皆为大山所在，西南、西北、东南皆有路可通。北山曰不浪山，东山曰乌里雅苏台山，'乌里雅苏'为蒙语'杨柳'之意，'台'为'有'，即有杨柳之处也。""红村之防御工事，因其为突出阵地，且东南以 45 里接连商都城，曾作王道一和王英司令部之达拉村，距红村不过 30 里，且曾经去年 11 月中旬之战，至今工事更为巩固。我们的汽车围着外壕绕了个大圈，到西口才算进去。""我们在红格尔图教堂中休息。教堂的钟楼已被敌机投弹炸去一角。教堂后面，尚有未炸之 200 磅炸弹一枚。墙上到处有炸痕。守村的骑兵两连，特地出来游行了一回，给广西慰劳团拍照。一位姓傅的连长，有一匹白马，走得非常好，他说是打王道一时的战利品，能日行 500 里。据说还是王道一自己使用的名驹。记者借来骑了一趟，此马到底不坏。"（《申报》周刊中华民国二十五年八月十六日出版）

绥东告警

7 月 30 日，有匪群数百人挂着伪边防自治军的名号，由察北窜进，攻扰绥东陶林（按，陶林东南 70 里为平地泉，东北 120 里为商都）县属的土牧尔台。经当地民团据堡抵抗，互击数小时，匪众不支，乃向商都方面退去。8 月 2 日，匪众再度往扰，并参加伪军协进，人数由数百增至 2000 余人，进攻陶林县属红格尔图，和驻守该地的赵承绥骑兵连冲突，发生激战，匪攻二日不下，死伤达一二百人。那时守该地的赵承绥到平地泉，即派兵增援，同时内蒙古正黄旗总管达密凌苏龙也自告奋勇，率部前往协助，始将匪军击退。

《中央日报》民国二十五年十一月三日
陶林边境发生遭遇战
伪蒙军宝德勒额骑兵协助李、王两匪部西侵
傅作义昨日返绥

【中央社北平二日电】绥东局势五日来确又重新紧张，李守信伪军自开抵大青沟一带，即督促王英骑匪向西进展，闻陶林边境已发生遭遇小战，伪蒙军宝德勒额骑队千名，由公会防地向前推进，协助李、王两部匪军西侵，双方战事有一触即发之势。

【中央社太原二日电】傅作义二日由并返绥，处理省军政要务。

《中央日报》民国二十五年十一月十六日

绥东战事爆发，匪犯红盖图未得逞

我军冒雪布防，士气振奋

【中央社归化十五日电】 十三日起，兴和、陶林沿边各县不时有飞机多架侦察轰炸。十五日晨，匪军三千余众，附山野炮多门，围攻陶林县红盖图，并以飞机七架掷弹助战。我军沉着抵抗，数度猛扑，均未得逞，且死伤极重。

《绥远日报》1936 年 11 月 16 日

陶林境红格尔图，昨发生激烈接触

通伪军连扑数次不得逞，当地团队中军奋勇抵抗

【本报特讯】 七月十三日起，绥东兴和、陶林沿边各线，不断有飞机数架侦察轰炸。十五日晨，陶林县红格尔图忽到伪军三千余人，附山野炮多门围攻该地。当时有飞机七架在上空助战，掷弹五十余。该地骑兵保卫团早有准备，当即分入碉堡内，沉着抵抗。匪连扑数次，均未得逞，死伤甚重，我方稍有伤亡云。

《大公报》1936 年 11 月 18 日

红格尔图昨有激战

【绥远 18 日上午 2 时发专电】 十六日晚十七日晨，红格尔图均有激战。敌机投燃烧弹，我方阵地内房屋多被燃烧。今晚已有伤兵百余人运抵绥远。敌方企图大不外两点：一、截断平绥路交通，动摇全局。二、强力护送王英赴绥北扰乱我方战略。故我方重大视之。傅作义、赵承绶皆驻绥东，策划军事。

《大公报》1936 年 11 月 19 日

匪军犯绥范围扩大

兴和昨受扰绥北愈紧迫

【平地泉 18 日下午 6 时发专电】 与我在红格尔图对抗之匪，连日迭次向我进攻，前后增加至五六千人，企图继续对我猛攻，夺取该地。不料，我方昨增步兵、骑炮队，由赵承绶部骑兵师长彭毓斌率领董其武步兵旅，昼夜驰赴该地。今晨 2 时余，对匪突施袭击，匪出不意，仓皇应战。我军向商都属达拉村、土城子匪巢猛力进剿，激战 3 小时余，匪溃退。计毙匪 300 余名，俘获汽车、马车、无线电台及辎重物品极多，正清查中。

《中央日报》民国二十五年十一月二十日

傅、赵昨电并告捷，进犯兴和、陶林之匪均已击溃

匪将大举进犯，大战即在目前

【中央社太原十九日电】 匪伪军连日向红格尔图迭次进犯，皆未得逞。十七日，王英匪率领李逆守信部之第二师胡宝山伪部，共五千余，复拟大举进犯。国军得报，当令骑兵彭师长亲率步、骑各三团，于十七日夜向十二苏木一带集结，准备袭击。顷据傅主席、赵承绶司令电称"国军彭师长率部十八日下午二时三十分，向达拉村、土城子、七股地、二台地一带，对匪伪部队开始击剿前进。至拂晓，向匪猛烈攻击，激战三小时，匪势不支，狼狈向西北方面溃退。当国军剿击猛烈时，土城子有汽车七辆，食粮更多，匪首王英或在车内。是役毙匪百余名，获汽车、无线电机件、马车各一件，现饬各部分路追击。我前方将士对匪异常愤恨，作战勇猛，短期内定可歼灭丑类。"

兄弟情深话英雄

闫明喜

1940 年 1 月，黄生明、王金投身于大青山抗日革命游击队。这支部队是八路军一二〇师七一五团的前身，1938 年 10 月改编为大青山抗日革命游击队。驻扎在大青山周边地区，开展抗日游击战。王金在队伍中年龄最小，战士们给他起了个绰号叫"小娃子"。

1940 年 8 月 20 日，为了彻底打败日本侵略者，八路军总部发布命令，进行百团大战。游击队主要任务是牵制驻扎在绥远的日军南下。

小娃子虽然年龄小，但很聪明。每次的战斗中，他的鬼点子最多。有一次，上级命令游击队摧毁日军一个炮楼。戒备森严的炮楼，四面都是铁丝网，探照灯一夜不停，想靠近比登天还难。

队长没什么好办法。小娃子突然说："我有办法。"队长问："你个小兔子有啥好办法？快讲！"他说："捉上两筐子蛤蟆，嘴里放上花椒，放在炮楼周围，让它叫个不停。"队长又问："凭个蛤蟆叫就能夺个炮楼？"小娃子坚定地说："花椒放在蛤蟆嘴里，让它昼夜地去叫，扰得日伪军睡不好觉，肯定要出来消灭蛤蟆，我们趁机炸毁炮楼。"队长听后，觉得有理，立即下命令，就按小娃子说的办。

遵照队长的指示，队员们从河渠、水坑、庄稼地捉了两筐蛤蟆，嘴里放上花椒，等夜静的时候，放到炮楼周围抽穗的麦田里。蛤蟆的叫声，扰得日伪军睡不着，长官让士兵们消灭蛤蟆。小麦正在抽穗期，蛤蟆在麦田里乱蹦，日伪军手忙脚乱却难以捕捉。昼夜忙个不停，晚上利用探照灯光的便利，尽快将蛤蟆消灭。这给了游击队炸炮楼的机会。黄生明与"小娃子"都是第一次参加战斗，平时训练刻苦，第一次打仗，毫不畏惧。在队员们的掩护下，黄生明领着小娃子，切断铁丝网，智巧地进入炮楼。小娃子看到心爱的机枪，抓住机枪，扣动扳机，朝麦田里扫去，不到几分钟，消灭了捉蛤蟆的日伪军，黄生明与队员们消灭了留守人员，炸毁了炮楼，留了一个伪班长作为活口。

据活口交代，最近两天，日军一个中队，从驻地包头出发，到平地泉机场执行防务任务。小娃子高兴地说："正是伏击日军的好机会，真想痛快地打一仗。"游击队急行军，来到了交通要道，公路两旁长满红柳。队长察看了地形说："真是个打伏击的好地方。"精心布置兵力，每个队员头戴红柳编的伪装帽，手拿"汉阳造"，手榴弹插在腰上，严密地隐蔽在公路两旁。

小娃子是个急性子，不耐烦地说："鬼子鬼子，真是个鬼，怎么还不来？我早手痒痒了。"小娃子年纪最小，黄生明经常看着他，怕他不遵守纪律，违反了军纪。心急的小娃子，眼睛紧盯着日军走来的方向。小娃子突然说："队长你看，鬼子来了。"队长说："没我的命令，谁也不能开枪，等鬼子彻底进入埋伏圈，打他个措手不及。"

又等了几分钟，队长一声令下："同志们，打！狠狠地打！"枪声、手榴弹的爆炸声响彻天空，日军瞬间倒下一片。活着的日军像发了疯的野狼，嗷嗷直叫，他们上好了刺刀准备肉搏。

在惨烈的肉搏战中，队员们都在保护小娃子的安全。小娃子打到哪里，黄生明护到哪里。有个日军正在瞄准小娃子，黄生明眼疾手快，将日军一枪毙命。队长见大势不好，命令队员们马上撤退。在撤退途中，小娃子大腿中了一枪，倒在地上晕了过去，鲜血流了出来。黄生明抱住小娃子，哭喊着："小娃子，你醒一醒！醒一醒！"他把衣袖扯下来，包扎在小娃子的伤处，防止失血过多。队员们打着阻击，掩护他与小娃子，赶快撤退到安全的地方。

黄生明背上小娃子，疯狂地奔跑，高一脚低一脚，跌倒又爬起，终于撤离了危险区。黄生明找了片长满蒿子的地方，将小娃子隐蔽下来。他用帽子到河边取来了水，喂着小娃子。昏迷中的小娃子嗫嚅着："老哥，我快不行了，你放下我去找队员们，要替我报仇。"黄生明流着泪说："小兄弟，咱俩同一天入伍，咱俩要同生同死，我不能扔下你不管，咱俩一定要重返战场，把日本鬼子赶出中国去。"

黄生明背起小娃子，向南快速地走着。看见50多米开外，一个牵着骡子的人向他俩走来。黄生明心想，这个老乡也许能帮个忙。老乡看到他背着小娃子，着急地问："你气喘吁吁地是咋回事？"黄生明把事情的全过程告诉了老乡。老乡把小娃子扶到骡子背上，牵着骡子朝他家的方向走去。他说："我叫王大老虎，家住章家营村，昨天送媳妇住妈家，返回的路上，正好遇见你俩，村子离这二十多里。你和小兄弟就住在我家，媳妇一月后才回来，等小兄弟伤好了，再去找部队。"黄生明高兴地说："幸亏遇到你，小娃子伤这么重，真不知咋办。"

章家营村30多户人家，蒙古族占多数。王大老虎对治疗枪伤有偏方，他让黄生明照顾好小娃子，他上山很快地采回了消炎止疼的草药。小娃子被子弹射穿了肌肉，没有伤着骨头。在黄生明与王大老虎的精心护理下，半个月的时间完全康复。他俩与王大老虎结下深厚的友谊，分别时，王大老虎泪眼相送。

在那个内忧外患、兵荒马乱的年代，百姓常受到土匪的威胁。黄生明在一次剿匪的战斗中，小腿受伤，在部队养好了伤，但是他的腿落下终身残疾，上级给他定为三等伤残军人，复员回原籍小海子镇宋家村务农。

1945 年日本投降后，这支部队编入第四野战军，小娃子随部队参加了新的战斗。

解放后，小娃子转业到商都一个单位上班，由于工作出色调入邮电局，后来任邮电局局长。一个局长，一个农民，他俩在不同的工作岗位相互照顾，相互关心，一直保持着战友情义。黄生明晚年入住"光荣院"，这位老英雄逝世后，民政部门以当地的习俗埋葬了他。

抗战时期商都的三个历史人物

王学吾

一、王 英

研究抗战历史，无论察哈尔还是绥远，王英都是一个绕不开的人。王英又名杰臣，祖籍河北省邢台，出生于五原县。王英的父亲叫王同春，奶名进财，5岁时害痘伤左眼，因此得外号"瞎进财"，盖过了本名。"瞎进财"12岁时随父避乱来到磴口县，对引黄河水浇地颇有兴趣，成年后专攻此业。最终成了后套有名的财主，拥有东西500里、南北150里的一大片肥沃土地，牛羊马骡遍地，连他自己也不知有多少。为了保护自己的财产，私养家兵百余，枪马齐全。在后套不论公私纠纷，"瞎进财"说了算。"瞎进财"在1926年被冯玉祥聘请为西北边防督办公署总参议。北洋政府还聘请其为水利顾问。

1917年，匪首卢占魁在绥西骚扰百姓，卢本人即是哥老会的龙头，"瞎进财"和他的儿子王英加入该组织，就任五原县的哥老会总头目。1925年，冯玉祥"五原誓师"，准备率部挺进中原。哥老会在包头、五原、临河到宁夏长达1600多里的范围内，不断偷袭冯玉祥所部。冯玉祥没有办法，找到王英提出自己也加入哥老会，并且缴纳会费4000大洋，还发出布告称哥老会为"革命协会"，王英出任会长。自以为搞定了王英就没有哥老会骚扰了，于是率领大军进军中原。可冯玉祥的主力部队刚一离开，王英就发动哥老会会众四处抢劫冯玉祥西北军的枪支弹药。时间不长，竟然被他抢到了2000多支各类枪支，而且还抢到不少迫击炮、轻机枪、重机枪。眨眼之间，王英就拉起一支2000多人的队伍，而且枪、马齐全，威风凛凛，成为西北边陲最大的一股势力。随后，就有大股土匪、流民涌进来，队伍进一步扩张。王英被阎锡山收编为独立骑兵师，1927年，王英叛离晋绥军另立山头，张作霖部下汤玉麟收编王英为"东北陆军第三十一军"，王英任军长。没到两年时间，王英又背叛奉军倒向阎锡山。此后，王英又倒阎投蒋。1931年"九一八事变"后，蒋介石委任王英为"义勇军司令"。王英立即通电抗日，他的这一举动，诱骗了不少青年加入他的队伍。1933年，抗日同盟军成立，王英成了游击司令，可不久就又投降了日军。

1935年，"何梅协定"签订之后，日本军方野心勃勃地在华北各地设立特务机关，公开进行特务活动。在各地寻找汉奸，企图侵占整个华北。先在冀东找到了殷汝耕，又选中了有奶便是娘的王英。

王英在平绥铁路特务机关长盛岛角芳和绥远特务机关长羽山喜太郎共同策动下，接受梅津美治郎的任命，被委为"大汉义军司令官"。梅津美治郎让王英去察北招收旧部与土匪。此时的王英拥有骑、步兵3000余名。1936年11月，王英驻军商都，红格尔图一战，损兵折将；百灵庙一战，被傅作义的部队打了个落花流水，几乎成了光杆司令。

"七七事变"后，王英任"绥西自治委员会委员长"。五原战役后，王英和日军大败，由此盘踞今乌拉特前旗一带。日军投降后，傅作义将绥西自治联军王英部改编为第十二战区骑兵第一集团军，任命王英为总司令。丰镇一战，王英集团被我军打得抱头鼠窜，溃不成军，三师一旅乌合之众损失大半。1950 年王英在北京被捕，1951 年被人民政府镇压。

二、李守信

李守信的人生经历异常丰富：从贫苦人家的孩子，到喇嘛庙里的喇嘛，再到揭竿而起的一方豪强，成为伪蒙古军总司令，老年却成为文史专员。

李守信出生在土默特右旗的普通农民家庭，初名李义。祖上是闯关东来到此地的，几代都是老老实实的农民。父亲希望他继续做一个好的农民，但他从小机灵好动，不愿意去田里劳作。正好这时候有一座喇嘛庙需要出家人，父亲就把他送到庙里当了喇嘛。因为排行老三，所以大家都称他叫三喇嘛。

李义活泼好动，根本不是那种能静下心来好好念经的人。当时的年月，兵荒马乱，一年到头有扛枪的人在街上走来走去。三喇嘛很是好奇，很快和那些兵痞打成一片。1918 年，李义离开喇嘛庙，加入县民团，正式当上了大头兵。

李义为人豪爽且善于交际，没多久他就和附近势力较大的几个土匪搞熟了关系。慢慢地他觉得似乎自己拉起队伍来干土匪也挺好的，于是离开县民团，单干当上土匪。不到两年时间凭借着积累起来的人脉他就拉起 800 多人的队伍。

热河游击司令张连同很赏识这位有胆有识、十分机灵的土匪，于是将其招至麾下给了他一个连长的职务，李义也为了表达感激张连同知遇之恩，将名字改为李守信。后来李守信也是多次立下战功，从连长升到营长，又从营长升到团长。1930 年，李守信在担任东北军十七旅三十四团团长时，接受上级命令进剿嘎达梅林起义队伍，率千余名骑兵追击数百里，在乌力木仁河围堵嘎达梅林起义部队，嘎达梅林战死。

日本人占领东三省之后，李守信也成了他们要拉拢的那份名单上的人。1933年3月，李守信团击落了一架日军侦察机，俘虏机组人员4人、电台两部。日本人发现这是和李守信进行接触的一个好时机，于是指名要求让李守信带着机组人员和电台到关东军处用俘虏交换物资。不知道李守信和日本人交流过什么，总之，不久，李守信打开他所镇守的开鲁地区大门，将日军迎入。1933年4月，李守信的队伍被整编为热河游击独立师，他任司令，纳入关东军的战斗序列，接受日本顾问团的"指导"。

李守信的部队被纳入关东军的作战序列之后的第一场大战是在多伦打的。李守信带领伪军占据多伦，当时恰逢中国军队组织长城抗战，以冯玉祥为首组织起全国抗日大同盟，召集战士上万人准备围攻多伦。

进攻之前，冯玉祥派人找到李守信，晓之以理、动之以情，希望他能为了民族大义反戈一击。但是李守信不敢反抗日本人，又不想白白损失自己的力量，于是同冯玉祥达成了一份协定，将多伦借给冯玉祥20天。1933年7月7日，冯玉祥率领万名战士浩浩荡荡攻打多伦，双方战斗三天三夜，战事胶着。三天后，李守信告诉日本顾问，"如今部队弹尽粮绝，我们打算死守，多伦城破之后和抗日战士拼大刀片"。日本顾问听后吓得不轻，他也不想丧命于此，于是联系关东军总部，允许李守信军撤离多伦。

撤离多伦之后，李守信部补充了大量的物资给养，15天后，又接到日军命令夺回多伦。李守信与冯玉祥的约定是"借地20天"，所以在出发路上又磨蹭了几天，当他到达多伦城下正好20天。所以，多伦城下当天又是一场激烈的"战斗"，冯玉祥"撤出"多伦城，李守信又"立一大功"。

多伦城一战全国抗日大同盟"一度占领多伦城，极大地打击了日伪敌寇的嚣张气焰"，振奋了全国对于抗战的士气。而李守信也通过这样一战彻底地获得了日本关东军的信任，冯玉祥和李守信"双赢"。

不久，日本关东军开始导演伪蒙政府的成立，由德王（德穆楚克栋鲁普）和李守信共同负责。协调之后，将"蒙古军总司令"一职授予李守信。

1945年，日本无条件投降，李守信手下的队伍接受傅作义的改编，又给了部分权力让他回到热辽蒙边境组织"人民自卫军"。李守信在该地有点名气，在很短的时间内就拉起了5000人的队伍，其队伍在1946年12月，被中国人民解放军全部剿灭。

1949年，李守信带领全家飞至台北安家。后因组建所谓的"蒙古自治委员会"，他又飞往宁夏一带活动。宁夏解放之后，德王与李守信流窜至中蒙边界。本希望蒙古人民共和国能看在同族分上收留他们，但是蒙古人民共和国将其一行接至乌兰巴托关进监狱。1950年9月20日，李守信被引渡回国，来到抚顺战犯管理所，直到1964年12月，被特赦出狱。

出狱之后，李守信被安排在内蒙古文史馆担任馆员，他的记忆力非常好，而且逻辑清晰，将他知道的内蒙古政治军事经济多方面的历史状况全部口述整理成30万字并出书。作为昔日伪蒙政权2号战犯，他几乎就是一部内蒙古近现代史书。

1970年，李守信因心力衰竭并发症去世，终年78岁。

三、尹宝山

在商都，尹司令名声很响，他驻得最久。尹司令大名叫尹宝山，祖籍河北省平泉县，曾做过土匪，民国时期当过连长、营长、团长、伪师长、参议、伪常务参议、德化市副市长。他读过书，练过武，国民革命军、热河地方军、奉军、伪军都干过。与别的汉奸不一样的是，他因为反对日本人而被撤职下狱，一生极富争议而又充满传奇色彩。

与李守信开始时走的路数有点不一样，尹宝山自 1912 年投军。有一点相同的是，招安李守信的人正是尹宝山所在部队的团长张连同。尹宝山当了连长时，他未来的长官李守信才刚刚在这支部队入伍。

"九一八"事变后，日本先后占领通辽开鲁、赤峰林东，又纠结日伪军围攻尹宝山所在的东北军十七旅镇守的林西。当时，张学良认为其为东北军的杂牌部队，热河司令汤玉麟又限制其发展，日本人百般拉拢。旅长崔兴武左右为难，最终决定辞职交权李守信。李守信被日本人任命为热河骑兵师司令，尹宝山为支队长。

1933 年 9 月，李守信部队更名为察东警备军（后改为蒙古军），尹宝山任师长。红格尔图、百灵庙等绥远抗战，尤其是商都之战后，田中隆吉指挥的伪蒙军及王英部屡战屡败，尹宝山更是看透形势，偷偷与国民党门炳岳、董其武的说合人联系。因此，被日本宪兵怀疑，受到指责。在当时背景下，上有德王伪蒙政府对汉族军官排挤，又有日本主子及特务监督，李守信又认为尹宝山治军暴戾，倒卖枪支，居功自傲，越来越不听使唤，特别是商都失败，不配合日本人进攻张家口，直接导致了被撤职。

1939 年，尹宝山改任察哈尔德化副主席（日本与德王建立的伪政权，察北一带）。虽然没了军权，尹宝山也没闲着，而是与接替他师长位置后又被撤职的陈景春密谋投诚，改邪归正。此事被日本宪兵发现，两人被押到张家口监狱，严刑拷打，忍饥受饿，北平等地的财产也全被没收。后来，李守信花了十几万大洋，才将这两位昔日部下救出。出来后，饥饿至极的尹宝山马上到另一同事丁其昌家充饥，因日本人已饿他几日，结果空腹吃了很多干饼将胃胀坏，住在一家北京德国医院治疗。其间又听说三姨太在林西把财产贴给了相好，一气之下肝肠断裂而死。尹宝山，这位充满传奇和争议的一代乱世枭雄，就这样结束了自己的性命。

在商都有一个地名叫尹司令围子（现名库伦图），就是尹宝山为新娶的一个小老婆所建。那时，尹宝山驻军商都、锡林郭勒盟，作为师长的他两地来回跑，库伦图是必经之地。可惜的是围子还没有建好，尹宝山就离开了军队。他后来被日本人下狱，商都也有一些人跟着倒霉，被押至张家口监狱很久，有的还因此丧命。

史海拾贝

明英宗北狩在此蜗居

王学吾

首先解释两个概念：一、明英宗是哪位？明英宗大名叫朱祁镇，他是明朝的第六和第八位皇帝，标准的二进宫。别看他两次登上帝位，但却是一个极不称职的皇帝。因为他身上的故事太多了，今天有好多以朱祁镇的经历拍成的电视剧。二、啥叫北狩。字面意思就是到北面打猎，要是那样理解，可就大错特错。英宗北狩，就是打仗时让人家捉了俘虏，被困囚北方。一般人当了俘虏，史书想说就说，但皇帝当了俘虏，那就得找个体面一点的词语表述了，于是发明了"北狩"。因此，北狩是一种为尊者讳的说法。

本文简略叙述一下明英宗当了俘虏以后作为高级囚犯被人家牵着到处走来到商都的经历。

明朝有一个重要的历史事件——土木堡之变。1436年，朱祁镇的父皇宣宗驾崩后，他这个皇太子即位，时年不过9岁，是为英宗。他宠信一个太监，叫王振。稍微对明朝历史有点了解的都知道这个人，明朝是个太监不时掌大权的朝代，大家熟悉的刘瑾、魏忠贤皆是，但王振是明朝历史上第一个掌握权柄的太监，也是明朝乃至中国历史上最荒谬绝伦的太监。王振有点学问，这在太监中是比较少有的，因为按照太祖朱元璋定下的制度，明朝的太监是不准识字读书的。朱元璋大概以为，这种容易心理扭曲的人一旦有了学问，就会很可怕，小则擅权，大则祸亡家国。但是这种制度被宣宗给破坏了，他设了一个"内书堂"，拣选了一些文学之臣教太监读书，并使太监"秉笔"批本——奏章。王振本身还算是一个"读书人"，永乐末期，宣宗下了一道诏书，地方上的教育官员在考评期满的时候，假如没有什么建树，而又没有子嗣的，如果愿意进宫当太监，去专门教育宫中的女官，那就阉割。王振为了能不平凡地生活着，居然自宫去当太监，其人格可见一斑。

王振运气不错，由于有点学问，进宫后被选入东宫，成了当时的太子朱祁镇的老师。朱祁镇一直就因为这点渊源叫他"先生"，而且对他极为信任，这种信任就好比小学一、二年级的学生对班主任的信任，是一种心理习惯的依赖。所以朱祁镇一旦即位，立马把他授为"司礼监"这个太监编制中的最高荣誉。当时蒙古部落的一支瓦剌很嚣张，王振虽然能力平平，却非常具备五洲四海的伟大志向，向往着带领年轻的学生朱祁镇建功立业，于是他就不断地鼓动明英宗朱祁镇北征。

王振劝英宗出去要对付的对象是瓦剌的也先。也先并非蒙古部落可汗，只不过是权臣太师脱欢的儿子。蒙古部落有个传统，自成吉思汗后非皇帝的子孙不得为汗。当时瓦剌名义上的可汗是脱脱不花，但也先兵强马壮，可汗只是傀儡，而且他们各有各的地盘与武力。正统十四年七月，也先大举入侵，当时的九边之一大同重镇失利，京师闻报后，本来是派武将出征，但军队刚一走，王振就劝英宗亲征，"命下二日即行，事出仓促，举朝震骇"。

七月已是秋天，对于也先是"秋高马肥"，而对于朱祁镇恐怕就将步入塞外苦寒了。自古以来，征伐塞外都是春去秋还，期于半年内收功。否则士兵就会陷于塞外，苦寒难当，自然军心与战斗力就会大打折扣。另外还得粮草先行，并在接近前线的安全地区大量储备。朝堂之上大臣们都以此力谏，但是英宗还有王振说干就干，亲率五十万大军深入漠北，将残酷的军事战争视如儿戏。结果在一个叫土木堡的地方五十万人马被也先的大军围住，没两个回合就完败。王振死于乱军之中，朱祁镇当了俘虏。

节外生枝一下，说说我们的主角英宗朱祁镇是如何束手就擒的。乱军中，朱祁镇不会骑马，身体底盘太重跑又跑不动，只有盘膝坐在那里静候天命。一个小兵看到英宗衣服华丽好看，估计也值一点钱，要他把身上的衣服脱了，英宗置之不理。小兵大怒，当时就要杀了他。这时小兵的哥哥看到了，按照《明史纪事本末》的记载，一眼就认为这家伙不是凡人，于是立刻将他弟弟制止。朱祁镇几句问话镇住了对方："子其也先乎？其伯颜帖木儿乎？赛刊王乎？大同王乎？"一连几个"乎"，王者气派。

也先找人去证实，果然是大明天子朱祁镇。也先高兴坏了，觉得他一直想统一整个蒙古做第二个成吉思汗的美梦就要成真了，但是这个大明天子朱祁镇如何处理呢？有人说杀掉，被也先的弟弟伯颜帖木儿一阵痛斥。伯颜觉得"两军交战，人马必中刀箭，或践伤而死"，但是"大明皇帝独不践压中刀箭"，而居然是一连几个"乎"，问这问那，无丝毫的惊恐、埋怨与愤怒，这说明什么？这说明朱祁镇有老天爷的庇护，是不死之身，万万杀不得。于是也先把朱祁镇送到他弟弟伯颜的大营，让他好生看待。

英宗蒙尘后，监国的英宗弟弟朱祁钰几次三番派人给也先送礼物、交赎金，央他释放英宗。但也先的胃口越来越大，天字第一号的"肉票"在自己手里，明朝的江山得分我一半。也先挟制着英宗先到大同"叩关"，大同守将郭登不理会他，知道他这些挟天子以令诸侯的惯用伎俩。也先又跑到重镇宣化，守将杨洪的回答也很妙绝："臣所守者，陛下的城池。天色已暮，不敢开城。"也先见边关诸将都不上当，只好把手中天字第一号的人质朱祁镇移到塞外，另作安排。就在也先忙着肉票换土地时，明朝又一位新皇上位了，他就是朱祁镇的弟弟朱祁钰，是为景泰帝。

明英宗朱祁镇被俘之后，对于他那段"北狩高原"的岁月，明朝官方史料记载《明英宗实录》等并没有涉及太多。毕竟朱祁镇在草原上的生活起居，当时明朝的史官并没有第一手资料，是无法直接了解和掌握的。但随明英宗一同被俘的一些侍卫、大臣，以及后来明政府派往瓦剌的使臣成为事件的亲历者，在他们后来所著述的文章中倒可以看到一些详尽记载。如当时明英宗身边的锦衣校尉袁彬所著的《北征事迹》、时任通事（翻译人员）的杨铭所著的《正统临戎录》《正统北狩事迹》，出使瓦剌的礼部右侍郎李实所著的《北使录》、土木兵败逃脱又再度出使瓦剌的右都御史杨善所著的《使虏记》等，这些都成为掌握明英宗北狩生活的重要参考资料。清代学者和田清研究了英宗两次被也先押着走过的地方和后来落脚的地方，认为明大臣所记述的"达子营"就在商都东南部地区"关山东北失把儿秃"。直到今天，在高勿素一带，仍有失把儿秃这个地名，无疑就是他们所记的达子营。明代，这里确是也先作为金山哨马处的一个根据地。

英宗当了俘虏后，一直是信心满满的明英宗，在瓦剌也先的挟持下，开始了循着明边叩门问关之路，本来寄希望于也先能早早开恩，放自己回朝，可惜通往京城的路太难，一路叩问，最后等来的只有毡布帷帐和漫漫长夜。

塞外"达子营"，自然条件艰苦，对于养尊处优的皇上来说，有许多难以克服的困难。但相对其他俘虏来说，英宗的待遇自然是极好的，起码衣食不愁。据史料记载，这段时间对他来说是最受折磨的时候。既睡过板车，也睡过杂草，甚至还住过两次"猪房"，但总体来说生活还算过得去，待遇几乎与瓦剌贵族无差别。当时商都所在的地方内地称为漠北，由于距离明朝遥远，衣食用品难以运抵，再加上漠北苦寒，最高档的居所就是帐篷。《北征事迹》记载："帝既入沙漠，所居止毳帐敝帏，旁一车一马，以备转徙而已。"虽从表面看起来似乎朱祁镇过得比之前大为不如，但实际上这已经几乎是瓦剌人能给到他最好的待遇了，主要原因还是漠北地区物质条件太差。也先虽然没有利用"奇货不可居"的皇帝得到半点利益，但对他还是颇为尊敬的，瓦剌民众对他也没有敌意。《北征事迹》记载："上在行营，或坐暖车，或乘马。途中达子达夫遇见，皆于马上叩头，随路进野味并奶子。"

也先有什么庆典活动也忘不了英宗皇帝，常常请他喝酒吃烧烤，依然以帝王之礼待他。更可贵的是，英宗皇帝居然在漠北交到一位瓦剌朋友——也先的弟弟伯颜，此人对英宗照顾颇多，不仅保他衣食无虞，更是将身边的几个侍女派到英宗身边，专门伺候他，之后更是三天两头地往英宗皇帝处跑，喝酒撸串快活得很。战争是无情的，但蒙古人的豪爽从对待英宗上可见一斑。

在英宗被俘的一年零半个月里，朱祁镇在锦衣卫袁彬和翻译杨铭的陪伴下，开心地与伯颜耍了一年多。对于他来说，北狩的日子是受罪受苦，可在普通人看来，他一直是一个皇帝，一直处于普通人无法享受的生活中。就算离开瓦剌时，待遇都与帝王一般无二。也先为其临时搭建了高台，让子女妻妾下面跪拜，还奉上归途中一概所需。伯颜甚至大哭："皇上行矣，何时复得相见！"

察哈尔西迁在这里集结

王学吾 整理

清乾隆年间，为了防御新疆以北沙俄侵略者的入侵，清政府两次从素有成吉思汗护卫军和怯薛军忠勇传统的蒙古察哈尔八旗征调组建了一支精锐部队，携眷西迁，在博尔塔拉屯成驻守边疆，保卫西北边陲，捍卫祖国领土主权完整。后为安定驻防军心，确保边防稳定，清政府从察哈尔八旗再度征调 420 名妇女第三次西迁。在相隔万水千山的察哈尔部故乡和新疆伊犁边陲之间，演绎了一曲铁血忠魂与深情大爱交织的爱国主义和民族精神颂歌。对于这一历史事件，察哈尔史学家作了全面深入的研究整理，还原了这段悲壮的历史过程。近年来，越来越多的史料被发掘，西迁路线是傍依阿尔泰军台，利用其在运送物资、粮食以及官员往来的便利。这一结论在学术界得到首肯。但对西迁出发地有诸多解释。随着越来越多的史实呈现，出发地之谜逐一被破解，清晰地指向位于阿尔泰军台驿路重要地段的五、六、七、八台，也就是今天的商都境内。

清朝统一新疆并初步完成建立戍边体系后，新疆进入了相对稳定平和的历史时期。各业开始复苏，各民族人民拥有了安居乐业的历史机遇。但是，内忧外患仍没有根绝，内部动荡和外部袭扰的威胁随时都有暴发的可能。因此，要大力加强边防力量，安抚边民，防御外来侵略等诸多事务，成为清政府当局为之焦虑的大事之一。筑牢新疆军事防御屏障，建立永久稳定的边防体系，成为核心问题。此时朝廷边防军队仍旧采用大轮防措施，起初是三年轮换一次，后来改为五年轮换一次。随着时间的推移，这种大换班、大轮防做法逐渐暴露出不少弊端。一是耗资巨大。当时在新疆的驻军官兵共有 25000 人左右，分别驻扎在南北疆广大地区。就换防而言，这数万大军只要动身一往一来，就要耗费超出正常驻防水平好几倍的军事开支，甚至比清朝出兵征讨新疆战时的开支还要大。二是战线太长，耗尽精力，拖垮士气。轮防军队抽自内地各个省区，要行军数万里。翻山越岭，跋山涉水，穿越茫茫戈壁，沿途人烟稀少，风餐露宿。进入新疆后，又要分赴天山南北，其艰辛和付出的气力，绝不亚于内地到新疆的行军强度。这么遥远而又艰难的徭役，对军队士气造成极大的挫伤。三是人心思亲，军心不稳。换防官兵，都不准携眷，也没有定期探家的优惠，大部分官兵家有妻儿老小，进疆后一驻就要好几年，时间冗长，思念家乡、思念亲人之情难以抑制，战斗力减弱。四是为内外敌对者提供可乘之机，军队大换防，国内外心怀鬼胎者浑水摸鱼，乘机内潜外遁，刺探军政情报，内联外援，蠢蠢欲动，为制造新一轮混乱埋下伏笔。

1761 年（乾隆二十六年）9 月 30 日，大学士傅恒向乾隆皇帝呈一奏报，详尽阐明新疆边境现状和边防事务新的方略，提出为了从长计议，宁边安邦，要施行携眷永久驻防的大胆设想。傅恒奏明，总共需要 4000 名兵丁，拟从京城拣选满洲兵 2000 人，黑龙江满洲、索伦兵 1000 人，察哈尔 1000 人。在拣选察哈尔兵的方案中，傅恒进一步明确提出"察哈尔兵，倘若从察哈尔兼管旧厄鲁特及察哈尔八旗之单身贫困余丁内拣选年富力强、情愿携眷迁移之人，食钱粮者准食原钱粮，无钱粮者赏食钱粮，令其迁往伊犁、乌鲁木齐永久驻防。则嗣后无换班之烦，且无钱粮者得食钱粮，于其生计大有裨益"（《清代西迁新疆察哈尔蒙古满文档案全译》，以下简称《全译》）。并且进一步献计道："请交八旗（指张家口老家八旗）总管等，从察哈尔兼管新旧厄鲁特及察哈尔八旗单身贫困余丁内，拣选年富力强、情愿携眷迁移者一千名，分别迁往伊犁、乌鲁木齐永久驻防。其中护军、披甲仍食原钱粮，无钱粮者赏食披甲钱粮。"傅恒的奏折提出迁居新疆的四条激励之策：一是"食钱粮者准食原钱粮，无钱粮者赏食钱粮"，闲散人员若应招从军，给予披甲待遇。二是凡报名入选西迁之单身兵丁，由官方协助娶妻，并允许携眷前往；报名入选者中有妻儿老小者，可以携带一同迁居。"嗣后即无换班之烦"，以及思念家亲之牵挂。三是到达伊犁驻守后，每户发给立产牲畜，以扶持养家糊口。四是原为伊犁土著而因后来的征战等原因散落至察哈尔境内兼管的厄鲁特人，允许他们携眷加盟回故里，以朝廷军人身份永久驻防。爱国爱邦、勤劳勇敢、骁勇善战的察哈尔人民，面对朝廷的成命并没有回避与退缩，也没有悲伤与哀怨。人们踊跃报名从军，决心携家带口迁驻边疆戍守国土，行动之快、为数之多、范围之广前所未有，在很短时间内即达到了预期的兵员人数要求。

1762 年（乾隆二十七年）3 月中下旬，西迁的 1000 名察哈尔营官兵从各旗前往聚集，至 3 月 20 日全部聚集完毕，地点是"地处察哈尔八旗中心位置之扎噶苏坦驿站附近达兰图鲁地方"。当时的察哈尔八旗地形呈桑蚕形。根据《全译》说明的当时西迁第一批千人察哈尔官兵集中地方是"察哈尔中心位置"的方位来寻找，这个地方应该是在五台与六台间。而且"扎噶苏坦"一语，在蒙古语中是"有鱼的地方"，"察汗淖"湖泊也就是今天的五台海正在此处，恰是一处"有鱼的地方"。

阿尔泰军台穿过察哈尔中部，道里适中。其第六台名曰"扎哈苏"（《口北三厅志》作"扎哈苏泰"），"扎哈苏"蒙语谓鱼，"苏"后当有"台"字，合作"有鱼的意思"。有清一代，许多南北往来使臣、文人墨客留下的诗文里大都提及它。很明显，这个"扎噶苏坦驿站"就是阿尔泰军台驿道上的第六台站"扎哈苏",位于小海子镇宋家村附近的脑包营子（1962年《中国分省地图》标为六台，位于宋家村东8华里处省道304附近）。

"达兰图鲁"就在"扎噶苏坦"附近，但半径有多大，在以马代步的那个时代，可能距离"扎噶苏坦"不近。有意思的是，五台海附近确有一个地名叫"达兰特鲁"，前五六十年还是牧场。虽与"达兰图鲁"有一点点不同，但在译为汉语时，是不是哪一方出现了一个小小的错误？"达兰特鲁"是一种植物，汉人称"狼毒草"，而此地是盛产此物的地方。另据《民国四年商都设治局辖域图》，在六台东北大约9公里处，明确标记"达拉（兰）图鲁"，布登（不冻）河贴北侧注入附近察汗诺尔，从图中所绘等高线以及当地史学爱好者介绍，达拉图鲁是一处孤立的东西走向的山丘，正是小庙子山向东绵延至公鸡山一线。2018年8月6日，纪录片《西迁戍边察哈尔人》在小庙子嘎查的莲花山下开机拍摄，重走西迁路，重温当年察哈尔人的英雄历程。这一事件，为察哈尔第一批西迁的集结地画上一个完美的句号。

第一批西迁共有1001名官兵及家眷，共为西迁人众筹措集结马7000余匹、驼2000余峰、牛1200余头、羊30000余只。扎噶苏坦就是一个坐标，"达兰特鲁"就是一座灯塔。人员和畜产陆续向这里集结。一时间，六台滩人喧马嘶，犬吠羊咩。驿道两旁，芳草碧连天。此一去，数千里，天之涯地之角，前路漫漫，离愁别绪堵在每个人的心头。

1763年4月15日，察哈尔西迁官兵及家眷顺利到达赛里木湖。此时的赛里木湖草原，晴空万里，天水一色，微风吹拂，绿草如毯，百花争艳，莺歌燕舞，万顷草地连同一泓神湖碧水，在初夏艳阳的照耀下，绿光粼粼，碧波荡漾。举目眺望，蓝天上白云飘逸，四面青山环绕，苍松翠柏覆盖其上；远处的山顶上，积雪皑皑，反光耀眼，巍峨耸立；这些美景倒影映入湖水之中，浑然一体，给人以身临天堂神殿般的感觉。一展如席的原野上齐腰深的草丛，劲拔嫩韧，牛羊徜徉其中，难觅其影，真有一番"天苍苍，野茫茫，风吹草低见牛羊"的诗情画意。察哈尔官兵背井离乡，长途跋涉，履尽浩如海洋的戈壁荒漠，穿越一路高山峻岭，急流险境。饱尝了噙泪惜别故土与父老乡亲的辛酸，亲历了迁徙行军途中的甜酸苦辣，头一回涉足于这塞外陌生之地。身临之地心旷神怡，倦意顿逝，官兵们欢呼雀跃，伏滚仰翻，捧水濯身，穷目极眼，大口吞吸着新鲜而又纯净的空气，好不自在。殊不知被当朝诗人洪亮吉盛誉为"西来之异境，世外之灵壤"的这块神圣的土地，后来真的变成了携眷西迁，永久驻防的两翼察哈尔部众戎马守卫、生息繁衍的永久驻地。

1762 年（乾隆二十七年）12 月 26 日，当携眷迁移新疆永久驻防的察哈尔官兵起程西进九个月之时，乾隆皇帝晓谕继续向新疆派驻携眷永驻官兵。

第二批西迁察哈尔蒙古官兵分两拨走。"头队单身兵丁五百名""携带四万只羊"于乾隆二十八年（1763 年）四月初九日起程；"第二队起程之五百名兵丁及一千名兵丁之家眷"，"于四月十五日"起程。两队西迁察哈尔蒙古官兵皆"自济尔噶朗图塔拉起程"。（以上皆录自《满文档案全译》）

"济尔噶朗图塔拉"系蒙古语，"济尔噶朗图"意为"幸福吉祥"，"塔拉"是"草原"的意思，合为"幸福吉祥的草原"。"济尔噶朗图塔拉"在哪里？幸福吉祥的草原，是一个宽泛的名称，大草原上有很多。后代学者研究，有的说在今四子王旗境内，也有的说在商都境内。学者乌云达来《清代西迁新疆的察哈尔蒙古集中启程地考》则认为济尔噶朗图草原"是七台（阿尔泰军台）明安拜兴、八台其其尔图、九台青岱周边百十多里范围内的草场无疑"。乌云达来先生的说法相较要准确些，毕竟七台、八台、九台周边百十多里范围内的草场地理位置适中些。加之这百十多里有山有川，便于羊群避寒。另外还有一个证据，乾隆二十八年二月底，察哈尔都统巴尔品等奉旨奖赏察哈尔八旗两次资助派往移驻之兵丁，就曾拟"于初次兵丁集合起程之地颁赏，以示皇上奖励众臣仆之恩"。这个初次兵丁集合起程之地，即前面提到的"察哈尔八旗中心位置之达兰图鲁地方"，无疑第二次西迁预定的集合地与第一次不远。

当两批察哈尔、厄鲁特兵丁行抵伊犁驻守，伊犁防务得到很大的加强，各民族驻军通力协作，局势日臻稳定。尽管如此，仍不免出现不可忽视的社会问题，那就是单身人丁很多，本地是除了新迁来的携眷察哈尔以外，没有更多的本族部众女子可择娶成家。这种事情，不断为朝廷所奏闻，致使包括乾隆皇帝在内的清朝宫廷为之颇费脑筋。于是，朝廷令军机处会商，拿出钱财收买察哈尔妇女人口迁送伊犁，嫁于当地察哈尔单身人丁，敕令察哈尔都统尔品遵旨操办。共收买妇女 420 名。第三批西迁新疆义婚的 420 名妇女于 1764 年（乾隆二十九年）6 月 27 日开始，从达兰图附近哈勒卓泰牧场起程。哈勒卓泰牧场位于今张北县境内。这支悲壮而又无法与自己的命运抗争的特殊队伍，双眼噙满依依惜别故土和父老亲人的热泪，胸怀终生难圆孝道的女儿心，面向自己未知的前途和命运，永无回归地踏上了离别的征途。

关于这批妇女婚配于厄鲁特单身的事，迄今在察哈尔有许多有趣的传说。其中有一则说的是老嫁少，结果成为母子，因此而发家致富成为头号富户的事。据传，这些妇女人数有限，老少掺和，而厄鲁特中单身颇多，亦有老少，人为地分配不行，任人挑选，更不行。鉴于此，怎么合情合理搭配成家的事情成了官府衙门挠首棘手的大问题。在百思不得其解中，有人想出了一个看似公允的办法，就是把这些妇女分别装在布袋里，放到草地上，把单身厄鲁特人众召集到同一个地方，官员点一个厄鲁特单身的名字，就前去拎走一个布袋装的妇女，直到拎完为止。拎到的妇女比男子大，就认作长辈，比男子小太多，就认作晚辈，年龄相仿，就婚配成家。这个办法得到了官员们的赞同，于是，婚配的程序就这样进行了。在拎袋中，有一个风华正茂的青年遇着了一位年纪比自己大得多的妇女，这位青年非常懊丧，总认为自己运气不好，为拎到了一个老妪而感到痛心疾首。正在小伙子愁颜叹息的时候，那位年长的妇女走到他跟前开口道，既然事情已经如此，小伙子你不用再发愁了，你把我领回去认作你的母亲，我保证你终生荣华富贵，家财万贯。小伙子将信将疑，但事已至此也无奈，就把这位老妪领回了家。到了小伙子家，老妪了解到他是个上下老少皆无的单身男子，然后把小伙子召唤到跟前，拆开布面长皮衣的下襟，倒下来满满一大木盆沙金，作为母亲赠予儿子的财产。小伙子喜出望外，立地跪拜，从此善待和赡养这位母亲，用这些金子，购买五畜，添置家产，精心经营，不久成了当地远近闻名的富裕之家，也娶到了一个年轻貌美、贤惠孝顺的媳妇。这段传说是实是虚，现在无从考证。但是，察哈尔妇女舍家离乡，忍辱负重，大义远征，婚嫁他乡，宁愿付出自己的身家性命，也要成全他乡汉子的幸福安宁而生儿育女，繁衍后代的可贵精神，无论在封建王朝时期或是当今时代，都是可歌可泣、可敬可钦的。

三次西迁，每一次都有人长眠于旅途，特别是第三次 420 名妇女义婚，中途就有 42 名妇女永远长眠于茫茫草原。

察哈尔西迁，不仅使其自身历史产生了变化，而且对伊犁及至整个西北地区的政治、经济、军事都产生了深远的影响。察哈尔蒙古人在 200 多年来的屯垦戍边过程中，为维护祖国统一，边疆巩固，各民族团结做出了不可磨灭的功绩。新中国成立后，察哈尔蒙古人与本地的汉、维吾尔、哈萨克等民族一起，在党的领导下，携手并肩，为建设社会主义物质文明和精神文明、为维护祖国统一，促进新疆开发建设和文化繁荣做出了积极的贡献。

昔日张库大道催生的两种职业

安志明 整理

一、旅蒙商

说起昔日跑草地去蒙古做买卖的人，汉人称之为"旅蒙商"，亦称"蒙古行"。蒙古族人称其为"休休如儿，忽达勒达乃洪"，意思是可以赊欠的买卖人。

清代以前，大漠南北，塞北口外，没有商业，明代因和北方少数民族地区常有战争，故此限制汉人出口外，俺达归顺明朝后，明许互市，蒙汉群众多靠边境互市，用牲畜皮毛及奶食品，换取砖茶、米面、布匹、马鞍等日常生活用品。

从清顺治帝入关到宣统年间，高利贷资本渗入蒙古地区，给蒙古社会经济带来毁灭性的打击，大量财富迅速集中在大商人手里，蒙古人民走向赤贫。

康熙皇帝很有绝招，他规定蒙古上层王公贵族每年秋季起程进京，朝拜皇帝并汇报政事。清帝出于笼络蒙古王公贵族之目的，宣称满蒙是一家，本有亲属关系。随后将公主下嫁给阿拉善旗王爷为妻，利用王公贵族统治蒙古民族。据统计，那时到北京朝拜皇帝的各王公每年自己花费 8000 多两白银，另外皇帝还有赏赐。久居牧区的王公贵族，到了北京看见各种珍奇宝物，不问价格多少都想购买，于是不少商人投其所好，送货上门，既获巨额利润，又使各蒙旗王公贵族对走前后营路的商人们有了好感（到内蒙古各蒙旗做蒙古生意叫走前营路，走后营路，就是到外蒙古做生意）。

康熙年间，清朝逐渐放松了出口外种地或营路生意的限制，因此从晋北、陕西一带出口外谋生的渐渐增多，地处张库大道重要节点的七台慢慢成为商品集散地。因北京、直隶（河北省）一带的商人也贩运蒙民所需之物品（特别是蒙旗王公贵族所喜爱的珍贵物品）到蒙古销售，蒙古人到张家口直接向这些商贩们购买所需物品。康熙年间七台就有各路蒙商 200 多人。这些跑营路的商人分为行商和坐商。坐商有固定的铺面、资金和经营项目，投机非法活动较少，而行商来去无定，活动范围很大，没有固定的经营项目，欺诈哄骗较多。但这些走营路、跑蒙地的行商客观上起了互通有无的作用。清朝规定，凡到蒙地做生意，须到都统衙门申请领取旅蒙商营业执照，方准到内外蒙各旗做生意。利大招远客，山西人素来善于经商，做蒙古生意的商贩渐多起来，驮运商贩起初是去赛汗塔拉等旗，先行试探，了解各地王公贵族及各寺庙住址。然后去拜访王公官府和旗内各级官员，请安、献哈达、交换鼻烟壶、送礼。他们先去内蒙古各旗，随后往外蒙古地区，直达库伦（今乌兰巴托），然后再分往各地，如乌里雅苏台、科布多，据说最远探到俄罗斯。当时张家口有几家做蒙古生意的大商号，最著名的有大盛魁、元盛德、天义德等，在这些商号里又以大盛魁为最。

大盛魁为了获取更多的暴利，在张家口设立了许多铺店。此外，还有十来家名为独立，实是受其操纵的卫星商号。大盛魁的商号遍及内蒙古各地，归化城是它的基地，所经营的品种较多，"上至绸缎，下至葱蒜"，如茶、马鞍、栽绒毯子、锅碗、木盘、木碗、铜茶壶、珊瑚、玛瑙、珍珠、首饰、皮靴、绸缎、布匹、油、酒、米（炒米）、白面、糖、糕点、香炉等。

大盛魁是以拉骆驼跑运输起家的，他们的运输叫"房子"。类似帐篷式的毡房，因为在当时走营路是没有旅店的，走营路者自带帐房（"房子"），自带炊具和食物。大盛魁的"房子"是这样组成的，一人拉一链骆驼，一链骆驼在七峰至十四峰之间。每一链骆驼必须驮够一百担货，骆驼的运载力强，骆驼数就少，运载力弱，骆驼数就多。因道路远近，难行易过等情况载重量也有增减。春夏驮得少，秋冬驮得多。每十链骆驼合为一顶"房子"，每顶"房子"为一个运输单位。一顶"房子"，共有十一个人。掌柜也叫领"房子"的，是运输队的领导，专管货物收购、推销、监理驼队，决定去向。掌柜骑一峰单驼随驼队走；先生也骑驼随驼队走，他是掌柜的助手，协助掌柜盘点货物，休息时督促牲畜放牧；引路的，除拉一链骆驼外，要走前面，其余的人各拉一链骆驼，还要分工担任驮水、做饭、放牧、守夜等杂务。除了人之外，驼队里还有狗。狗的任务是守夜、看守驼子或送信。一顶"房子"需要跟多少狗，由张家口总店配备。据说，大盛魁规定，内部店伙对外人不可说大盛魁有多少顶"房子"。

计算"房子"是以狗来计算的，一顶"房子"要跟几条狗，怎样搭配，他们是有数的，就是不让外人知道。据说，当时大盛魁的狗有1000多条，但大盛魁的"房子"有多少顶？对局外人来说还是个谜。大盛魁一方面通过收买王公贵族硬配商品赚钱，另一方面靠剥削店员伙计赚钱。他们谎称大盛魁起家时有财神送来一袋金子，因此，每到分红时，把所得利润分成三股，一股是财神股，留给送元宝来的财神爷，这股谁也不能动。一股是财东股，由财东公分。另一股是从业人员伙分的伙计股。其实财神分文不花，当然是财东多分了。还有一份狗股子呢，这狗股子是怎样来的？据说，有一次大盛魁的"房子"从外蒙古库伦到了新疆，知道有些货物奇缺作价高，如能抢时间把所缺货物运到，定获得一笔大利。于是放出一条狗带信回库伦，这条狗一天一夜跑回库伦，很快就把缺货运到了，获得了一笔厚利。因狗送信立了大功，遂从伙计股里拨了一小股给狗，叫作狗股。大盛魁的狗有定例的狗食费。狗除了吃以外，它还花什么钱？所谓"狗股子"又归财东享受了。

清代做蒙古生意容易发大财、获厚利。蒙人久居牧区，多见牲畜少见人，对城市物价行情不明，再加上清代对蒙民实行"愚民政策"，清王朝在蒙旗大力宣扬喇嘛教，鼓励蒙人尽量出家当喇嘛，除家留长子娶妻顶门立户外，其余儿子都去当喇嘛，并以此为荣。这种事清王朝还不亲自去做，他们又用巧妙方法让西藏宗教领袖达赖到蒙古地方大力宣扬喇嘛教，清王朝趁机鼓励蒙旗王公札萨克们在蒙旗大兴土木，修建召庙，并拨给召庙"膳召地"和"黑徒"（召庙的奴隶）。所以蒙民只知拜佛行善、敬虔度日。蒙旗地方根本谈不上办学校，至于文化事业、医疗卫生，人们想也不敢想。这些旅蒙商和牧民做买卖极不等价，比如一个瓷碗换一张羊皮，蒙人把这种碗叫作"羊皮碗"。一副马鞍换一头牛，一双牛皮鞋换五只羊，拿一个普通鼻烟壶捉弄蒙古人，说是玛瑙壶，换一匹马，当时在张家口市面上半斤重的提江饼八分钱一个，商人把十个提江饼装成一篓，到牧区一篓提江饼要换两只山羊。三尺多长的一条包头巾换三斤驼毛，八尺多长的一条彩色腰带换八斤驼毛。这些旅蒙商多是山西、河北、河南、山东等地的商人。

七台的旅蒙商持有外蒙古库伦王公札萨克官府发给的旅蒙商执照（龙票），又有由库伦宗教最高领袖兼政治领袖哲布尊丹巴呼图克图所发的旅蒙商执照（龙票），这些旅蒙商可凭执照向召庙喇嘛们和牧民推销赊欠商品。他们不使用钱币，以物易物，也没有价格标准，都是由买主卖主双方协商定价。

1911年以后，袁世凯北洋军阀的队伍驻在外蒙古，由于沙俄皇帝的挑动，哈拉罕蒙古和北洋军阀部队发生冲突，以后不久外蒙古因受苏俄的影响，搞独立运动，由于历史变迁，迫使旅蒙商返回内蒙古地区继续营业，有的旅蒙商仍不死心，还是去内蒙古边境阿里河、东龙克力一带同过去的旧相与往来做生意，还能得些收获。

七台的旅蒙商，按照蒙民的习惯，买卖要随季节的情况而行动，从农历十二月至翌年一月为售货时期，以物易物并可以赊欠。二、三月收购各种小皮件，到四五月拔羊绒时期收购羊绒。到了六月收购驼毛羊毛，七、八月收购马匹和牛，九至十月收购羊和骆驼，到小雪大雪之间收购绵羊皮、山羊皮。如果遇有大商号收购的皮毛多，收购的马、牛、羊、骆驼等头数也不少，蒙民也愿意要现金的话，旅蒙商和蒙民议定价钱，旅蒙商开给凭证（也叫钱帖子），来年兑现。

全国解放后，旧时代一去不复返，蒙古族牧民从此走进了新时代。商业贸易也摆脱了过去那种以物易物的旧模式，开始了以质论价、公买公卖、钱货交易的新模式。

二、牙纪

明末，蒙汉及内地与北部边疆贸易的中心是在长城各口的沿边地带，如张家口。随着农业、手工业及茶马交易的发展，七台遂成为塞外商业要镇。清朝统一全国后，对边疆实行移民和开垦政策，商都人口增加，商贾云集，牲畜、皮毛贸易在商品经济中占了重要地位。清朝的中、后期，商都成为张库大道上的重要节点，"桥"与牙纪是商业贸易过程中相继产生而且独具特色。早期牧民用牲畜换取生活必需品，主要靠自己到村镇集市交换，至清朝初年，始由旅蒙商代行其事，他们往返于内地和草原，担负起沟通塞北和中原经济流通的桥梁。

牙纪是牲畜交易的经纪人，也叫介绍人，牲畜集市每逢月之初

二、十六，即带着茶、布、水烟、糖之类的必需品，集于七台镇，以物易物，换取牧民的牛、马、骡、驴、骆驼、羊。开始的市场并不固定，规模时大时小，彼此也陌生。年复一年，大家逐渐熟悉，交上朋友，有了信任感，上次交易互相的拖欠，可以在下次集市补办清算。

牲畜市场的别名叫"桥"，从事这一行业的人员叫牙纪，又叫"跑桥的"。

牙纪成为职业之前，仅是为买卖双方牵线搭桥，属于义务性的帮忙，买卖双方委托当地人或亲戚朋友做中间人进行牲畜交易，待成交后，各备礼物以示酬谢，如若牲畜一时不能出手，还要寄托代养，天长日久，为适应这一客观需要，出现了专门从事此项职业的牙纪和牲畜店。

牙纪和牲畜店都有自己的老主顾（相与），均以信誉为重。牙纪既是买卖双方中介人，又是双方的保人。

当好一个有资格、有信誉的牙纪，必须具备一套识别和鉴定牲畜的技能。过去有句老话，"百货千货好定价，骡马无价药无价"，牲畜价码浮动的幅度不等，眼力功夫最重要。一个对牙或齐口的牲畜，经有眼力的牙纪过目，三五年之后还能认出来，看一眼就能知道是哪路货，都有什么优缺点，适宜何种用途，再上手揣摸，看口齿，判断质量等级。口齿、毛色、长相、骨骼、出生季节等，都与价格有关。另外还要学会行规行话，充当牙纪的人多数是父传子、子传孙的世袭职业，所谓"门里出身，自会三分"。其他职业退下来的人，一时又找不到适合的工作，上桥当牙子，这类牙子一般只能当正规牙记的帮手，又叫跑腿牙子（也叫柳生牙子），他们识别能力差。世袭牙子，从十几岁就跟上长辈当助手，同时熟悉做牙纪的技能。

牙纪分类，主要是按照经营牲畜的不同而划分的，如经营牛的叫牛牙子，经营马的叫马牙子，还有兼营买下再卖的贩子，另外有一种牛、马、骡、驴什么都做的综合牙子，这是绝大多数。贩子是牙纪中较为富有的，他们有一定的资本，专门买下急卖的牲畜，精心饲养，等机会再卖出去，买下整群的牲畜，然后零卖出去，买下瘦的喂肥了再卖出去。这种经营，可取得更多的利润，当然也有"风险"，但有时能起到控制市场的作用。

正规牙纪就是起中介人作用，换取佣金，要有一定的周转财力，一般都是各做各的买卖，有固定主顾（相与），还有既无财力又无相与的牙纪，只能做些剩余的零星买卖，收入微薄，有时为了几个钱，吵得面红耳赤。还有更次的牙纪，被人称作"七大拉杂八大赖"，人数极少，专做军人和无保生意，天不怕，地不怕，不管是军人抢来的，还是毛贼偷来的，别人不敢做，正是他们挣钱的好机会，事后打架、打官司都不在乎，身无分文，家无片瓦，什么信誉二字对他们都无所谓。

常言讲"没有规矩，不成方圆"，"臭行有臭理"。牲畜行也不例外，虽说找不出文字记载来，但按惯例执行起来，还是相当认真严格的，如有违犯，则群起谴责，甚至处罚，直到驱出市场。如对各自的"相与"，只要本人申明找某人，别的牙纪就不能强拉硬扯，牲畜上市，谁先开价，同等价格出售时，先让首先还价者，几家贩子共买的牲畜，要通过摇骰子来决定，谁的点子数多就归谁买，其他人只能得一点"搭钱"（在每头牲畜上加若干利润）。内行之间的买卖更严，全凭眼力和胆识，成交后好坏贵贱，毛病缺点，只要当时没有发现，事后再提出无效，只怪自己学艺不高，反悔叫人笑话，这叫"赌精不赌赖""千万两银子一句话，跌倒不翻身，胳膊断在袖子里"。卖给外行，那就有另一种规矩，什么"瘸瞎当面看，水草保三天"，还有卖牛不卖缰等。如果是几个牙子伙做一桩买卖，其中要有一个总负责的，行话叫"拿盘的"，他可得佣金的半数，其他人共分半数，这叫"开利"，发现了偷盗的"二路货"，店家、贩子、牙子，谁经手谁负责到底，就是吃官司赔款也不能含糊。被人骗了，经手的牙子要如数付款，不能耍赖，做不到这些，以后就无人再和他打交道。

行话就是行业专用语，外行叫"黑骨语"。

牲畜：牛叫叉子，羊叫绵绵，马叫飞尔，骡子叫圈娃子，驴叫尔直更（又叫依不利思），骆驼叫高楼子（又叫铁面）。

九方皋和伯乐都是古代的善相马者，他们各有一套相马经，大概可能是牙纪的开山鼻祖吧。识别牲畜是当牙纪的基本功，牙纪代代相传，形成一套简明易记的行业串话，如："先买一张皮，后看四只蹄，槽口摸一把，再揣膀头齐不齐。"这是牲畜的四大主要部位，可以确定牲畜的优劣。又如，"春买骨头秋买膘"。这是看本质的一绝，春瘦不怕，单怕秋瘦，口轻、骨骼好，才是主要的，秋天缺膘，一般得病的多，或是口不泼（口细），不好喂养。再如"儿前骡后，眼小没力，嘴细不吃，长牛短马抱脊驴"。雄性牲畜的头膀胸要挺拔，雌性牲畜的臀部后裆胯部要宽松齐壮，嘴粗牙齐肯吃，牛身长、马身短、驴脊高，都是有力的象征。还有什么"红黑枣骝好上色，青白兔黑是下色，泉眼毛色有讲究"。外表是牲畜喜人不喜人的关键，好玩马的人总爱骑上匹大红马、白龙马；再有"腿细蹄大快如飞，粗腿笨蹄压油墩，宽膛挺胸有力气，后裆狭窄跌跤多"等相马的经典。

看骡马口齿：对牙四岁，齐口七岁（六个牙），扫中渠八岁，扫四渠十一岁。菜牛肉羊，一分季节，二分膘成，三揣要位，走路腰部松紧等，都是衡量分量、成色的因素。

牙纪中有不少技术能手，擅长纠正牲畜缺陷和装饰打扮牲畜。牙纪又称"跑桥的"，顾名思义，可见其活动的紧张程度，早上9点之前，就要奔各家所熟悉的牲畜店、粮店、大户人家，寻找业务，打下一天的基础。遇上羊群，根据多少，分别找大、中、小屠户或贩子，引到羊群所在处（一般都不上桥），估皮论肉合价。遇到牛、马、骡、驴等，则鼓动货主上桥或由牙纪代办，牲畜饲养上桥，从9点到12点，桥上的人畜达到高峰，成交量是一日的顶点，牙纪们的活动也是最紧张之时，百分之八十的成交量在中午完成，此时闲谈说笑的牙子很少，延续到下午 1 点多，陆续收市散桥。下午 3 点以后，有部分牙子办些结尾手续，随办随走。另外也有四处奔走，办理收款、要笼头、缰绳等零碎事宜，同时收集信息，兼当贩子的还要到郊外放牧割草，上灯时打扮修饰牲畜，夜间几次给牲畜上草，日日如此。牙纪的收入多少不说，关键在具备几种基本功的掌握与运用，即"站、走、探、听、访、看"。站着做买卖；东走西窜如鹰觅食；说合买卖的技巧分寸；善于试探买卖客人的心理（所谓跑桥三年会相面）；留心听客人言谈中所需商品；看火候，抓住机会介绍一个成功一个。总之要眼观六路、耳听八方。人称牙纪是"转向脑袋玲珑心，化学脑筋报孝腿"。

民初商都土盐[*]

王学吾 整理

    土盐之名，始见于《汉书》。《西南夷传》云，地有碱土，煮以为盐，麋羊牛马，食之皆肥，此夷人制土盐饲畜之证。民国初年的商都，人口还不是很多，莽莽平原中，低洼之地汇为湖泊。较大的湖泊旁，人们以人工制土盐谋利。

    时土盐诺产量最大的是岱海滩诺，属绥远省凉城县，次则为察汉诺，在商都县境之补龙湾地方，西北距县城 80 里，最次则为半个苏木诺，在商都县城之西，距城十余里，原为一小诺，自民国十六年大雨冲淤废，现成两诺。另外，商都城北 40 里处旧有一土盐诺，与半个苏木相等，亦有土人制盐，其产量极微，仅十数贫民，借以糊口而已。^①

    制土盐有两种方法，其一曰晒法成盐，其二曰煎熬成盐。半个苏木诺盐制法取第一种。半个苏木诺在商都县城正西 17 里，这里制盐有很长的历史。民国七年，其时所属的丰镇盐务分局局长冯忠敏呈请

---

    * 本文节选自《口北民国盐政史》，原载《军需杂志》1934 年第 24—28 期。文章记述了民国时张家口北部地区青盐、土盐的加工制作，其中，商都仅有三个盐淖"入选"。从土盐这一视角可以窥视 20 世纪三四十年代商都人的生活状况。

    ① 文中提到的商都县境三个盐诺，今天的名字分别为五台海、红海、二吉淖。

封禁，然以地方偏僻，稽查难周，土人仍偷刨碱土，运回家中煎熬私盐。商都设治局成立后，包收滩租 200 余元，由偷制到合法制，公然筑池，制造私盐，运销各地。后为蒙盐局察觉，责令领照，无形之中又复开放。民国十五年大雨冲坏，淤泥填满，不复产盐。至十八年，又有土人修理旧基，筑畦凿池，复出土盐。既于二十一年，经蒙盐局派员调查，据云水冲以后，诺分为二，西诺较大，东西长 300 余步，南北宽 40 余步，面积约七十二分之五方里。东诺东西长 180 步，南北宽约 30 步，面积约十二分之一方里。两诺相距 50 步，西八东四，共有 12 晒畦。盐质极劣，色黑味苦，销行附近村邑。贫民食者亦少，仅饲喂牲畜而已。

察汉诺是用锅煎熬制土盐。察汉诺当北纬 42°，当东经 114° 15′，诺水东西长 30 余里，南北宽约 13 里，面积约 300 方里，周围皆荒滩。仅有寸余之碱草，蒙茸绿缛，一望无际，环百里内，无耕种之土田，土人谓碱草为寸草，故统谓之寸草滩也。

收采原料：塞外苦寒，节令较迟。土盐诺地势低洼，于清明以后地面冻解，泽气上升，碱土泛起。迨地冻全销后，泽气下降，所余碱盐等质滞留地面，皑皑白如霜雪，一望无际，厚三五寸，人行滩上，深可没踝。制造土盐，即于此时，刮收浮土，堆积滩岸，此为第一期。入夏以后，滩地潮湿，短草丛生，盐质渗入土内，非有烈日燥风，碱土不能泛起。此时工人煎淋前储碱土，工作甚忙。原料虽少，反为产盐之旺月。六七月间，暑雨骤降，四处盐质，随水冲聚。若雨后骤晴，烈日蒸晒，地皮一干，顷刻碱土坟起，较春期碱土卤质尤浓，收获亦易。唯遇连阴久雨，则盐质消化，渗入内地，无法收采，即已经收堆之碱土，亦每被雨水溶解，成为废弃硝土，不能成盐。若天气适宜，随雨随晴，工人一方熬盐，一方收聚原料，实为最忙之月，此为第二期。入秋以后，泽水渐涸，诺面缩小，滩地增阔，瀼瀼玉露，入夜润潮，飒飒金风，终朝吹燥，加以秋阳之曝，冷热燥湿，借天然之化合分析，碱土随起。环近诸岸，水退涸露，新扩滩场，亦生碱土，唯遇亢旱淫雨，皆能减杀产量。时近桂秋，销路畅旺，此为第三期。9月秋末，天寒地冻，土盐采制工作亦于是时告竣矣。

锅煎土盐，除收获碱土，于原料丰歉与天时气象有密切之关系外，对于淋卤熬煎，则全恃人工，与天象之关系甚少。若筑畦晒盐，则不但于原料丰歉、有关气象，即晒盐时间，对于冷暖阴晴，风雨燥湿，处处皆恃天工，人力仅为补助之工作而已。

以燃料缺乏之故，全恃日光。唯于三伏日天气晴朗，产量增多，成盐极易，晚间放卤入畦，翌日午后，即可出畦。若遇阴暗不定之时，须隔一日方能出畦，一遇天雨，即停止放卤。4月初夏，塞外每起狂风，黄尘蔽天，白沙漫地，数尺深之池畦，顷刻填埋，故晒盐池畦，必于夏至以后，方能修理也。至三伏后，七八月间，为产盐旺月，以秋阳热度高烈，又有西南风起，则卤畦结晶甚速，盐色洁白，较用锅熬煎者成色为高。唯全恃天工，终不如火煎成盐之易。若遇狂风暴雨，且有畦卤败坏，不能成盐者，灶户盈亏唯听天命，较诸农夫之祈晴祷雨，关心旱潦者尤也。

于四五月间收获碱土，六七月间开锅煎熬。唯于开工以前，须勘定碱土丰歉，然后设备一切。若遇旱潦不均，碱土稀薄，即停止采制，或另觅产地矣。总之土盐产场，全恃湿润，盐质溶解，浮潮地面，再遇风吹日晒，散化水分，盐质滞留土上，即成土盐原料之碱土。天旱土燥，盐质不化，不能潮升地面，天潦土湿，盐质不凝，又复渗入土内，皆能减少土盐原料。故于雨晴关系极切。二三月之雨雪，减杀地面尘沙，增助土内湿润。最有益于土盐原料之产殖，故土人得因冬春雪雨之多寡，而预卜其第一期之产量丰歉也。

土盐制造方法：制卤之法，用卤制盐，有日晒火煎两法。半个苏木诺是也。察汉诺，锅煎之外，亦有晒池数处，总之日晒之盐比用火煎制者成色较佳，且省燃料人工。唯晒畦全天工，狂风暴雨时有败卤之处，阴霾湿潮，又无结盐之望，终不若用火煎盐者之有把握也。

淋卤入池，澄清三五日，泥沙沉底，用桶汲出运入晒畦。晒畦亦长方形之浅池，土人谓为盐床，又谓之晒盘。普通晒畦约占面积七百方尺，长三丈五尺，宽约两丈。亦有做方畦者，每边二丈五尺或三丈，畦底筑平，四周低寸余。先用泥土砌成畦楞，高半尺余，再以石灰和泥涂抹池底与畦楞内周围，半干时用铁板压擦平滑，数日干透，即可晒盐矣。晒畦有两种排列法，长方形畦，每五畦为一排，分左右两排，中留五尺为行路。正方形畦，每四畦为一连，作"田"字形。畦筑成后，汲浓卤入畦内，约四寸深。若天晴日烈，早晨放卤，翌晨即可收盐。盐粒平铺畦底，厚半寸以上，每畦一次，可收湿盐三百斤。若天气阴霾，须隔一日收盐，而产量顿减，仅收百数十斤，色甚乌暗，需时愈久，产量愈少，成色亦愈低，此晒制土盐之成例也。成盐之后，工人先用木刮板从畦四周向中间推起盐堆，再用扫帚扫起零散余盐，合入盐堆，即以铁锨铲盐入箩头内，提升畦外，另有工人接取，运入仓囤。其所用器具，较用锅煎盐者为简。

用锅煎制土盐，皆于房屋以内设备。在村舍中安置锅灶，先掘地成坑，深三尺余，宽如之。锅有双单之分，两锅者，长丈余，单锅者，长八尺即适用矣。坑之一边，即锅灶所在也。锅台高出地面约尺有半，合坑计之，高四尺余，灶口正方，一尺二寸，以铁制之。右装木箱之风匣，谓之为鞲，用以扇火。双锅者，中间安鞲，两灶扇火。锅为生铁特铸之烧锅，口径四寸有半，深二尺余。燃料用炭，装于坑之一边。司火工人坐于坑内，抽鞲添炭，每人以三小时轮替换班。锅之左，安置卤缸，以砖灰砌之，每五缸为一排，两排十缸。双锅倍之。以桶提汲卤水入锅，生火煎熬，汤沸沫起，一人在锅上以小木刮搅之，再用铁瓢撇去浮渣，经六小时两易人，每锅需炭二百斤。水汽消散，盐渐结粒，如水中之砂，已沉淀锅底，则停止扇火，听其自沸，渐冷渐凝。盐之上层，注聚卤水，用铁瓢取出倾入空缸。结晶后，即成硝碱，味苦涩，不可食，仅为洗涤衣服之用。停止扇火，一小时有半，再加炭抽鞲。约一小时，烧炭四五十斤，即去火停煎待其冷定，而盐已成矣。

所谓小锅者，即寻常人家造饭之大锅。每次熬盐，与用烧锅熬制者，产量相差两三倍有奇。每锅分为羊盐、食盐两种，制法微有不同。卤水入锅，用大火煎熬五六点钟，视有盐粒沉结，即改用微火，不加搅动。俟盐质结至九成以上，听其冷定，经一宿，明晨出盐。上一层为羊盐，以硝碱易溶结迟，而食盐质重结早，沉淀锅底，故借天然之分析。在一锅中有硝碱多少之异，将上一层取出，大半为羊盐，下层少半则为食盐。锅底焦乌盐渣，亦和入羊盐。每锅约出盐 150 斤（羊盐 80 余斤，食盐 60 余斤）。

制盐工人之生活状况：制造土盐之工人，皆内地贫民，出口外谋生活者。大部分为山西省北忻、崞等县流民，次则山东与河北省成群逃荒之乞丐。出口后即散居各处佣工，如岱海滩等诺，皆由教民主持经营，教堂因之劝教，有家眷者入教以后，有房可居，有地可种，即同化为土著南人不复返矣。然为无籍流民集之所，藏匿匪类，违禁犯法，内恃教堂为护符，外为官吏所不及察，网露吞舟，实为罪恶之逃薮焉。

晒盐者，每畦需工人四人，另有工头一名，总理其事。工资视用人多少为增减。早食为燕麦磨粉，制成卷形，蒸熟食之，谓之莜麦窝窝。午食为穈米（黑黍类）干饭，或磨粉蒸糕食之。晚食为谷米或米煮饭，拌冷水食之。口外蔬菜缺乏，三餐佐食唯恃盐腌咸菜一物。盐场秋季，每有运菜换盐之小贩，制土盐者，即于是时备定来年腌菜也。工资之外，每人日给油丝烟一小包，不吸烟者折钱抵之。早午饭后，预熬红茶一锅，于停歇时提壶碗散给工人，于野外饮之。此为口外佣工之通例。晒盐工人，多有按月按季订约者，其工资与日计者无大差异也。间有场主供其食宿器用。售出土盐，除抵一切开支外，所余以四六均分，即工人六成，主人四成也。若用锅熬制土盐者，成本较重，用人较多，概照股份均分产盐，不出佣资，盖以熬盐工人多无赖游民，非以活利诱之，不免滥竽者混入也。每锅约用工人十二名，工头一名，双锅二十四五人。亦有昼夜熬盐，分为两班，日班大率自五更起，午后完工。夜班接手工作，入夜十时后告竣，故有消遣烟赌之余闲。其饮食早饭极早，晚饭极晚，售卖零食之小贩，可借此多售其物也。场主于房屋器具外，并储备食粮物品以供给工人。出盐以五分之一归工人，工头代表众人与场主交涉。其余物品，工人取用者，折合价钱，较市值为昂贵。

工人既皆贫民，其生活当极简陋，唯以有款收入。于开锅后，贩卖零货之小商，趋之若鹜。大半属于消耗物品，纸烟零食，尚属正当之日用，而晋省工人吸食鸦片膏、海洛因者尤夥，主人专设赌局，吸收工人佣资，成为通例。大概经营熬盐事业者，多系教民中之土豪，威势极炽，工人得罪场主，则绳悬鞭扑，为极轻之刑，重者可以非刑致其死命无人敢过问也。盖此种流氓工人，极难驾驭，若场主良善，动为工人挟制，赔累无穷矣。工人中嗜赌者众，手有余资，即不肯劳动，场主因其所好设局抽头，扣其佣资，非独借此渔利，亦以所有系恋，即可安心工作也。口北一带，下等合作之营业如戏班、如煤矿，为主人者，皆利用赌局以为调驭工友之计，盖此种工作佣资较优，又无室家之累，一有赢裕，即不受约束矣。民国以来，严禁烟赌，此风稍戢，唯熬制土盐之场主，售烟设赌，已成惯例，且与地方劣绅蠹役，暗通声气，党羽众多，纵有严明官府，亦恐操持激变，不敢绳之以法。察汉诸接近绥边，可以公然卖烟者，更无论矣。

也有小户农民，全家老弱通力合作扫运碱土，归家煎熬，兼营耕种事业，于农熬盐，视为农产副品而已。

商都垦牧情形记

陈贞瑞[*]

　　西欧各列强，于 16 世纪以来，即竞行殖民政策。盖以国内之人口日增，地利将尽，不得不另觅新领土于海外也。我国则不然，腹地人口，麇集鳞萃，安土重迁，不图进取。若边地则广大荒而不治，大有平沙万里绝人烟之观，边政不修，于斯可见。至于海外殖民，尤为梦想所未及。民国成立以来，政府稍知注重移民实边政策。然所定口外放荒规章，领地须费，纯取收入主义。故虽设官招垦，成效未弘。加之国内频年多故，亦为垦务障碍之一大原因。余屡与友人陈君贞瑞谈及口外垦牧，实为绝大利源。又觅得察哈尔全区垦务总局开放官荒蒙荒情形，及领地承垦章程，与察哈尔垦务总局所翻印之赵世芬调查口外垦务日记，并张泽夫所著之垦务岁出岁入预算书，读之愈知其利益确实，遂决计于察地组成公司，从事垦牧。爰函商湘中旧友葛柱寰、欧阳岳峻、唐廷秩^①诸君，咸赞同此举，来京共策进行。遂公推余与陈

---

　　* 陈贞瑞（1869—1960），字墨西，号潜斋。湖南衡阳人。曾留学日本，加入同盟会，追随孙中山。后从事教育。著名作家琼瑶为其孙女。本文原载于《经济汇刊》1919 年第 1 期。

　　① 葛柱寰，湖南湘乡人，曾留学日本，后长期从事军医工作。欧阳岳峻，梁启超评价其为"鲠直士也"。唐廷秩，湖南衡阳人，从事教育。

君贞瑞赴口外实地调查。余以病不果，陈君乃偕葛君于前月六日出口，凡二十余日而返。陈君遂著此篇，余读之喜其详细精确，巨细靡遗。（葛君著以拟办察哈尔商都县羊群地方垦牧预算书，亦最精确，附载于后）想亦海内言垦牧者之所乐闻也夫。

民国八年七月　王克家[①]附识

一、察区建置及垦牧之沿革

察哈尔之设都统在前清初年，本以控制内蒙古左翼四旗及锡林郭勒盟之十旗地，计其幅员，实大于内地之一行省。然游牧之区，向不知耕稼为何事。康熙季年，渐由汉民出口私垦。雍正初都统弘升乃奉设理事厅，以治垦民，是为察区有汉官之始。乾隆以后，垦地渐多，次第于左翼设三厅，曰张家口，曰独石，曰多伦诺尔，隶直隶布政司；右翼设四厅，曰兴和，曰丰镇，曰陶林，曰宁远，隶山西布政司。民国初元，左翼三厅犹隶直隶口北道，右翼四厅犹隶山西归绥道，惟均改厅为县，张家口改张北，独石口称独石，多伦诺尔称多伦，宁远改凉城。自定察哈尔为特别区域，于是上七县皆改隶兴和道，而以兴和道为察都统所辖，是都统兼理民政矣。惟都统所驻之张家口（兴和道尹亦驻之），本直隶万全县城，前都统张氏（芝怀）义划万全入察区，而直隶长官争之，于是遂无效。今都统田氏（玉中）又两次请政府割划，亦皆无成。则前说已无讨论之余地矣。夫借他省之县治，为本区之会垣，事既不相宜，于势尤不能久，都统为全区长官，似宜急择相当地点，筑署迁移，庶天君泰而百体从也。近有请都统移驻商都者，然商都犹偏于西南，欲为远大之谋，尚须另择适中之地，以便易于近代驭耳。

---

① 王克家，湖南衡阳人。留学日本，法学家，长期从事教育。

　　察区垦务，在前清光绪中年，已由直隶总督设局办理，然不立规条，毫无效果，庚子以后，贻谷督办内蒙古开垦事宜放荒渐多，虽办理不良，日滋流弊，然今日右翼四旗之阡陌相望者，犹是贻氏昔年之成绩也。入民国后，初犹因仍。迨四年五月政府申令改组，以孝感龙骧总办其事，规划整顿，不遗余力，于各县并设行局，于蒙民特议优恤，由是遐迩响风，垦户踵至。其丈出可放之地，不下十万顷。由局放出之地，亦不下数万顷。商都、宝昌之能设县者，因非龙氏不为功也。其余各镶黄旗、镶白旗、马连滩皆为预备设治之所，屯垦队之成立，亦垦局之决定。迩岁经营，约略如此。现垦务总局，已改为实业厅，垦务责任，全分之各行局，其局长大概由知事兼领。龙氏既为实业厅长，遂不能专力于垦务矣。故察区虽得九县，而已垦之地，尚不及全面积十分之一。倘令左右翼与一盟之地尽辟之，当可增县六七十也。唯此种筹边大计，在政府当以国力进行，在升官当以全神贯注，若尽恃区区领荒之费为边政收入之大宗，噫抑末矣。

二、张家口至商都之程旅

　　出张家口大境门，迤北行两山间之沙沟中，约三十里，至汗诺坝。坝者即平原中之高地，察区本蒙古高原，然皆迤斜而上，逐渐增高，虽间有起伏，率觉平坦，故自张家口至商都，已渐高至五百丈（据垦务局测量）。而行者并未尝感其陡峻，但觉去时为上坡地，回时为下坡地耳。惟汗诺一坝，突然凸起，乱石纵横，故平行稍困。近日公家徇各垦务公司之情，由张北县收费，平治之途。每过车一辆，收铜圆四枚，然须修治者，不过数里，已逾一年，尚未竣工。坝之北二十里曰黄花坪，又北六十里为张北县治。其他旧有废堡，曰兴和城，客岁即其址建行政公署，并监狱、警察署等，知事因于张家口移驻焉（知事旧侨治张家口）。城内现有商店三十余家，居民七十余户，略具县治规模矣。县北十里为庙滩，察陆军第二旅^①第一营驻此，大成等汽车公司，以此为出发点，避察汗诺之险也。汽车由此至库伦，往返约八九日，现边防筹备处之汽车，则径由张家口出发，然绕道过万全坝以达张北为一日程，较过汗诺坝路约远二三十里，不过地势略平耳。赴库赴商，由庙滩分道，赴库则北行稍西，赴商则西行稍北。惟过庙滩四十里曰平地老堡（今张北县海流图乡平地脑包），有农民数十户，旅店仅一家，设置殊秽恶。又六十里曰大青沟，虽有旅店数家，尤秽恶难住。唯有一缸房（口外称酒店曰缸房，即贸易中之最大者），亦可借宿，其陈设颇雅静，有内地气象，不过给资宜稍优耳。店主申姓，为一老财（口外称富室曰老财），有地二十余顷，商店数处。缸房之后，察巡防队第一营（察哈尔巡防第三路骑兵第一营）驻焉。过大青沟，即无旅店，行者餐宿，必借民宿。然居民见乘车马者过，恐被骚扰，往往拒绝，非再三强之，不肯结纳，亦足见前此乘车马之人，恒足为该地居民所疑畏也。大青沟西三十里曰五台，又西四十里曰六台，又西四十里即至商都。此百余里间，地平如砥。一由张家口出发，所行皆依台道，如黄花坪，则近一台，庙滩则近二台，平地老堡则近三台，大青沟则近四台，过此则直在台道中行矣。商都地恰当七台，人民亦悉以七台称之，称商都则知者犹少。一路所经，率已开辟。然未耕之地，犹居大半，大约非领地者力所未及，即为不可耕之下地。商都新筑有土城，周十三里，城内有县署，制颇崇宏。察陆军第一旅（中央陆军第一师步兵第一旅，时李焕章任旅长）第二营驻商，犹借居署内，现已修造宿舍，亦由县署主持。署左为县学校，右为警察署，虽犹虚设，然大辂坚冰，固赖锥轮积水也。署北有苗圃一所，试种树苗，悉就萎毙。处则商店数十家，民房十余处，

---

① 中央陆军第一师步兵第二旅。第一师，原清陆军第一镇。何宗莲为首任师长，旅长于有富，1911 年 8 月—1924 年 8 月驻察哈尔。

稍大者为孝感人张泽夫①之住房，余则一片荒草。然以人事地势征之，则数年之后，断增繁盛。商都北五十里曰八台，察屯垦第一队在焉。队长由都统委任，受知事监督。该队已经营三年，所垦之地，约六七十顷，队前后左右有各垦务公司环之。予拟在队东五里曰哈达胡同（蒙语岩石井、石头井），辟一畜牧公司，兼营垦务，取该队尚有保卫能力，又与各公司附近也。凡予此次足迹所经如此。

三、河流湖泊之状况

由口至商，绝无河流，虽间有沟渠，亦无流水。其著者曰大洪沟（在今张北县治附近）、大青沟（大青河，注入察汗淖，《大清一统志》称其为他尔郎泉），曰察汗诺尔（在五台西北十余里，属商都县），均系碱湖，可以治盐。人民取卤地泥土，以水渗入，用芦席滤下，晒以成盐。从前官税，每盐百斤，纳税百文。去岁察汗诺尔一处，地方官增收土捐，每土一车，取洋二角。今年更易税盐，每车增至六角。如漏捐者，必罚至数十百倍。又有取水煮盐者，去岁仅收锅捐，每月六元，今年又增水捐，每月三十元。如用锅而不领照，或虽领照而开锅时不预报明，亦苛罚无贷。该处治盐者，以山西人为最多，偶询此辈以治盐之利益，则曰从前尚有利图，近则捐款既烦且重。每于无意之中，即得漏捐之罪，亦殊不胜其苦。故吾等小民，只有歇业而已。如去岁煮盐者，本有八十余锅，现只余六十锅，预计阴历六月以后，必只二十锅云云。其余无名小沼，亦时有所见，大约皆咸不可饮，欲取饮水，则必凿井，惟向地开凿，水味尚甘。至于灌溉，纯赖天雨，故该处水利，绝无可言矣。

---

① 前为垦务总局丈量委员，现充宝丰各公司垦务经理，商地由放垦而成县，皆张平日所经营也。

四、口外之土质

张、商二县之地，大率皆系沙土，间有土面，皆粗沙细石，入地仍为细土者。其土分黑黄赤三色，黑土较多，含腐殖质，故皆可开垦。然土最深者，不过二三尺，浅者尺余，最浅者仅数寸，土以下则皆石质矣。垦局放垦，定黑土深二尺者为上则地，深一尺者为中则地，黄土沙碱者为下则地。实则上地绝少，中地稍多，下地与中地参半。商都西者，未放出之地，土质含沙更多，不易垦治。若东北羊群地之犹未放出者，则土润草深，垦牧均宜。予拟在哈达胡同地有所经营，以其适当羊群也。

五、口外之土宜

（甲）种植之宜。种植如谷类，则黍、稷、糜、麦均宜。开荒之第一年，最宜种菜籽，第二年则宜种胡麻，第三年则宜种黍稷糜麦等。逐年轮作，方适土性，否则无甚利益。蔬菜之类，以白菜、蔓菁、山药为最宜，次则胡萝葡（胡萝卜）、葱、蒜等亦可种。树木则咸不宜，以土质皆浅，根不能深入也。故出张家口大境门外，初则或一里或数里犹见一树，过计诺坝之后，则有树之地不过两三处，每处一树，不过十数株，发育之难，可以概见。各种果物，皆所不产。所可栽者，惟小叶杨树而已。花卉亦所不见，大约夏季能花之种类犹可栽植。此口外植物生产长之大略也。

（乙）畜牧之宜。蒙古为数千年游牧之区，以广大平原，处处皆草地也。虽黄土沙碱，亦草密如茵，故有不可耕之土，断无不可牧之土。查蒙地畜牧，羊利最多，而牛马为次。约略计之，其利有六：孳生甚繁一也，牧人易雇二也，饲养简便三也，场所单纯四也，毛可剪售五也，销路其畅六也。然由游牧变为耕稼，若仍牧而不垦，殊背土地进化之程。惟有畜牧为主，兼营垦务，庶顺世界变迁之大势，又收土地本来之利源。

六、口外之气候

（甲）气温：蒙古本高原，而察区又高于外蒙古各处，故温度亦较各处为最低。如库伦又在商都北一千数百里，而温度乃与北京相似，实因察地以北海拔渐低耳。以商都而言，温度最高时，不过华氏八十度，极低时可至十五六度（即冰点下十六七度），然极低时亦少，大约每年甚寒之候，普通亦不过二十四五度左右。若商都以北，则温度又依次而低。予常宿八台（在商都北五十里），其温度较低于商都六度，再北可以推知矣。蒙地素称多风，盖风有大小之时，断无无风之时。尝有大风至二三十日不止者，广袤之区，尘土常随风卷去，如行云飞扬，亦一奇观。倘大风不止，则尘土卷尽，仅留沙石，故广袤之区无山屏障者，甚不利耕种，亦言垦务者所宜知也。

（乙）雨量：蒙地雨量甚少，然农家既无水利可言，故以雨量之多寡，卜年岁之丰歉。每岁雨量较多之时，在阴历五六两月，大约每月降雨最多，不过五六次，每次不过一二小时。若淫雨终日，则绝对无之。春秋虽亦有降雨之时，要为偶然之。若五六月无雨，则农民束手坐困，幸亦不恒见耳。降雪时期，普通在阴历九月初或八月中，最多仍在冬季，甚或六月飞雪，亦不足奇。至三月下旬，则积水全解。故耕作须以四月至八月为起讫，过不及均所不宜。又六月偶有雨雹之时，其害稼为甚烈，惟间岁不必一遇，所雨区域，亦不必广耳。至于迩年天气，则较前转温，据久寓商都者言，去岁温度最高时，较两年前增加四五度。严寒之时，约迟十余日，即雨量亦似逐年增多，所以客岁收获之丰，为向来未有。今年雨量之足，又较去年有过之不及云云。盖土地开辟，地表可以藏热，作物繁殖，水分赖其含蓄，故气温高而雨量高，人事实足以转移气候耳。

七、住民之种族及习惯

以种族言，口外本蒙人旧居，开垦以后，蒙人渐向西北徙去，惟各台站则尚有之，然每台亦不过二三户，若一台、二台，已无此辈踪迹。留居之蒙民，又渐知耕稼，故有佃田与人而分收租粮者，亦有受公家所给之土而自行垦种者，然耕者似不如汉民之素习，故生计犹困。汉民之徙居者，以山西大同一带为最多，山东人次之，万全宣化又次之。现在商都一带，大约蒙民不过百分之一。张北一带，则犹不逮，亦足见地方之变迁也。以性情言，汉民最愚直，畏官府如鬼神，官府有命，但知奉行，无敢违抗。蒙民则稍狡悍，然亦知畏官府，其稍远未垦之地，则但知为都统所辖，都统之外，不知国内更有何官矣。以习惯言，衣则普通之民皆有无面白羊裘一件，羊皮裤则不必人人皆有。若棉裤一条，则天暑或不更易。男妇服棉夹之时，皆不着里衣，不知浣濯也。妇人均缠足，极纤细。耳连穿二孔，着重环。在夏季或仅着单半臂，裸露两手，不以为意。男子或禁裸露，谓以罗汉体，亦风俗之特殊也。食则普通，皆饭莜面，菜则盐渍胡萝葡一品，如非富民，尽无肉食之时。居室则皆北向南，避朔风也，泥土筑墙，泥土盖屋，制极简陋。亦能制砖瓦，然非公署不用，富室用之亦少。木料必取之二道河、隆盛庄等处，远或三百里，近亦百七八十里，故转运极难。屯垦队之筑室，则取材于多伦属地，已远在五百里外矣。室内之布置，如普通民居，并于椅桌等具，有炕几者亦不多。食灶与寝炕相连，就灶内之火通于炕下以取暖，盖无冬无夏，皆寝热炕，故臭虫最多，惟富室则灶炕尚有隔别。业旅舍者，大概中为爨室，两旁则全室皆炕，各宽广数丈，铺以芦席，犹有古人席地之风，过客杂处，至为秽恶。自张家口至商都，惟张北有旅店，一曰同行居，略仿内地旅店规模，取费尚廉，较其他旅店，判若霄壤矣。蒙民留者，亦有居室，与汉人同，然必多一蒙古帐以别之，取其便于徙居，其帐俗曰蒙古包，以毛毡与木料构造，形如覆瓮。若无此包而但有住房者，则为蒙民中细微之人，尽已渐变从前之习尚矣。以贫富言，则商都一带，有大户七八家，管地多者至三百余顷，其少者亦达百顷。普通民户，亦大约有地四五十亩，佃耕者至少，亦有此数。盖口外之土，生产力尚薄弱，每数家之口，非有五十亩以上，不足以言赡养。其力不能耕此数者，决不能久留口外，故赤贫之民，亦竟无之。至于教育一项，则张商县署，虽带收学校经费，然尚未十分进行。民间除富室子弟偶读旧书外，普通之民，殆无一识字者矣。事业，人民尤无所知。出张口外，既无官私常设之医院，亦无个人或为医药之业。如有疾病，痊危惟听其自然。且习为不洁，故病痢者多，间有传染，至于全家死亡，是以行政者所宜注意也。宗教一项，旧教如回佛均有之，新教则庙滩北数里至商都县东北二余里二十号地，各有天主教堂一所，高乌苏地方（商都东北数十里），则教民甚多。荒寒之区，无远弗届，亦足见外人传教心之坚忍也。

八、交通与市场

从前台站之路，每台称六十里，商都地当七台，然距张家口实不足四百二十里。由口乘骡车往商，约三日半可达，返则三日可达，以下坡地稍易行也。车价每辆每日约二元，惟商都新辟，故无车马行，随车往返，方为妥便，否则须藉官署之力，强拉民车矣。旅客如此，殊非所宜。闻京绥铁路，现已续修，计本年八月可由丰镇至平地泉。其地距商都百余里，商都官绅，拟俟平地泉通车后，即于平高之间驶行汽车。其地平坦，每日可往返两次，是八月以后由京至商，不过十余小时，亦至便矣。商都前无邮局，通信者暂于张北属之南壕堑邮柜转寄，稽延殊甚。现由邮务局专员考察情形，已借定商都城内瑞增泉商号为代办处，七八月间可以实行矣。电报则商都不通，数年后商都如增繁盛，亦所必设，此交通之大略也。

张商之间，惟张北县有商店数十，以外并无市镇。如庙滩虽有汽车公司办事处，大青沟虽有一缸房，然两处精华，既尽在此，亦不可谓之市镇也。惟各大村庄内，多有贩卖处，以售油酒粮食。商都一县，大约购寻常物品，无不赴兴和县（商都西南一百八十里处，民间皆称二道河，知为兴和者则程度稍高矣），购紧要物品，必须赴张家口，间有赴隆盛庄（丰镇属地）、陶林二县，惟至少须往返四五日，均不甚便。商城内，以瑞增泉为最大商号（张泽夫开设），业缸房与粮店，大陆公司经理方君引之杂货店次之，此市镇与贸易之大略也。

九、物产与物价

商地动物。除六畜皆有外，野兽则豺狼最盛，余如狐、兔、黄羊，亦随处可见。鸟类则无畜鸭、鹅者，以非水地也。最多者为白鸽，其余小鸟，如雀、燕与翎，大鸟如雕、鹰与雁，均所在有之。植物门见前五条。矿物之已发见者，有羊群花贺秀①之铅矿，已由宝丰公司取质到京试验，因目前铅不销行，故未开采。马群有水晶矿，亦经张泽夫由县领照派人探获其质归商，正拟筹款采取。车连沟（在商都东北九十里）一带，则煤苗颇旺，尚无议及开采者。案以价值言，则煤远不如水晶，以应用言，则水晶又远不如煤，况蒙地燃料缺乏，此种物品，尤为需要，资本家之所急，宜在此而不在彼耳。

---

① 查《察哈尔商都招垦设治局所管区域图》，羊群花贺秀有两处，一处在小马王庙与板升吐间略偏西，另一处在设治局东北与那王府界处。按照第一处近宝丰公司垦牧处，当为此处。花贺秀，与花合少近，蒙语意为黄色山嘴。

迩来农作物之价格，惟菜籽稍涨，余皆跌落。如黍稷及菽子等，向来每大担（口外一担合口内二担）约值洋三元五六，则现不足三元矣。菜籽一大担，则由五元涨至六七元。他如胡麻，每大担价六七元，莜麦每大担价约三元，则与从前无甚出入。牲畜之价格，大约牛则上者五十元，次者三四十元，下者二十元。马则上者二百元，次者六七十元，下者二三十元。羊则上者五元，中者三元，下者二元。购牛马以阴历二三月为便，购羊以八九月为宜。此项牲畜价格，亦近年之情形，约较从前已涨矣。至农作物之销售，大约菜籽、胡麻及梢胡、麦子，均须自运至张家口出售，每大斗需运费三角。菜籽、胡麻两种，间有洋商自赴商都各地收买者，此物价与销售之大概也。

十、通货与金融

蒙地向来皆用现银与铜钱，近渐以银圆、铜圆为本位，用现银与铜钱者渐少。纸币则兴业银行之铜圆票，二道河之制钱票（二百四十文为一吊），亦可使用。惟二道河票，兑换皆系小钱，故已降为八折。现商都瑞增泉，亦发行铜圆票，因兑换甚便，颇能畅行。至外国货币，则均无之，不若吉黑等省纯用俄帖也。

金融方面，如个人借贷，向来只借贷粮食，年利五分，少至四分。近口外既无商场，故无银行放款之事。如在张家口银行借款，则月利由一分二至一分四五，有存款者，亦须交张家口地，尽凡口外之各公司之金银交涉，大抵皆在张家口之交通、兴业两行耳。典当一项，现虽无之，计商务发达时，亦必有业此者矣。

十一、各垦务公司之状况

蒙地自开垦以来，投资者争先恐后，各公司遂逐年增加。商都一带，大公司二十九家，小者四五十，合资领地，不以公司名者，更不可胜记。各公司股东，类皆在职之要人，或休职之显宦，及有声之富商巨室，而以在北京者为大多数。若提拨公款办理者，则无所闻。商邑最大之公司，曰立本、曰宝丰。立本领地约六七万亩，开办三四年，已垦熟者约二万亩。宝丰领地四五万亩，开办四五年，已垦熟者万余亩。以外公司，虽有领地较多者，然或未缴价，或未开办，除立本、宝丰外，各公司中并未有垦成熟地至一万亩者。从前各公司之办法，皆带有衙署性质，用人甚多，开支甚繁（有某地办事处某处总经理某处副经理并会计文杂录事护兵等名义），故皆未获利。近年如宝丰力行撙节，裁汰烦冗，至去岁又复丰收，始将从前亏空，尽行弥补。其立本与大陆顺成两公司（在商都北三四十里）去岁收获，均获利益。但资本均变成地皮，不时不能取出，今年各公司变计，皆欲兼事牧羊，亦阅历之所得耳。

十二、领荒之手续

察地各处垦务，均由知事兼领，惟商都东北羊群地方，另有专员，驻张家口办理。以商都知事为会办，初拟羊群之地，增设治局，现以该处领荒者尚不踊跃，犹未实行。领荒之时，由各户先赴垦务局呈明地点，承领若干顷，批定后即缴价若干（大约十分之一），由局派丈地委员随同前往，指定地点，勘丈明确，定立等则，一面由局发给通知书，依限备带荒价到局领照，即行营业。若照旧章承领证书，则荒地分三年缴清，第一年缴十分之四，第二、三年各缴十分之三，缴足地价，方能换照以取得土地所有权，近日丰镇垦务局，则变更旧章，领地之时，取地价半数，满三月即全部取足。商都亦拟仿照办理，惟丰镇本无大段荒地，零星夹荒，固可如此收价，若商都则未放出之地，大段尚多，两期取价之法，似不易行也。商都所以亦欲改章者，因前此恒有并无资本之人，贸然领大段荒地，其数动至数万亩，甚有逾十万亩者，乃取得一通知书，即行将地转卖，而该地不识字之愚民，最畏与官交涉，每喜从地贩之手转卖零星荒地，而贩卖者取得地价，即以转缴押荒，又以得价之盈余，为所留地开垦之费，盖有未出己囊一钱，而安然做地主者。或转售之地为数无多，因之无钱续缴的价，而地亦未能开垦，所以商都荒地，所在皆是。而所欠之地价，不下二三十万元。现因追缴地价，拘留县署者已十余人，并有领户避匿不知去向者。照章地价未缴，期限已过者，即应取消归公，然此类地贩，又有地已转卖，而荒价仍不缴出者，若一例取消，则转卖之愚民，又已出价而不得地，常以生命与人交涉，若厅操之太蹙，足酿祸阶，此亦行政最窘手之事也。所以致此，实由前此放荒者之宽大，然以国家移民实边言之，正宜取宽大之手续，彼列强中如英之于加拿大，荷之于爪哇，且不惮举全国之财力兵力悉挹注于殖民政策中。今我之人民，于国内之边地，既不资政府之补助，自行出口开荒，政府尚有不赀之收入，是与列强之用意适得其反，况可操切边事乎。惟地贩因欺彼愚民，其罪殊不可逭耳。至荒地转卖之价格，每亩上则地约一元六，中则地约一元一二，下则地约八九角，熟地转卖之价格，每调上则地约二元至三元，中则地约二元，下则地约一元五六。此以商者行情言之，他处有贵于此甚多者，或亦有贱于此者。

十三、开垦方法

口外垦荒，领地可多。而一年之中，自行开垦过多，则费本甚巨，经理殊难。宜一面招佃开垦，不费己赀，而地仍能早日垦熟，分收利益。又口外每年之气温，高时迟而低时早。本年所开之地，本年不能下种，因开荒地须在阴历四五六月，而播种至迟，亦不能过五月，是地开毕而播种之时已过，且新垦之地，非使饱受风雨，则土质亦难使疏松。如望德公司（在商都屯垦第一队之北），于去年开地二十余顷，其股东不谙口外情形，训令经事即行下种，其经理为股东所迫，勉强奉行，乃苗方长成，即全部冻死，直至今年，犹不能翻耕，尽枯苗未刈，盘根甚深，人牛之力，皆难施用，反不若荒地之犹易施治也。故各公司之积累，惟望德尤为不资，此实足为鉴戒。开荒器具，多需定购，其地点不外隆盛庄、二道口、张家口诸处，以正二月办齐为妥。牛马虽须并用，然开地宜用牛，荒地甚紧，宜徐徐行动也。翻耕时牛马均可用，因土已开成，不妨驰行也。雇工宜用本地人为工头，其余各工，由其转雇，则彼地之情易通，不然则工人常不肯至，盖本地人最畏官府，若公司中人，亦视为与官府无异，谓官府用人，例派差而不给钱也。工人性情，以本地人为最驯，然不甚易雇，以自有田可耕者也。外来之工作，则山西为最多，虽甚易雇，然不甚可倚用，性情不必训也。雇工价目，大约最好工头，年约六十元，长工年约三四十元，散工每日铜圆约三十枚，但伙食未计，然每工每日铜圆六七枚足矣，此雇工之大略也。招佃之法，亦可由雇工头招徕乡人承佃，普通须取保立约，以五年为期，期满双方再续。如在期内不纳分收，或耕作不良，即一年后亦可声明退佃。佃户房屋，大概由其自构，如退佃时，唯须将木料移去。荒地发出，第一年不能下种，田主即无收。如下种者，第一年一九分（东一佃九），第二年二八分，第三年三七分，以后照此分收之法。或纳捆子，于粮食收获成捆之时，第一年田主百捆取十，第三年则百捆取三十。或分颗子，亦于粮食成捆时，于每捆中任取一捆，揉下颗子，以升量之，为应取他捆之标准。或分钱，则第一年每亩约分钱六十文，二年约八十文，三年以后，永远分洋一角，合铜圆十四枚。又有所谓大打分收，则佃人对于房屋农具牛种，皆取诸田主，并须田主垫出工食，其发买粮食之权，仍由东家操之。此则立本公司一家之办法，据该公司之人谓此种办法，较自垦与分收均为优胜云云。建筑之法，购买材料，以丰镇之价较廉，然距商都三百里，则路稍远矣。泥木工匠，亦须雇自隆盛庄与二道河，建筑兴工，以清明后三日为最妥，但材木各项宜在清明前办齐，过阴历八月，则不能建屋。建筑费用，计工人住房，每间约需银圆二十，办事人住室，每间最少需挣五十元，开井每口约三十元，此其大略也。燃料之取给，大概开荒时，皆用牛羊马粪，地开熟后，可用各种秸草，亦北方普通之情形也。

十四、畜牧之办法（略）

十五、官厅及军队之情形

商都初为设治局，继改为招垦设治局，七年冬改为县治，局长改知事。前局长郭成钧颇勇于任事，如商都放垦之多，以及建筑衙署局所城垣城壕，皆郭所经营，业经呈请任命为商都知事，去年未及正式就知事职，已调署凉城矣。今知事刘汝棣，人甚稳练，本张北垦务局长，故对于垦务，至为熟悉。佐治者曰陆震，亦直隶后补知事，于商都行政，深资有力，甚为齐倚赖。署内有警备队五六十人，尚无警察。军队有三项，一曰陆军，驻商城者一营，驻商境者二营；二曰巡防队，驻大青沟一营，驻他处者二营；三曰屯垦队[1] 其办法预定十年计划，分别筹备，渐次扩充。每年由公家支出基本金一万八千余元，设立一队，递至十年为止，所有十年间之收入，除开支，余款均作扩充屯垦队之基本。全区拟练成四十队，计每队队长一员，队副一员，

---

[1] 据北京农业专门学校农林科三年级暨教员养成班国内旅行团《调查口外农业纪要》载："屯垦队乃去岁（1916年）由察哈尔都统暨垦务局呈明政府试办者。今春出发，前往商都屯垦队。职兼兵农。旨在垦辟荒地，保障垦民，实行移民实边，寓兵于民之政策，法至善也。闻创办之初，当局筹划，煞费苦心。他日功成效著，殊于边防政务农业财政等，有莫大利益也。"《教育公报》1917年第4卷第15期。

正目十名，兵丁九十名，共一百零二人。其授亩之法，凡建筑房屋之地基名曰宅地，全队共授三百六十亩，公家预备留给他项之地亩曰公地，全队共留八百亩。授予目兵之地曰屯地，每名授地百亩，全队共授一万亩。每队又加附属地一千八百亩，为树植森林及开辟道路之用，内分二百亩为葬埋义地。各屯地第一年之粮产，全由公家收入支配。第二年以后，由目兵佃种，公家收租。各队自成立之第三年至第十年，按年各拨公地三百亩之粮产，作小学校经费，其余每队五百亩之粮产，由公家完全收入。屯垦队退伍之时（定十年退伍）队长授垦熟公地三百亩，副授垦熟公地二百亩，兵每名给予原种地屯地百亩，学校拨给垦熟公地三百亩，分别颁发部照，各自管理，宅地部照，则由队长保存，全队公共管理。退伍后所有地亩，一律照章升科，惟地价正杂各款，均免缴纳。队长、队副退伍后，改为村正、村副，目兵改为屯户，每户出庄丁一名以为庄兵，此编制之大略也。民国六年，就商都西北八台附近编练第一队，最近则除每兵授地百亩外，又准每兵领地四百亩，陆续缴价。以各兵赡养家室，百亩之地，尚不敷也。然该队附近，已无地可给，因八台附近山地，向为匪穴，自该队开办，而匪已潜踪，故各公司业已林立①，而领地者尚前后不绝也。惟边地屯垦事业，贵在推广，此项人给五百亩之办法，亦殊难以为继。该队成立以后，因未能尽如定章，亦办事之困难。有必不能符预筹之计划者耳。其屯垦二队，亦于去岁在商都境内成立（在商都东北地），赡为地方之筹办，并未支公家之款，故公家犹未发给枪支，但已得都统之承认而已。计察区全境，本有泱泱大国之风，而所谓屯垦队者，犹只此数，不觉有太仓稊米之感矣！

---

① 顺成、大陆、望德、保大、丁统领（丁长发，时任巡防第二路统领，曾任察东镇守使兼察哈尔第二骑兵旅旅长）等公司均在该队附近。

十六、近年之匪患

察地匪徒，蒙人较多，以生计较难，遂易走险也。六年间有张源洞者（诨名二张飞），本蒙匪魁首，招抚后，都统授以五营统领。适阴历五月下旬，都门（张勋）复辟之事，传播察区。张匪复变，以复清为名，扰乱张北、商都、兴和各处，商都治所，被患稍深，各公司与人民之受祸者，虽轻重不一，大概无幸免者。至于七月由官兵横征暴敛毙，所有匪目，亦悉就诛逮。及十月卢占魁又率四五千人窜入商邑，其支党某则率千人至八台。时屯垦队成立未久，开出者多。乃以四十余人与之抵御二日。官兵闻信往援，遂得合力驱之出境。七年之内，商都幸无匪患，而兴和县则有匪徒约百人，滋扰一年，终未就捕。本年春季，该匪则大半就抚，余亦窜匿，现在各处表面均已安宁矣。对于商都者言，该邑军队既多，屯垦队亦御匪有效，此后该邑可以无匪云。惟商都自垦务大兴以来已成察区重镇，非有升官驻之，不足以言震慑。此前官绅，曾请都统移驻，大约不能成为事实。至以察西镇守使移驻商（现驻丰镇）则去岁早有规定。商邑预备公署，而现镇守乔氏（乔建才，山东曲阜人，1913 年始任多伦镇守使，1917 年始任察西镇守使），年已就衰（已七十有余），惮于迁移，尚未成行。而商地官绅，固不达其希望不止也。是商邑将来军队，其必多于今日，可以断言。然军队日多，有利亦复有害。予宿五台时，闻该处人民言，渠家鸡豚，亦不敢畜，鸡卵亦所不具，因苦军队时时往来，见即取食，例不给赀。并谓军队之骚扰，或有甚于匪患，然匪究不常来，来时对于无可索取之家，亦遂相率而去。兵来则例必强人供给，并于人家所无者，亦强索之。如无以应，动以捶楚从事，每每竭力承奉，而结果则以马捶数十报之。以后通衢之旁，人民绝不敢居云云。此种状况，亦惟望治军者之能体察耳。

1930 年商都建设调查

王学吾 整理

1931 年，察哈尔省对张北、康保、沽源、宝昌、商都口外五县建设情况进行调查。同年，《察哈尔省建设月刊》第 3 期以《视察口外五县建设报告》为题发表。

一、商都县建设局调查

局务：该局成立于民国十八年，在县政府东。局长张汉卿，毕业绥远中学，局内设技术员一人，事务员二人，每月经费八十元。该局与教育局同在一院，仅占屋一间，职员膳宿办公悉居其内，阶前灰粪狼藉，屋内卷宗散乱，职员等皆随地便溺，秽气四闻。该局长平时对于建设，对于督属可见一斑。颟顸若此，全县建设前途何堪设想，应请撤换以资振作。其余技术员等姑仍其旧，以观后效。

田地：全县田地约二万顷，已垦者约一万七千顷，未垦者约三千顷，因无河流均属旱田。

水利：该县河流缺少，无水利可言。

修道：由该县至张北计一百六十里，至康保一百四十里，至集宁约六十里，均平坦。

植树：本年由厅直属农林试验场领取小叶杨柳及榆苗一千五百七十株，除苗圃内栽四百一十一株外，其余均分发各行政区县政府暨各机关栽植，刻已发芽者甚多。

桥梁：无。

河工：无。

农产：小莜麦每年约产九千石，大麦每年约产一万二千石，豌豆九千石，小麦一万四千石，菜籽一万六千石，胡麻约一万石，大莜麦约二万一千石，黍籽约三万二千石，其余屑碎农产物种类繁多，不及备载。总之，商都农产物尚称发达。

矿产：该县小庙子、十苏木等地方前曾发现煤矿，民国十八年曾经开采，旋即停工。

工业：境内向无工厂，仅有口袋匠、铁匠、木匠手工业三种。

牲畜：马匹约计五千一百匹，骡约计二千一百头，牛约一万头，羊约三万九千六百只，驴约计七千头。

二、商都县商会调查

会务：该会设于该县城内隆盛街东小巷路北，设主席一人，常务委员四人，执行委员三人，文牍、交际员、会计、庶务各一人。会务尚略见规模。经费组织尚未就绪，经费数目亦未规定。

摊款：各项摊款由在会顶厘股各商号按股均摊。唯自成立至今尚无任何摊款。

商号：全县大小商号共约二百五十家，以杂货商最多，资本在二百元以上者不足五分之一。

商情：该县商号经营数业者为多，商品多自张家口购来，在本地销售，因境内无匪，故营业状况在口外六县堪称最佳。近年来建筑市房多处，市面顿有兴隆气象。

三、商都县农会调查

会务：该会成立于本年三月间，设干事长一人，副干事长一人，干事四人，会址附设建设局内。

经费：尚未规定一切支销，暂由建设局垫付。

区会：区会尚未成立，已嘱该会干事长从速依法筹备进行。

工作：因成立不久，尚无何种工作，已嘱该会干事长务须依照法定次数准期开会，以求发展而收实效。

往事寻踪

"文革"前的商都中学

谷　秀　安志明

　　解放后的商都县百废待兴，教育方面尤为突出。当时全县乡村仅有私塾 6 所，县城内也只有 2 所小学。教学形式陈旧而且规模小，每所仅有 10 人左右，只能达到小学教育水平，学生想要继续深造就得到外地去。有钱人家的子弟可以到外地求学，对于广大贫苦农民和底层市民来说简直是可望而不可即的事，全县文盲人口占比 90% 以上。为了提高人民群众的文化素质，尽快摘掉文盲帽子，党和政府号召地方各级政府大力兴办学校，为人民接受教育提供方便。商都中学就是在这种时代的召唤中诞生的。

　　1952 年，商都县委政府根据当地的实际情况，决定筹建商都中学。考虑教师短缺是最大的瓶颈，就着手筹建了以培养教师为主的师范学校。

　　当年 2 月 25 日，经过两个多月的筹组，学校正式开学了。因为是初建，既没有理想的校舍，又缺少生源，只招收了一个初级师范班，一个短师班（为期 3 个月的短训班）和一个附设初中班。校址临时选在刚建成的商都第二完全小学南院。这里原是一家私人粮店，改为小学后，北院做了小学教室和办公室，南院暂时闲着。因原来是粮仓，比较宽敞，简单改造后就成了师范学校的教室、宿舍、办公室，可以暂时满足需求。

当时的中一班学生，后来的商都一中教师袁喜回忆说："那时的条件与现在没法相比，教室简陋，食宿条件差，但是我们很高兴，因为有学上了。同时听说新学校正在修建，虽然苦点可觉得有盼头。9月份搬到新学校（就是现在的商都一中）才知道，就在我们开学后不久，县里就买下了东关的87亩地，5月份动工，到9月份就完成了2排教室，4排宿舍，一排办公室，一排伙房和一口水井的工程量。到我们搬进去的时候，版筑的围墙正在扫尾。"

建校初，县委政府就特别重视该校领导班子的选派。那时，各行各业都人才紧缺，教育部门尤为突出。县里就临时确定让在县教育科工作的刘庆国兼任校长，负责学校的组建。河北省专门为商都派遣了一批支边教师。当时的教师有韩化童、贺志冰、郭常林、张维深、任玉玺、李逸民、刘席珍、陈玉森、张芳、张啟光、任登祥、齐家祥、袁秀文、毛成玉等。韩化童任教导主任，校名为"商都县初级师范学校"（当时未挂校牌）。

1953年，赵振塑成为商都中学（当时叫商都初级师范学校）第二任校长。他是一位有魄力、有智慧、肯学习的好校长。他秉承"办群众满意学校，育祖国需要人才"的办学宗旨，开始了大刀阔斧的工作。

这年，学校又招收了师二、三、四、五四个班。加上原来的三个班共六个班，现有的教室刚好够用。赵校长从长远发展的需要考虑，向上级领导提出了扩建申请。县领导研究后即向张家口专区申报，得到批复后就着手规划设计，请了张家口工程队于第二年（1954年）开工兴建。

1954年，学校又招了二、三、四、五四个初中班（当时是春季招生），学校的校舍严重不足。县里经协调把师范班分到后来的拖电厂进行教学（成为商都中学二部），解决了暂时困难。也就在这一年，商都师范成了"张北师范商都分校",商都中学成了实质上的完全初中。但在管理上还实行一套人马。1962年师范撤销。据师范毕业的最后一批学生回忆,他们已经排到22班了,而商都一中的档案里关于师范的记载只有前面5个班的一些数据,这成了一大遗憾。

这一年商都中学最大的变化是校舍建筑面积的增加。颇具气魄的南大门建起来了,可容纳1000余人的大礼堂也建成了,平时可供学生用餐、开会,又是校内文艺活动的场所。同时配套建设了图书阅览室、教师食堂等,学校房屋紧张的局面得以改变。

到了1958年,初中已经累计招收了21个班,学校的师资力量和基础设施基本满足了教学的需求。在这样的条件下,县教育科又要求扩大办学规模,商都中学开始招收了两个2年制高中班,学校也因此成为真正的完全中学。高中2年制只实行了一届,1960年毕业以后就改成了三年制,每年招两个班,直到"文革"开始。

截至1966年"文化大革命"开始,商都中学已有初中12个教学班,在籍学生630多名;高中6个班,在籍学生320多名。历年共计毕业学生2422名。其中初中生1768名,高中生654名(另有师范生120余名不在其内)。为国家和当地培养了大批急需的人才,成了当地教育战线的中坚力量。

从建校到1966年,商都一中书记、校长先后有刘庆国、赵振堃、班成君、任振山、李同录、陈少楠、孟家骥。虽然领导成员多次更换,但办学宗旨始终如一。"办群众满意学校,育祖国需要人才。"

学校的内设机构:

教导处,主管语文组、数学组、社会科学组、体音美组、自然科学组各学科教学工作。历任教导主任有张金榜、韩化童、朱式纪、孟家骥、王昆、南振业、李彦、李继业。

总务处,主管财会组、伙食组、安全组、园田组的各项后勤保障工作。历任总务主任有吴振义、渠印玺。

从建校初，历任领导都一心一意地投身于学校的建设中，不断地改进和提高办学质量，使学校赢得了全社会的好评。

历届校领导都特别重视师资队伍建设。从第一批教师的选拔到后来每次教师的补充，他们都进行了精细的了解，给予力所能及的关怀和帮助。

已经80多岁的退休教育局长李继业在他的《支边岁月》一文中写道："在这里，我受到陈少楠书记和李同录校长，孟家骥、郑广瑞副校长，韩化童主任的接待""在寒假期间，我回张家口探视母亲，穿着单薄，很难御寒。郑广瑞副校长送给我一件没有袖子的皮上衣和一件灰布上衣。据说，这是当年发给师范学生用的，他送给了我，这是对我的特殊照顾。商都中学的领导和老师给我的温暖，变成了我努力工作的动力。"

是的，除了最初的14名教师是从当地选拔的，后来的都是从张家口师范、唐山师专、张家口师专、河北师大、山东大学、华南师大等高等院校不断充实进来的。包括当地的教师，都是这所学校也是全县的宝贝，县政府和校领导都给予各方面的优待。关爱激励着教师们的斗志，加上有力的政治教育，他们都坚定了献身祖国教育事业的决心，全身心地扑在各自的教学岗位上。每位教师都认真钻研教材，精心组织课堂教学，细心进行课外辅导，努力提高教学质量。在他们的辛勤培育下，一棵棵稚嫩的幼苗茁壮成长。从商都一中毕业的学生，有的继续深造，有的走向经济建设第一线，成为各行各业、各条战线的骨干，成为建设祖国和家乡的有用之才。其中不乏一批佼佼者，比如从政的董财、庞启、张佃敏、李魁、吴美等人都官至正厅级，刘生展、刘聚德等在中国美术界各显身手，名扬中外。

广播电视史话

王学吾

  广播，在商都落地的时间为1958年，机构名曰商都广播分站，属商都文化馆领导，只有四名职工。当时，商都县建制撤销，并入张北大县，故而新成立的广播站为张北县广播站商都分站。次年，恢复商都县，"分"字自然去掉。

  成立于"大跃进"时期的商都广播站刚刚起步，三年自然灾害接踵而至，人员下放一半，只留下一名播音员，一名机务工。初始时的广播站，分别使用过40瓦、50瓦、120瓦、150瓦电子管扩大机和15瓦、25瓦高音喇叭，只为县委、政府及有关部门开会扩音，这种模式可能是今天婚礼庆典乐队的鼻祖。到广播线路延伸至各公社前，主要设备是一部250瓦的扩大机，末端是七台街头的四只高音喇叭。虽然大体上有固定的播出时段，但取决于电厂的发电机是否正常转动。稿件完全依赖通讯员来稿，青黄不接时念报纸，广播时间有很大的弹性。那时对普通话的要求不甚严格，原汁原味的乡音更有一番滋味。现在想来，那时的商都广播站不及现时的校园广播，更像生产队的大喇叭。没有录音机，播音员对着麦克风直播，念错了重来；稿件也不通过编辑程序，你写啥我念啥，完全的文责自负。

  1965年，毛泽东题词："努力办好广播，为全中国人民和全世界人民服务。"其后的"文化大革命"运动催生了广播事业的发展。形势发展的需要,商都广播站第一次扩容,开始尝试广播信号传输于乡下公社。1969年,格化司台公社、屯垦队公社率先建起广播放大站。至1971年,全县22个公社都建起广播放大站。县广播站的设备也有了一定的更新,有自备的发电机组,扩大机的功率上升到1000瓦。直到这时广播站才像个样子了,管理规范,播出时间固定,编辑、播音、机务各司其职。

1971年7月,部队转业干部崔礼被分配到广播站工作。崔礼是当时鲜有的专业技术人员,他在西安空军通讯学校毕业后进入部队通信营服役。"那时的广播站是商都县技术含量最高的单位,我进单位便被安排为广播局党支部委员、技术组组长。因为要发展农村广播,需要人手,经我手挑选的年轻人有高勿素放大站卢海平、北京知青肖锋、温凯亮,还有两个集宁知青。他们都是无线电爱好者。后来外地知青都陆续回城,只有卢海平和后来招进的郜生玉留了下来,他们都成为技术骨干。"

卢海平初中毕业后到高勿素公社放大站工作,接着被上调到县广播站。那段青春岁月的回忆,令已经退休十多年的他仍然留恋:"那时广播站的位置在五栈西剧场北,据说是和工程队换的,广播站每天三次广播,晚上用电厂的发电,早、午自发。我刚来时的具体工作是发电,发电机使用的是苏联产28千瓦机组,动力是54马力的拖拉机。这家伙相当吃油,马达一响,地动房摇。发电的柴油从燃料公司买,我年轻力壮,买柴油的事都是我去。手推车放一只油桶,两天一回。"

这一阶段的广播,应该归类为有线广播。干线利用邮电线路同杆同线,支线架设专用线路进行传输。当广播时,全部电话线路暂停。广播也客观上推动了农村通讯的发展,广播"家家通",电话线路与广播线路合一,通广播的村子也通了电话。1971年至1973年,是农村广播发展最快的三年，自架传输线路 660 公里，到 1980 年，可利用线路 810 公里。

卢海平回忆道："我在发电机房工作一段时间后，领导派我外出学习载波技术。载波在当时是一项尖端技术，只有部队使用。能参加这项工作，是领导的器重，是组织的信任。学习回来后，我们就开始搞载波。"

什么是载波？用专业术语讲，就是同一条线路，同时完成不同的传输功能。现在应用最广泛的是超高压输电线路，在传输电能的同时还能传输调度电话信息。一条线路传输两个甚至多个不同频率的信号，需要什么由接收机决定。就像你买个收音机，天上的无线电波很多，但你就选取你需要的。

"我们是从 1972 年开始搞载波广播的。当时的现状是广播占用邮电的线路，广播时电话就得停，这不是长久之计。而另外架设广播线路，财政又没钱。载波引入后，提倡一线三用——广播、电话、供电用户一条线，互不干扰。但我们只在电话线路上试过，效果不太理想。"当年负责技术工作的崔礼回忆道。

载波系统主要由两部分组成，一是发射，二是接收。发射时将频率改变，接收时再变回来。做起来很难，比如说，大南坊子放大站和章毛勿素放大站接收的是同一个信号，路程不同，信号衰减也不同。用同一套接收设备结果就不一样，必须在接收器的电容大小、线圈匝数上调整。也正是有这样的机会，卢海平等无线电爱好者有了更广阔的学习平台，为他们日后成为这一领域的技术能手提供了平台。

当时，我国半导体技术处于起步阶段，国外的技术封锁，一切都靠自研。半导体部件质量不高，参数也不相同。一个县级单位要上载波技术，难度很大。崔礼回忆："载波技术用于电话和广播线，但效果不理想，信号质量不好，最终经县委拍板，广播用邮电线路。广播时电话停用。为此，广播站还专门挖地线到邮局。到广播时，由邮电局将信号切到广播站。"

广播信号到了公社放大站，再进入各家各户。当年在十八顷放大站工作的崔占元回忆："那时放大站的主要任务就是给各村各户安装喇叭。这哪是什么技术活呀？一根 1.5 毫米的铁丝，老百姓称细油丝，从村头拉到村尾，沿房檐固定，并联到各家各户的喇叭上。社员家用的是舌簧喇叭，两根接线，一头接信号线，一头接地。粗铁丝扎在炕沿下的墙角就算地线了。安好后我们不忘叮嘱主人：'要记得浇水，让它保持湿润。'虔诚的农民每天都会小心翼翼给铁棍浇水，就像城里人侍弄花草一样。"浇水声音才大，地干了声音就小，所以，给广播喇叭的地线浇水是一项经常性的劳动。

舌簧喇叭，给一代人留下温馨的回忆。在物资匮乏的年代，"家徒四壁"是标配，突然间墙上挂起个话匣子，时不时能听上几句样板戏唱段，也不失为困苦中的一丝慰藉。继各家各户的小喇叭之后，有条件的村安起了大喇叭，配套一个小型的扩大机和麦克风，队长就不用站在碾盘上训话了。

农村的广播喇叭，曾给一代人留下了难忘的记忆，它曾是城市、农村主要的信息来源。每到早、午、晚广播站播出时间后，剩下的时间就是队长直播了。整个村庄和镇子都响着喇叭的声音。喇叭，是那个时代最先进的传播工具，它不但为人们带来世界各地和全国各地的各种信息，还丰富了人们多彩的文化生活。在没有别的文艺节目时，广播特别引人注意。尽管广播上传出的内容丰富多彩，哪天中央领导人见了哪国人，哪个地方发生了什么事，从国外到国内，从中央到地方，从城市到农村都能知道，将偏僻的农村和城市拉近了。但农民更喜爱的是"革命样板戏"，有了广播，天天晚上可以收听。《红灯记》《智取威虎山》《沙家浜》唱段挨个播，人们每到晚上就坐在炕上专心致志地听样板戏。以至于当音乐响起就能知道这是播的哪一个京剧的哪一个唱段。

农民家的小喇叭经常出故障，人们不得不经常拨动它的舌头让它利索起来，可饲养院的喇叭却一直结实。有人探究其原因，饲养院不做饭，烧炕也是烧干锅，而农民家却不一样。就那么大的家，做饭一家汽，夜里一层冰，再坚固的舌簧也经不住这么折腾。

1977 年，广播站连同管理机构商都县广播局迁址于县城东长途汽车站北，院内矗立起的铁塔成为商都一景。这是商都县的第一座铁塔天线，高 50 米。这座铁塔天线是用来收转乌盟电视 708 台转发的内蒙古电视台节目而建起的，10 月 1 日正式开播。商都第一个电视差转台就此诞生，功率为 50 瓦，11 频道。那时，黑白电视还是稀缺的奢侈品。据资料，1974 年黑白电视进入县城，只卖出两台。此后因收看困难，电视发展寥寥。有了差转台之后，县城居民只需不高的天线就可接收信号收看。由于发射功率小，铁塔天线不够高，加之接收技术等多方面的制约，有效范围不超过 10 公里。

电视差转的铁塔为广播事业的发展奠定了物质基础。1984 年，自治区广播厅为商都配备了 300 瓦调频广播设备，一塔两用，调频广播电台与有线广播混合覆盖试运行成功。1985 年 5 月 1 日，经国家广播电影电视部批准，正式成立商都人民广播电台。这一呼号一直使用至今。

为大家普及一个知识：广播电台分为调频和调幅两种，调频传播半径小，范围不大，只有一个固定的发射频率。例如，商都人民广播电台的频率是 90 兆赫。而调幅广播传播的范围大，有长波、中波、短波不同的频率，如中央人民广播电台等。

调频电台建起后，又在大库伦公社建起差转接收站。各公社放大站通过调频电台接收广播信号，再不占用通信线路。但由公社所在地通向各村的线路仍占用通信线路。

商都人民广播电台的信号有效发射半径是 20 公里，意味着在 20 公里外的收音机很难捕捉到信号。在大库伦公社修建差转台就是解决这一问题，使北部章毛勿素、八股地、大库伦公社的群众能收听商都电台。

有一件奇事令商都广播局及上级部门的技术人员觉得不可思议。商都广播电台播出后，收到一封来自日本的信。信是用日文写的，请我县懂日语的高明老师翻译，大意为写信人是一位无线电爱好者，他已经收集了中国数万个固定频率的无线电讯号，包括这个讯号。他准确地说出商都电台的播出时间和结束时间，期望能给他去信证实一下。他每次来信的最后，都要写对中国政治的看法，反对中国进行核试验。

这位日本人一共来过三封信，但一直没人给他回信。从"文革"过来的人都知道，和他拉拉扯扯岂不是引火烧身吗？人们不解的是，商都广播电台发出的微弱信号，在本县北部地区都收听不到，日本人怎么能收听得到呢？无线电技术，日本就是比我们高出一头。

商都人民广播电台成立至今，设备不断更新，已实现数字化播出。今天人们收听商都电台的声音，早已摒弃了小喇叭，收音机再不是家庭富裕程度的象征。但遗憾的是，在物质条件充裕的今天，听者寥寥。

商都县电视发展起步于1977年，标志为电视差转台的建立。当时，县城收看的是乌盟708台（其时还没有盟电视台）转的内蒙古电视台节目，而它的功率也不大，不能很好地覆盖我们这一地区，有的人家就收看张家口电视节目，效果也不理想。1977年在原广播局院内建起电视（黑白）差转台后，情况有所改观，但仍然不能满足需要。即使是县城居民，收看电视也必须立一杆二三十米的天线。好在那时有电视的人家不多，家里有电视没有，一"望"便知。门前的这根天线杆，不但是收看电视的"入场券"，也是这家人家身份的标签。这时的黑白电视是凭票购买，难以飞入寻常百姓家。

20世纪80年代中后期，商都县电视事业发展迅捷，黑白电视开始进入农村。谁家要是能有一台12寸或14寸的黑白电视机，就感觉特别稀奇了。最吃香的黑白电视当数 14 寸"熊猫牌",调台是靠手扭动的。哪家有一台黑白电视,全村人都把它当成宝贝,围坐在一起看电视。农村只能收到一个台,播什么就看什么。天一黑主人的炕头就坐满了人,直到电视荧光屏上出现"再见"两字,然后哗地一下变成了一片"雪花",人们才恋恋不舍地散去。

收看电视节目,天线很重要。有电视的人家用长长的木杆把几根金属杆紧捆在杆头上,当作"天线"接收信号,再用一根长长的线缆连到电视机上,转动木杆来调整天线角度才能接收到不同频道电视节目的信号。转动天线是一项经常性的工作,许多时候屏幕上雪花飘飘,声音也满是电磁声,这就得有人转动木杆,与家里人"里应外合",直到图像勉强清晰为止,有时一个晚上至少要这么折腾两三次。天线虽然有固定的尺寸,但人家在运用中还是添加了许多新意,有的在天线上挂几个易拉罐,有的干脆把铁笊篱吊在天线上。随着通信技术的发展,卫星电视逐渐普及,曾经林立的"天线"慢慢消失,淡出了人们的视线。而架着天线看电视的日子,却成了人们心中挥之不去的记忆。

随着社会的发展和进步,彩色电视取代黑白电视。1981 年,建起彩色电视差转台,位置在不冻河北岸。差转台建在空旷地带,没多久,这里成为一个居民点,"差转台"也成为一个新的地理名词。这时的农村,仍以黑白电视为主。一方面是彩色电视的价格难以接受,另一方面是黑白电视的接收优于彩色电视。

彩色电视差转台建成后,转播中央电视台一套节目,同时开办商都新闻、广告信息及文艺节目。从此,商都新闻除了广播外又开辟了一种新的传播方式。1985 年 5 月,经广播电影电视部批准,成立商都电视台。与此同时,为扩大电视覆盖率,内蒙古广播厅调拨给我县一套 300 瓦电视发射机,建起地面卫星接收站,取代原来的 50 瓦黑白电视差转设备。广播局院内立起一部卫星接收"锅",直径 5 米,形似大食堂的大锅，这是商都县的第一个卫星接收装置。在其后的电视乡乡通中，在十八顷乡、玻璃忽镜乡建起两座10瓦电视差转台，全县电视覆盖率达到60%。

新建的彩色电视差转台功率是300瓦，北部地区很难看到电视。电视进入商都后，转播设备年年更新，电视数量成倍增加。为更好地满足群众文化生活的需要，特别是解决北部地区收看电视的困难，1992年12月，在大库伦村南的高山上建起一座差转台，额定功率100瓦，天线高度36米，转播中央一套电视节目和商都电视台自办节目。2003年，天线又加高到50米。尽管大库伦差转站起到了"二传手"的作用，但对于层峦叠嶂的山区作用有限。而商都电视台的讯号，尚义县大青沟一带却非常清楚。来自大青沟的广告占了商都电视台同期广告相当大的比例。按理说，大青沟距离电视铁塔天线要比西井子还远，可效果却很好。老百姓调侃道："电波嫌贫爱富，也拣好走的路。"

20世纪90年代初期，是商都电视事业发展的黄金时期。商都新闻收看的程度前所未有，自办的《点歌台》不得不限量播出，刚刚兴起来的广告成为商家拓展市场的重要帮手。

此后数年，以乡放大站为依托，加强乡镇电视差转台和农村有线电视建设，十八顷乡继10瓦电视差转台后，工作人员崔占元率先完成该系统的升级改造，与原有的广播设备配套后竟然能播出广告、点歌等。卯都、大黑沙土、小海子、西井子相继建起电视差转站。2003年，还在大拉子乡、西井子乡的8个村建起有线电视网。乡镇差转站的建立，在解决群众收看困难的同时，也客观上冲击了商都电视台的自办节目。自此以后，电视广告每况愈下，红极一时的点歌节目无人问津。这其中，既有经营管理的原因，也有乡镇差转站不完全转播的原因，还有一个重要原因是有线电视进入商都，对无线传播形成了影响。

1993 年 9 月，商都开始筹建有线电视网络，10 月 1 日正式开通。初始时只有 10 套节目，400 用户。四口卫星大"锅"安在县政府大楼顶，机房也设在政府楼。与无线电视相比，有线电视有着天然的优势，一是可供选择的节目多，二是能避开不得不看的广告等节目。1994 年 9 月，经国家广播电影电视部批准，成立商都有线电视台。至此，商都人民广播电台、商都电视台、商都有线电视台三台合一。

有线电视开播后，基本上使用供电的电杆布线，架设主干线只有 2 公里。开播的第二年，用户数就达到 2200 户。1996 年 7 月，引进加密频道，可以付费收看中央台三、五、六、八套节目。至 2004 年，已开通 12 个频道的 20 多套节目，有用户 4000 多户。2013 年，有线电视划归乌兰察布市广电网络公司，成为商都分公司。归宗易名后的有线电视逐渐发展壮大，除传统业务外，还涉足网络，与联通、移动一争网络市场高下，形成三足鼎立之势。而联通、移动也在染指有线电视，激烈的市场竞争为老百姓带来实惠。

如今，各种各样功能强大的电视早已进入寻常百姓家，让我们的生活越来越智能、越来越方便。

说说当年的生产队

谷　秀　安志明

解放前，中国的农业生产，一直实行的是以家庭为单位的个体私营模式，也叫"单干"。解放后，广大农村通过互助组、初级社、高级社等合作化形式，逐步走上集体化道路，而生产队这种组织形式，就是在社会主义革命和建设中，探索农村公有制的一种大胆尝试。28年的实践证明，人民公社的体制严重束缚了农村生产力的发展，不利于调动广大农民的生产积极性，当农民的初创热情消失殆尽后，几乎把农业、农村经济导入崩溃的边缘。但作为一个特定历史时期的一种特殊的存在，它的历史过程和现实状况可以为后人提供一种独特的视角，对其优劣加以评价。

一、生产队的形成及其管理模式

1958年人民公社以后，全国广大农村的所有制结构和组织形式发生了根本性的变革，原来的乡、村管理体制被打破，建立起了由人民公社管辖的生产大队和生产小队三级所有、队为基础的管理模式，由原来的个体单干转向集体化生产。从此以后，农村的生产队作为最基层的一级组织，一直延续到20世纪80年代初。

1958 年农村转型巨变，在总路线的指引下，人民公社在神州大地开花结果。商都县很快把原来的 22 个区改成了人民公社，在原有小乡的基础上建立起了生产大队，并以自然村为单位，成立了生产小队，由生产队长全权负责，对社员实行统一集中管理。

生产队在组织管理上，队长由社员推举和大队任命相结合产生，然后由队长聘用副队长、会计、民兵排长组成领导班子，并明确记工员负责出勤记录，保管员负责粮食、农具等保管。以生产队成立党小组。每个生产队都编制为一个民兵排建制，归大队民兵连领导。生产队的农民俗称社员，社员的一切活动听从队长的指挥，生产队长对生产队的各项工作负总责。既要谋划安排种植作物，领导开展各项农业生产活动，又要贯彻党在农村的各项方针政策，保持社会秩序的稳定。

生产队长不但有一定的威望，而且有一定的组织领导能力，他要统筹安排各项具体农活，还要调配和使用好每个劳动力。他要处处起带头作用，锄地锄圪塄边，收割地拉辕子。秋收季节，收割庄稼、秋耕犁地、拉运上场等劳力安排，工分评定、生产管理等都由队长一人操心。农村工作千头万绪，生产队长可谓日理万机。公社、大队要义务工，民兵、党员到县里训练培训，护秋、护林、下夜、警戒等人员安排，以及下乡工作组派饭，柴油机手、打井队员的伙食安排等一切琐屑事务都由队长安排处理。甚至家庭矛盾纠纷也都找队长，这一切考验的是队长的领导能力。

社员的报酬以工记分，年终结算时工分折现，分红兑现。一般一个整劳力每天一个标准工 10 分；老弱病残辅助劳力记 6 分或 8 分不等，视劳动强度而定。由队长确定工分，记工员负责每天的出勤记载。每个社员都有一本《工分手册》，设计有日期、项目、工分、月结等栏目，将每天所干农活和分数记录在册，月底由会计汇总上账，年终总结。一般一个整劳力全年出满勤挣 3000—4000 分。其间，秋收、秋耕、车倌等技术性轻体力活，评分时每个工略高于10分，有时甚至20分。对于牛、羊倌放牧人员全年定额工分制，相当于现在的年薪制，一般为3000分左右，饲养员、铡草人员等季节活，根据季节实行包干定额管理。凡外出开会、出差或到异地修路、修水库等，出外人员除按日记工外，生产队还补助一定的口粮。铁匠、木匠等工匠人员到异地干活的，挣异地工钱，交生产队后记工分，在本大队范围内的由用工生产队记工分，生产队之间结算，给本人记略高于一般劳力的工分。

到年终决算时，会计要对生产队全年的农业收入、畜牧收入、副业收入及其他收入和各项生产支出进行统一核算，并对社员全年的出勤工分进行汇总结算，确定社员们的报酬工值。同时还对粮食产量进行评估，确定社员家庭人口粮食指标。年终决算完成后，报大队和公社审核，公社大队根据该生产队经济效益和粮食产量情况，批复该队社员全年口粮标准和工分值。好年景或好的生产队，社员口粮标准最高每人可达420斤粮，一般情况下为360—380斤；遇有灾年时还低于360斤。工分值也不尽相同，好的生产队一个工值能上0.5—0.6元，甚至更高；差的小队一般为0.3—0.4元，农牧业收入低的生产工值甚至更低。在分红兑现中，社员全年所挣工分，扣除口粮款，所分生产队蔬菜、肉类等副食款，以及提前预支生产队现金后，家庭人口多，劳力少的一般是分不到红的，甚至有拖欠；极少数家庭劳力多的，能领到几十元现金就不错了。

当时生产队的劳力，除服从生产队的安排外，还受制于公社、大队的统一调动，在大炼钢铁、深翻土地、兴修水库、植树造林等大兵团作战时，分别由公社、大队向生产队抽调劳力，整建制地将生产队社员调派到异地去完成某项工程。由于青壮劳力都外出参加会战，致使本村农业生产受到很大影响，夏锄的任务完不成，秋收庄稼丢撒、损失严重，造成粮食大幅减产。

1961 年商都县恢复建制后,对社队规模进行了大幅度调整,划小了核算单位,改变了原来一个自然村为一个生产队的规模,根据村中社员居住范围、人口、土地等状况,一个村分设几个小队。这样一来,既便于生产,又便于管理;既便于领导,又便于核算。从此以后,生产队成为独立的经济实体,步入正常轨道,在实践中,进一步得到完善、充实、提高,摸索出一套成功的管理经验和生产经营模式。

那时,县里为了及时有效地领导和支持农村的工作,常常派工作组下乡指导。下乡工作组实行与社员同吃同住同劳动,住宿一般安排在光棍房或房屋宽敞的人家,吃饭派往社员各家各户,轮流值日。凡吃派饭人员,按早、中、晚三顿饭的标准,付给社员粮票和钱,一天为一斤粮票,五角钱,统一标准。各级干部严格标准执行,这是铁的纪律,任何人不能违背。社员们也很欢迎,通过派饭可以积攒粮票和现钱应急。但给家庭主妇出了难题,就如何安排伙食,让客人吃好吃饱费尽心思,在口粮紧缺的情况下,通过粗粮细作,用最诚实的心意招待好客人。下乡工作队员从不搞特殊,干群之间的关系十分融洽。

生产队一年几乎没有空闲时间。春天积肥、翻粪、送粪、耙耱地,接着进入紧张的春耕,播种完毕后,趁着庄稼出苗间隙,社员们抓紧拉土、和泥、抹房或组织社员修理牛羊圈、抹队房等。然后是进入夏锄的紧张阶段。夏锄结束后,便组织社员打青草,为牲畜准备饲草。进入秋收季,农活最繁忙时,动员全村男女老少突击抢收,地块离村远的,为不耽误生产,中午由生产队统一往地头送饭送水。其间,还要抽调主要劳力进行秋耕地,拉运庄稼。早出晚归,加班加点,劳动强度很大。庄稼运上场后,便开始脱粒归仓。20 世纪 60 年代,脱粒除用碌碡碾些杂粮外,主产莜麦全部是人工用连枷敲打,费工费力,工作效率还不高,致使打场拖得时间很长,有时到 11 月底下大雪时还拾掇不完。粮食归仓后,已跨入冬季。到 1970 年以后,农村有了柴油机、脱粒机,劳动效率有了很大的提高,也减轻了社员们的劳动强度，只要集中十天半个月就能完成脱粒任务。场上庄稼未收完，便开始了学大寨搞农田水利基本建设，搞大兵团作战，将生产队的青壮年劳力抽出去修地埂、平整土地。留下少部分拾掇地里的庄稼。到了冬天也很少有空闲，农活日程安排得满负荷。填沟垫地，垒防风墙、打大口井、挖小口井等。一直干到腊月临近，还要求过革命化的春节，生产劳动不能停止。冬天还是农户磨面的旺季，轮流排队推碾子、磨面成为每户社员们最为忙碌的任务。社员除参加生产队的集体劳动外，还利用早晚时间拾粪搂柴，以解决烧饭和取暖的需要。那时社员家很少使用煤炭，即使冬天生炉子取暖，多为煤面和泥土做成煤泥，供土炉子使用。烧火做饭主要依靠牛粪和柴草为燃料。因此，拾粪是每个家庭解决燃料的第一要务，必须设法在冬季把全年的燃粪（柴）之需备足。为解决燃料问题，冬天生产队还安排社员们按户轮流刮圈，既为农户解决烧火做饭之需，又能及时清除牛圈中的粪便，两全其美，各取所需。

生产队自成立以后，农具、牲畜、土地全部归集体所有，社员们的集体观念逐步增强，人们认识到，如果集体经济不发展，社员家庭生活就得不到改善，所以人们自觉地维护生产队集体利益，对于损害集体利益的行为，不但队长要进行批评教育，社员们也能互相监督。例如哪家的鸡、猪跑到场面糟蹋粮食，也主动检举揭发，使集体经济免遭损失。

在生产队里，人们享受着平等的待遇和报酬，社员们的口粮实行统一标准，队里为社员拉煤、分菜、分肉、分鸡食等一律按户按人口分配，大家都是处在一个水平线上。有时物资紧缺难以分配时，实行抓阄方式，得到了大家的认可，所以当时是绝对的平均主义。有福同享，有难同当，人们生活在一个和谐的大家庭中，很少发生因不公而引发的矛盾。

那个时候的社会秩序良好，很少有打架斗殴、欺诈、盗窃，更没有上访告状等事件的发生。在阶级斗争常抓不懈和政治运动持续不断开展的年代里，如果谁有盗窃集体财产和粮食等不法行为，轻则批判游斗，重则戴帽管制，这是很严厉的制裁措施，所以，没有人员触碰这一底线。同时，每个大队都设有治安保卫主任，其职责不但负责全大队的社会治安保卫工作，还要对四类分子实行监管、评审。对于一些民事案件能够得到及时有效的管控，保持了社会的稳定。在生产队里，还安排护林、护秧、巡逻、下夜警戒人员，对生产队的安全负责保卫工作。即使在"文革"的十年里，农村的生产生活秩序也十分平稳。

生产队成立之初，集体生产劳动以钟声为号令，队长每天敲钟，社员们陆续上工。到后来，形成习惯，生产逐渐成为自觉行动，每天饭后，社员们都主动按时到生产队房集中，听从队长的安排，领取生产任务。到了田间地头，稍事休息，边抽烟，边等人，待全部劳力到齐后，队长动身，大家紧跟，开始劳动。但在日常生产当中，往往呈现出劳动一窝蜂，生产大忽隆，数量有保证，质量参差不齐的现象。在集体中，有些人意识到，生产队的效益好坏，直接关系到人们的切身利益，因而劳动很积极，干活很卖力，尽心尽责，爱社如家。但也有一些人，偷懒耍滑，干活磨洋工，生产责任心不强，存有对集体漠不关心的心理，甚至有个别"大社员"挑肥拣瘦，投机取巧，又想干轻活，又想挣高分，在生产活动中表现为最差，不但常受到队长的批评，还受到社员们的指责。

那时农村很封闭，社员们严格地被控制在本队范围内活动，不允许外出谋生。有事外出必须向队长请假，经批准后方可外出。去远处时，还得到大队开介绍信，以便食宿登记或路途盘查，在当时确实也便于对流动人口的管理。外地社员来村后，也得向生产队长报告，不得隐瞒窝藏，包庇坏人，以防破坏生产。青年人要想跳出农门，唯一的出路是参军提干或上学分配，到异地工作。他们中有些人，因找了农村媳妇，成为半半户家庭，本人吃商品粮，家属在农村依靠交现金分口粮，供养全家生活。到了 1970 年，招工、招生实行推荐，有少数条件好的农村青年被推荐到工矿、企业成了正式工人，被推荐选拔上了学，走上工作岗位，成为国家干部。

年终结束后，按照惯例，县里每年都要召开一次四级干部会议，这是生产队长参加的最高规格的会议。早在商都大县时，队长参加会议不允许骑马赴会，受条件所限，又无汽车可乘，无论距离多远，都得个人背着行李步行去县里开会。在那时，交通不便是一个方面，更主要的是对干部作风的要求使然。以后由于条件的改善，参会时，或乘车或由生产大队统一组织，派车接送队长们参会，省却步行之劳。在会议期间，队长们能够享受伙食的改善，以及会议费的补助，也能利用会议间隙一睹县城的面貌，逛逛商店。晚上还为他们安排看戏、看电影，享受城里人文化生活的待遇。通过参会，了解了形势，开阔了眼界，领会了精神，明确了今后的工作任务和奋斗目标，受到了教育和鼓舞，为搞好明年的农业生产做到了胸中有数，奠定了工作基础。

四干会结束后，公社为贯彻落实会议精神，还要向大队、生产队布置各项工作任务。由于生产队的自主权受到一定的限制，上级行政干预制约了农业生产的发展。有时，为推广某些外地种植新品种，不顾当地气候条件和生产环境，强迫生产队改变原有种植计划，致使粮食减产，突出表现在大力推广冰凌播种和墨西哥小麦的种植上，给农业生产造成了很大损失。上面行政干预瞎指挥，生产队没有自主权和自主生产经营，这是导致农业生产力得不到充分发展的一大弊端。

到了 20 世纪 70 年代后，在"一大二公""割资本主义尾巴"的极"左"思潮泛滥下，使逐步发展的农业生产和有所改善的人民生活受到了挫折，在"宁要社会主义的草，不要资本主义的苗"的推动下，对原来分给社员们的自留地收归集体，社员们在房前屋后种植的蔬菜全部铲除。还要强行扩大核算单位，要求原来的生产小队向大队规模过渡。给人们的思想造成了混乱，社员的劳动积极性受到了挫折，导致农业生产停滞不前，生产队走向了崩溃的边缘。

二、农民的生活状况

那时家庭生活来源资金收入渠道很少，生产队的经济也不景气。穷家难当，队长为集体经济殚精竭虑，精打细算，想尽办法增加集体收入。因为那时的生产队，仅靠农牧业有限的收入，要维持购置农机具及其他各项开支，资金是很紧缺的。遇有社员建房、娶媳妇、治病等急需时，想向生产队预支现金救急是很难的，只得自力更生，相互接济解决。

20世纪六七十年代，由于生活物资的缺乏，人们购置生活必需品，凭票证供应。例如布票刚开始发放时，每年人均2尺，后来虽增加到6尺，但远远满足不了人们的穿戴需要，只好新三年旧三年，补补衲衲又三年。大人穿的衣服改小给孩子穿，旧衣服翻水当新衣服穿；衣服破烂后打补丁继续穿，是当时人们解决缺衣少穿的普遍做法。即使穿烂的布也舍不得扔掉，要充分废物利用，做成布衬子，供做布鞋使用。遇有娶媳妇要衣裳时，倾其全家之力也满足不了一人之需，甚至还得向亲朋好友、邻居借布票用以弥补。又如煤油每户月供半斤，火柴两盒，必须厉行节约才勉强够用，否则就难以维系照明和燃火之用。好在办法总比困难多，有的人家不够用就用麻油替代，在一个小碟中，放一根棉线绳点燃照明；为节约火柴，社员抽烟时，用火镰点燃火绒取火，或相互对火取代火柴。晚上生火时，用麻秆、废纸、杂草从灯火上点燃，为的是节省火柴。由此可见当时人们的生活境况是多么的艰难和困苦。加之行政命令盛行，虚夸假报成风，在"人有多大胆，地有多高产"和"放卫星过长江"等虚假繁荣下，致使队里交了过头粮，也为以后的生活埋下了危机。实行食堂化后，在吃饭不要钱的思想指导下，由于管理不严，铺张浪费，也导致了人们生活逐步走向困难的局面。1959年以后，连续三年自然灾害，给人民群众生活造成了极大的困难。特别是到了1960年，粮食紧缺，代食品充饥。后来公共食堂办不下去，被迫解散，恢复各家各户自行开伙，由生产队按每人最低生活标准分粮面。经过几年的折腾，社员家中仓虚柜空，没有半点粮食留存。为了生存，人们在房前屋后种植瓜菜填充，还大量开垦小片荒弥补不足。为渡过难关，生产队想办法改善生活条件，除正常坚持农业生产外，还组织社员搞副业生产，增加收入，并为社员划分少量自留地，半养自留羊。同时，生产队也进行了大规模垦荒，扩大种植面积，增加粮食产量，通过采取各种措施，逐步扭转了困难局面。

在那个年代里，农村的物质生活不充裕，社员的文体生活也很贫乏。偶尔在大队放映一场电影，人们奔走相告，欢呼雀跃，不顾一天生产劳动的疲劳，吃罢晚饭，步行几里赶往黑压压人群的露天放映场地，尽情享受着欢愉。

有办丧事雇鼓匠班子吹打，邻村上下人们获悉后都要赶去看热闹。特别是晚上鼓匠上街，人们前呼后拥，围绕着鼓匠班，聆听着唢呐的音韵。那时的鼓匠班，不配备演唱人员，仅凭二人吹唢呐，配有锣、鼓、镲伴奏。一吹大半夜，人们尽情享受着韵律的大餐。偶有两班鼓匠对台，"干磨电"几个钟头不停歇，对鼓匠的功力是一个最大的检验。

冬天稍有空暇，不甘寂寞的青年，在腊月期间，自发成立起业余剧团，聘请文化馆人员辅导，或自编自演，排练"二人台"传统剧目。待过罢春节，沿村为社员们演出，由生产队为演员们派饭，这也是活跃农村文化生活的一个重要方面，吸引着邻村上下社员争相观看。除此之外，其他文化生活很少。

队房是生产队重要的活动场所，也是社员们生产劳动出工时集中的地方。它与社员们的各项活动有着密切的联系。生产队开会，会计结账，年终分红等都在队房里进行。

一般情况下，生产队的队房都与牛羊圈、草房、粮仓建在一起，既便于集中管理，又便于对牲畜的饲喂和对粮食的保管安全。每年冬季，队房就成为饲养员住房，夜晚住宿在队房，为的是夜里为牲畜添草。有的生产队，甚至在队房里安上磨子，为社员们磨面提供方便；还有的在冬季榨油时，安上油榨榨油；生产队剥麻，外来人员住宿，也往往安排在队房里。因此，队房成为生产队里人们生产生活的多功能场所。

下雨天，不能进行生产，人们都乐意在队房里闲坐，神聊海侃话飞扬，吹牛打赌逞豪强，家长里短、农业生产，谈论的话题涉及广泛。

特别是到了冬闲，队房是社员们休闲娱乐聚集的好地方。夜晚，饲养员将炕头烧热，大家围坐在煤油灯下，聆听村中读过书的老人谈古论今。村里的老辈人没有几个识字的，但他们从小就喜欢看戏、听书，看过的戏、听过的书几乎都能复述出来，所以就成了人们尊奉的对象。热炕头自然是留给说书者的，谁有"太阳""光芒""凯歌"之类的香烟，也要给敬上几支。有时村里谁家来了客人，如果是个会说书的，大家就会想尽办法留他多住些日子。

在计划经济的条件下，粮食实行统购统销，生产队打下的粮食优先保证完成国家统购、定购任务，将最优质的粮食、油料出售给国家。然后是生产队籽种储备和饲料的留存。再按口粮标准，给社员家庭分发原粮（山药按 5 斤折合 1 斤），此外杂粮杂豆一律抵顶指标。公社、大队对生产队在粮食产量和处理上管控是最严格的，不准瞒产私分，更不准外销出售。生产队严格按照"三兼顾"的原则办事，认真执行国家的粮食政策，很少有违反政策和规定的行为。

那时的粮食市场的管理是极为严苛的，外出行人或车辆不得携带粮食出售或以物换物。粮食市场是彻底关闭的。粮食产品单一，不能得到有效的交易调剂。当地种什么，社员吃什么，在我们坝上常年是莜面、山药为主食，很少吃到白面、大米和其他品种。遇有灾年救济时，能够吃到玉米、高粱和红薯干等。在中秋节时，生产队统一为社员们购买月饼或宰羊按人口分发到社员家中，改善人们的生活；在春节期间，本地很少生产种植黍子，主要靠社员自行用莜面串换，生产队在脱粒结束，粮食归仓后，为庆贺丰收，慰劳感谢社员们的劳动，集体给社员吃一顿油炸糕，鼓励社员们的干劲。

1978 年召开的党的十一届三中全会，是新的历史时期的转折点，在党的基本路线的指引下，广大农民迫切要求改变贫穷落后的农业现状，党中央顺应了历史发展的需要，积极引导农民实行家庭联产承包责任制，受到了广大农民的热烈拥护。到了 1980 年初，生产队大集体的道路在改革开放、搞活承包的大潮中走到了尽头。土地分户经营，牲畜、农犋折价归己，长期受到压抑的农民，生产积极性再次被唤起，受制于生产队管理的社员身份变换成自我管理、自主经营的新型农民。

在承包归自己的田地里，自行安排种植计划，自行安排劳动时间。在生产中，农民的主动性、自觉性空前高涨，很快摆脱了粮食紧张的困扰。剩余劳力劳务输出增加了农民收入，从而使农民家庭的生活水平逐年有所改善，农村生产力得到了解放，农业生产走向了快车道。

生产队解体以后，原生产大队改名为村委会，以自然村为单位设立村长，负责全村的日常事务，协调村民之间的关系，不再干涉村民的自主经营，为农业生产和搞活农村经济创造了宽松的环境。

受制于生产队长期束缚的农民，身心获得了解放，他们从被困的田地走出来，自由地投身到工农业生产和商贸流通的各个领域，在中国特色社会主义建设事业中，成为城乡建设的主力军和市场经济的弄潮儿。

不老的百年名校

谷 秀

　　商都实验小学是商都建县第二年（1919年）成立的一所完全小学。当时有教职工14人，学生百余名，学制六年，开设的科目只有国文、算术、修身等。校舍在后来的永泰小学（二完小），占地20亩，有操场、足球场，是当时全县最好的学校。但在内忧外患的30多年里，虽然先后换了金绶、王子丰、牛汉章、王汉四位校长，也只是维持着男女分校教学的模式而没有什么变化。

　　直到民国三十四年（1945年）8月，八路军第一次解放商都县，才将男女两校合并，改为"商都县完全小学"，入学儿童增加到240名。民国三十五年（1946年）8月，国民党占领县城后，将完全小学改名为"中心国民小学"。这期间，这所学校的教育教学有过一些短暂而喜人的变化，但因局势动荡也只是昙花一现而已。到了民国三十八年（1949年）初，商都第二次解放，中心国民小学改名为"新兴完全小学"。至此，这所小学才像逢春的花草在争芳斗艳中成长。

　　1949—1951年是人民生活开始向好的三年，也是实验小学从旧式教育向新的全民教育转化的三年。这三年实验小学的校长由县长赵琇兼任。他是一个讲究实干的领导，他要求学校的领导和教师："咱们办学校就要办成家长满意、学生喜欢、教师高兴的学校，不然我们没法向党和全县人民交代。"这话虽然朴实，但却成了实验小学办学的总目标。以后的历任校长就是本着这样的目标开展工作的。他们是：

于进喜　校长（1953—1955）

王　堃　校长（1955—1957）

董年祖　校长（1957—1960）

李文秀　校长（1957—1960）

张林莆　校长（1960—1962）

富　德　校长（1962—1970）

冀应本　革委会主任（1970—1973）

宋崇山　革委会主任（1973—1979）

李淑兰　校长（1979—1983）

渠德明　校长（1983—1987）

李芳廉　校长（1987—1992）

刘泽贤　校长（1992—1997）

高　凯　校长（1997—2000）

母淑珍　校长（2000—2004）

张铁花　校长（2004—2012）

李秀云　校长（2012—2019）

米　艾　校长（2019—现在）

这后续的 17 任校长，在总目标明确的基础上，与时俱进地不断更新办学原则和理念。确立"让每一位师生都享受到成功的快乐"的办学理念；"为学生的终生幸福奠基，为教师的持续发展服务"的办学宗旨；"健康为天，习惯为先，环境为重，质量为本"的办学目标，来衡量日常的每一项工作。

几十年来，学校的校址和校名几经更易：

1952 年，学校由旧址迁到了现校址，改名为"商都县第一完全小学校"。

1958 年，学校执行"四二"学制，即初小四年，高小二年。

1960—1961 年，划归张北县，改名为"张北县师范附小"。

1962—1965 年，为五年制改革实验校。

1966 年改名为"兴无小学"。

1969 年，下半年改名为"面粉厂五七学校"，并派工宣队进驻。

1971—1972 年，又附设了六个初中班，招生 265 人。

1973 年，并到商都第一中学，成为一中附小。

无论是政治上的需要，还是环境所致，这些外部形式的变化，并没有使实验小学"三满意"（群众、学生、教师都满意）的办学宗旨改变。他们始终坚持为国为民的办学理念，每位校长到任后，首先要组建一支思想过硬、业务精湛的管理团队，既保证了学校发展的持续性，又体现了与时俱进的特点。

在坚持为党、为国、为民宗旨的前提下，学校十分重视向兄弟学校、国家级名校、世界级名校学习，努力提高和促进课堂教学改革。在个人教育实践的基础上，转变"教师为主、先教后学、课后训练、集体教学、个体学习、目标单一、面向过去"的传统课堂教学策略为"学生为主、先学后教、当堂训练、个性教学、合作学习、目标三维、面向未来"的具有创新意义的课堂教学策略。2014 年起步，2015 年12 月正式确立"两段五步"课堂教学模式。"两段"指"低段"和"中高段"，"五步"即"五步三查"的变式运用。在教学过程中，针对教师、学科、学生的特点，灵活运用"五步三查"模式实施教学。

课堂教学改革遵循以下几点：

1. 加强培训学习，促进教师专业成长。主要培训方式有理论式培训、访名校培训、印发校本教材培训、基本功培训。

2. 不断完善课改的各项制度，进一步助推课改。

3. 坚持集体备课，达到资源共享。

4. 坚持常态课督查制度，发现问题及时改进。

5. 不断改进课堂评价办法，调动学生的积极性。

6. 开展各类竞赛活动，激发教师的课改积极性。

7. 定期召开各类会议，不断总结课改经验。

天道酬勤——实验小学的不懈努力，换来的是可喜的成功。

2014—2017 年，连续 4 年获得"全县教育改革先进集体"；"乌兰察布市课堂教学改革五星级示范学校"。

2015 年度，四年级获得全县质量测试五科总分第一名，其中语文、数学学科第一，英语单科第三。

2016 年度，四年级获得全县质量测试语文单科第三名。

2017 年度，六年级获得全县质量测试五科总分第二名，其中语文、数学单科第一，英语单科第三。

2014—2018 年，22 位教师获得县级课改先进个人，5 位教师被评为县级课改教学能手。李秀云校长和徐彩霞老师被市课改办聘为市级课改专家组成员；4 位教师获得全市课改优秀教师，李秀云校长获得全市课改优秀校长；连续三届全市好课堂大赛中，3 位老师获得一等奖。

这些骄人业绩的取得，得益于管理团队的领导有方，教师队伍的呕心沥血，辛勤耕耘。他们潜心于教育教学研究，开拓进取；他们致力于学生的终身发展，细致入微；他们专注于教书育人的事业，默默奉献。他们中有学科带头人、教学能手、优秀班主任、优秀辅导员。他们坚持把最新的教育理念、教学方法带进课堂；他们用学识与挚爱打动学生，他们用真诚和热情感动同事。

"今天，一支团结奋进，博学多才的教师队伍，正以崭新的姿态，谱写着实验小学不断发展的新篇章。"

实验小学秉承"让每位师生都享受到成功的快乐"的办学理念，

以社会主义核心价值观为导向，推动学生的养成教育，让孩子在艺体活动中彰显自己的个性。学校设有田径、足球、鼓乐、声乐、绘画、书法、科技、演讲、舞蹈等社团。开展了丰富多彩的艺术活动，每年的文艺演出高质量高档次的节目异彩纷呈，展现出学校艺体工作最亮丽的风景。

该校在全县中小学艺术节、运动会、校园足球赛当中，次次都取得可喜的成绩，既增加了学校荣耀，更点燃了家长的渴望之火，也激发了学生追求全面发展的热情和信心。他们就是这样以团结和谐、务实高效、奋发向上的作风，一步一个脚印地为每一个孩子的人生发展奠基铺路。正如他们的校歌中唱的那样："实验小学奏响他们理想的乐章！他们插上理想的翅膀，飞向灿烂的明天！"这里是放飞理想的殿堂，这里永远是幼鸟搏击苍空的起点，无愧于百年名校的称号。

商都，我永远的故乡

舒　正

　　我出生在桑干河边，但真正的故乡却是商都。在那里，我整整生活了 40 个年头，几乎把所有的生命光华都交给了她，而她也蕴含着我多彩的人生。所有这些，都已经被时光制作成美好的图像，珍藏在我的心底。曾经的老熟人、老街坊、老院子，哪怕是一棵树、一眼井、一个店铺……经常在我记忆的海洋里徘徊，让我不由得用心去触摸它——

一

　　我是 8 岁来到商都县城的。严格地说，这是我人生的真正开端。那一刻，站在陌生的街道上，我不知道哪里是我的家。曾经的那个家消失了，往日所熟悉的一点一滴，一丝一缕都失去了踪迹。依次走进眼里的，是一条条街巷，一排排房屋，还有密密麻麻的行人……而这里却是我们一家要落脚的地方。哦，这里有河吗？有青纱帐吗？有葡萄树、杏树吗？目光惶惶地移动着，宛若一只迷路的小兔。这时，眼前出现了一位老太太。"这是你姑姥姥，家就住在这里。"母亲说。我当即收回目光，在姑姥姥的身上浏览着。姑姥姥中等身材，穿着一身黑衣服，用带子打着裹腿，脑后梳着一个黑得发亮的髻。就在我端详她的时候，她已经颠着小脚，走上前来，牵住我的手，领着我和母亲朝她家走去。

姑姥姥的家在七台南面的一条小巷子里，单独一个小院，格局很像桑干河边的四合院，只是不太规正，房舍也矮，因为缺少砖瓦，所以少了河北农舍那种古色、典雅，但这却是我们一家人初到七台安身的地方。

开始，我们与姑姥姥一家人挤在一条炕上，很快地，姑姥姥便把一间柴房腾出来，打扫干净，盘了炕，垒了锅台，母亲把房子里里外外粉刷了一遍，我们就住了进去。至此，一家人才算彻底安顿下来。

我们的"新房"空间很小，可利用面积最多不过八九平方米。刚刚粉刷过的墙壁，与屋顶上被烟熏火燎过的黑溜溜的椽子、栈子形成了鲜明的对比。屋顶没有天花板，用柳笆做成的栈子裸露着，缝隙里不时有虫子或别的什么掉下来。但不管怎样，我们总算有了自己的家。

与姑姥姥家这些房子排列在一起的，是同样用黄泥巴筑就的院子，按着房主的姓氏，各有各的名称。每个院子里，大约都住着七八户人家，典型的大杂院，独门独院的在这里找不见。这些院子挨挨挤挤的排列在一起，连缀成一条不足 500 米长的巷子。窄窄的路面，豁了牙的土墙，将它装饰得如同一位涉世很深的老者。显然，这是一条老街了。

我们住的姑姥姥家的院子，也是一个大杂院。住在这个院里的人家，户主有食品公司卖肉的，木业社做工的，在税务局工作的，西房住着一个男戏子，东房住着抗美援朝的老革命，我父亲是华纱公司的一个小职员。而作为房东的姑姥爷，却是一个正儿八经的城郊农民。

我家的位置，是正房最西边的一间。屋前有块巴掌大的空地，每天都洒上水，打扫得干干净净、光光溜溜的。到了晚上，一家 5 口人便挤在一条小炕上睡觉。后来，我又有了弟弟妹妹，小炕再也容纳不下了，父亲便在锅台上为我们搭铺，几块木板拼凑在一起，算是一张床，晚上搭，白天拆，很像走村串乡的社戏台子，人躺上去，稍微动一动就"嘎吱嘎吱"地响，我就和妹妹们睡在木板床上面，有时一合眼，噩梦便扑到了身上。本来用作消除疲劳的时光，却成了我们的负担。那时，渴望能在炕上睡个安稳觉竟然成了我和妹妹们的奢望。

大杂院里，一吃过晚饭，从各家溜出来的孩子，大大小小的，就在院子里会合起来，在四角的天空下玩得昏天黑地，哭闹声、嬉笑声把整个院子都快要吵翻了。忙昏了头的母亲们，听见孩子们的哭闹声也懒得去管。因为她们早已习惯了这种闹哄哄的阵势，该做什么依旧做着什么。夜深了，玩累了的孩子们，各回各家安静上一夜，第二天，照旧昏天黑地。我从小胆小、腼腆，不愿和孩子们扎堆儿。想玩的时候，就把母亲的围裙一扎，长袄一披，独自在院子某个僻静的角落里，甩长袖，走碎步，表演着一场无伴奏的"独脚戏"。可只玩上一会儿，就匆匆地卸了装，向屋里走去，因为母亲身边还有许多活儿等着我做呢。洗衣服、做饭、挑水、买米买菜，或者到地里搂柴火、挖野菜、刨山药，只要是力所能及的活儿，没有一样不做。因此，不能玩得太久。我后来所具有的责任心，大概就是从那个时候培养起来的。

陌生的街巷，新家，大杂院，无伴奏的"独脚戏"；第二故乡的最初，就这样牢牢地留在了我的记忆里。

二

在故乡，最难忘的是那段充满艰难和欢乐的学习生活。在我9岁那年，父亲把我送到一个当年叫"二初小"的学校，起名"素珍"，交给了一个叫王玉莲的女老师，这便是我学习生涯的开端。二初小坐北朝南，校园不算大，东墙紧挨着我家西墙，一出家门，用不了几分钟就走进了校门。王老师皮肤白皙，温柔和蔼，一笑，洁白的牙齿就露了出来。她教学很认真，尤其是教汉语拼音，有一套独特的方法。直到现在，我查字典，打电脑，发信息，汉语拼音用得很熟练，与这位启蒙老师有很大的关系。在我读三年级的时候，遇到了一位语文老师，叫林淑梅，林老师文静、大方，戴着一副眼镜，课讲得特别清楚、明白，同学们都爱听。至今，她那又脆又甜的声音还清晰地保存在我的脑海里。我后来所以喜欢文科，并最终走上了文学路，与林淑梅老师不无关系，因此对她的记忆特别深刻。不久，因为要上高年级了，二初小没有高年级，我便到了平安小学。这个学校在老街的西边，距离我家有半里多路，班主任是翟新民，翟老师除了担任我的班主任以外，还教我们语文课。有一天自习课，翟老师让我们默写白居易的《卖炭翁》，老师布置了不一会儿，我就写出来了，而且字迹工整、清晰，一字不落，连标点也不错一个。翟老师看着我的作业本，露出了满意的笑容。为了这件事，他在不同的场合下多次表扬过我，这给了我很大的鼓励。

在我读小学的时候，正赶上全国闹饥荒。每天母亲得去收割完的田地里捡拾可以用来充饥的东西，我们才有饭吃。但多数情况下，母亲带回来的都是灰菜、苦菜、沙蓬、蒲公英、车前子、扁珠珠、河蓖梳等这些人可以食用的野菜。所以，我经常饿着肚子去上学。当时，除了母亲以外，我和二妹素梅也是家里挖野菜的主力队员。每天一放学，俩人就挎上筐子，拿着铲子，相随着出了城。等到了地里以后，猫着腰，东瞅瞅，西看看，极力捕捉着那些野菜。挖回来的野菜，好的，人吃；剩下的，喂猪。当时，母亲在院子的西南角上搭起一间猪舍，每年养一头猪。等猪长大以后，就卖掉，一头猪能卖几十元钱，母亲就用这几十元钱来贴补一家人的生活。父亲则在城外的一条沟里种上了黍子。秋天，黍子收获了，我们都很高兴。我和父亲拔起黍子捆好了，准备第二天用木板车拉回家去。谁知，等我和父亲到了地里，黍子早让别人拿走了。"唉，不管谁拿了都好，这年月！"父亲说。这样，一家人就只能吃粮菜掺半的饭了，所谓的菜，主要就是野菜，真正的蔬菜很少。但是由于母亲做得精细，我们吃起来还是很香的；除了自家人吃以外，还常常给邻居们送一些品尝。逢到这时，我便东家进去，西家出来，完成母亲交给的任务，虽然跑得腿酸，心里却也快活；而母亲与邻居们的友谊也就通过这些苦菜团子、灰菜饺子牢牢地确定下来。

那时，日子虽然苦，但我在学习上却很认真，因此一直是班里的好学生。除了学习，就是童心的快活和烂漫。因此，对它的记忆特别深刻。但是很快地这种快活和烂漫就过去了，代之而来的是紧张而艰苦的中学生活。我就读的学校是商都中学，这个学校1952年建校，是当时全县唯一的一所中学，坐落在县城的东北角上，全校设6个高中班，12个初中班，学生、教师、后勤人员将近1000人。校园很大，有好多排教室，我所在的初中四十一班的教室在第二排。教室东面是学校的菜园子，供应住校生和老师们吃的蔬菜，就是这个菜园子里生产的，同时它也是我们上劳动课的课堂。各个年级的学生轮流着到园子里浇园、除草、施肥、割菜。虽然累，但也不乏收获和情趣。学校的最北面是一个操场。我入校时，操场正在扩建。用作修建操场的土地是一片刚刚收割过的庄稼地。旁边高高的土墙上，筑着一排窑洞，那是学校养猪的地方。每天课外活动的时间，我们就集中在这片松软的土地上，把带着茬子的土挖起来，一筐一筐地运出去，再把地铲平、压实。新扩建的操场很像一个圆形打谷场。因为它在校园的后面，我们叫它后操场。操场由三部分组成：刚刚修好的活动平台、跑道和原先就有的篮球场。其中圆形平台是田径活动的场所，周围是一圈400米长的环形跑道，用作径赛。篮球场则有两用，打篮球，做广播体操。课余时间，我们就在后操场活动。届时，操场上便人头攒动，在有节奏的旋律中，抬头挺胸，弯腰踢腿，一如雄鹰展翅。操场的东北角上，长着一片杏树。一到春天，杏花便白茫茫的一片，像浮云似的在眼底弥漫着，浓郁的花香，不断地招引着四面八方的蜂儿们、蝶儿们；杏花间，蜂嘤蝶舞，鸟雀啾啾，喜鹊喳喳，宛如一幅闹春图。少男倩女在花朵织成的云霞里时隐时现，孩子们则在林间嬉戏。常常有人手捧书本，在杏树下背诵课文，念俄语单词，看小说。花团锦簇中，浮动着《荔枝蜜》的馨香，《荷塘月色》的凄美，还有《背影》的温馨以及《海燕》箭一般的穿越。美好的文字伴着青春的律动，引导我们准备着未来。

白天，校园里充满了欢乐，晚上却是另一番景象。一间宿舍，南北两条大炕，凹进去的炕洞里塞满了麦秸，上面铺着的毡子、皮褥子或者棉褥子，分别昭示着主人的家庭状况：殷实、富裕或者贫穷。一条炕上睡十几个或二十多个人，连翻身都困难。最难耐的是冬天，偌大的宿舍里只有一个火炉，墙上镀着一层厚厚的冰，一脱衣服，寒气即刻便裹住了全身。起床时，褥子和墙皮粘在一起，费很大的劲才能撕扯开，两条腿冰凉而麻木。有人在吃干炒面，突然"噗"地一下，喷了老远，满宿舍的人顿时哈哈大笑起来。欢乐，被赋予了另一种含义。但是这种欢乐不久就随着一场"史无前例的革命"而结束。至此，我在商都中学整整生活了三年，聆听了十几位老师的教诲，结识了40多名同窗学友，可现在就要离开它了。作别，是一种留恋和痛苦，更多的是无奈与迷茫。这是7月里的一个黄昏，旖旎的晚霞，一抹一抹地堆积着，仿佛艺术大师的经典之作，悬挂在西天上。瑰丽笼罩下的校园，宁静而安详。站在用红字写成的"初中四十一班"的教室门前，我的脑海里呈现着一个由许多往事组成的完整的过程。现在我要与它作别，透过窗户上的玻璃，可以清楚地看见我的课桌洁净光亮，昨天，临离开教室时，我给它作了最后一次整容，现在它正干净整洁地立在那里，仿佛在思考着什么。忽然，一股香味钻进鼻孔。

哦，那是徐徐的夏风送来菜园子里的清香。抬眼望去，后操场空寂、旷远，以往翻飞着人影的平衡木、跳马、单双杠，现在都静静地歇在那里了。耳边忽然响起徐志摩《再别康桥》的诗句："轻轻的我走了 / 正如我轻轻的来 / 我轻轻地招手 / 作别西天的云彩……"跟着，眼角便有东西热热地流了下来。

是的，在我的脑海里，永远都镌刻着那个美丽的黄昏，那绯云笼罩下的一排排教室，宽阔的操场，翡翠般的菜地……它留下了我太多的记忆，太多的承载，在我的母校：一所普通的县城中学。

三

离开商都中学以后，我正式步入社会生活。首先接纳我的是一个偏僻的乡村——商都县大黑沙土乡杨柳湾。我的身份是：知识青年。在那里，我脱下身上的学生服，换上了农民的服装；以往握钢笔、三角板的手，现在握起了锄头、镰刀；以往孜孜不倦地从书本里探索、汲取知识，现在开始与土地切磋、商量。我们在春天播下籽种，便盼望着秋天的成熟。当麦浪滚滚的时候，我和乡亲们淹没在麦田里，双脚踏着滚烫的土地，汗水一滴一滴地掉在泥土里。这时，只有这时，才真正体会到唐朝诗人李绅的《锄禾》所蕴含着的意义，"锄禾日当午 / 汗滴禾下土 / 谁知盘中餐 / 粒粒皆辛苦。"我们起早贪黑，播种、除草、收割、脱粒，从种到收，投入的都是辛劳和汗水。久而久之，那里的一切——花草、树木、蝈蝈、乡间小路、打谷场、碾坊……都存放着我的情感。直到今天，只要一听到那熟悉的乡音，心头便马上一热，跟着，记忆便汹涌起来：那片黑黝黝的土地，那些肩上永远扛着农具、赤着脚的农民，那雨后的水洼边一声声蛙鸣，那簌簌的秋风送来的打谷场上的麦香，那一派沉浸在黄昏里影影绰绰的和谐，夜空中，闪亮的星星……虽然时光已经过去了几十年，杨柳湾却永远驻守在我的心里。于是便有了散文《镌刻在心底的岁月》《杨柳唤我回故乡》《红豆情》，我把对第二故乡的思念变成了美丽的文字。

在艰苦的岁月里，我有了自己的家。这一年，我结婚了。我穿着母亲为我做的蓝花衬衫和一条藏蓝色人造棉裤子，与爱人一起从县城出发，向我自己的家走去。一路上，没有鲜花，没有红地毯，也没有喜车……只有天然、朴实和大方。20里乡路，平常、自然，连缀着新奇、温馨、甜蜜。这个家，坐落在乡下一个只有19户人家的小村子里。离村子不远处，有一座山，形状很像一个元宝，所以叫元宝山。院子里是几间土房子，角落里是黄泥抹的鸡舍、猪圈，从墙角伸出来的一朵朵粉红色的牵牛花，茅厕边一墩子翠绿的马莲，房顶上的蒿草蓬蓬勃勃的，摇晃着，显示着乡间的生机和活力，再就是半院子的柴火了，它让人很自然地和温暖联系在一起。面对困难、贫穷，我用柔弱的双肩，与丈夫一起撑起了这个家。我把新婚的脚步落在元宝山下，把爱情的浪花泼洒在不冻河畔；在艰苦的日子里，扛着艰难，一路走去，最终赢得了辉煌。其间，上帝送给我一件最好的礼物：一个聪明、漂亮、白嫩如雪的女儿。从此，元宝山下便留下了我不老的情结，当年，这些是苦涩的；现在，它已经带着温馨和美好深深地留在了我的记忆中。

四

人到中年，丈夫在故乡走上了县里的主要领导岗位。其间，他的足迹踏遍了家乡的每一寸土地，领导乡亲们发展了10万亩水浇地，给偏远山村通了电，让许多荒山荒坡披上了绿装。在城郊建起了规模可观的蔬菜大棚、温室，商都由此而成为闻名遐迩的蔬菜市场。曾经一直遭受山洪威胁的西山流域，现在已是绿茵丛丛，从根本上消除了水患。许多企业都与全国大型企业实现了横向联合，从城镇到乡村都建起了集贸市场。许多贫困家庭子弟、孤儿，都有了工作。可他却什么荣誉也不要，应该得到的利益，也让给了别人。孜孜以求的只是永不衰退的乡情。

丈夫回到县城的第5个年头，我也从乡下调回县城的一所小学任教。自此，才结束了整整10年的乡村生活。我在故乡做了18年教师，其间，我把爱心都倾注在孩子们身上，18年究竟培育了多少学生，我没有计算过，可我的学生离开我后，许多人考上了大学，有的还读了研，这使我倍感欣慰。也使我深深地感觉到当教师的岁月是我人生长河中，最芬芳、最自豪，也是最充实、最美好的一段时光。

在故乡的那段日子，最让我怀恋不已的是我的故居，这是三间一般的砖瓦结构，只有90多平方米的平房。屋里，水泥与小石子搅和在一起磨平的地面，暗灰的底色夹杂着白色的斑点，犹如雪花洒在地上面。木头格子窗户上面挂着一层素花布窗帘。请木匠打的几件漆成桔黄色的家具，有一种自然的暖色调。两个卧室，一个比一个小。老式的暖气片上，覆了一层白色的布罩子，显得整洁而美观。院子里，南面有几间小房子，里面存放着一些杂七杂八的生活离不开的东西。东面，栽了两棵果树，一棵叫"一二三"，一棵叫"黄太平"。果树边上有几棵大丽花，花期能从夏天延续到深秋。西面，后来又补栽了丁香、刺玫，还有朋友送来的几棵山丹花。夏天，菜绿了，花开了，树上果子熟了，院子里便姹紫嫣红，香味四溢。最是那个月亮门，月牙儿似的弯在那里，每次经过它的时候，都会感到一种温馨和熨帖。那时，丈夫是县里的最高长官，在故居接待过许多的人，工人、农民、干部、学生，还有刑满释放人员，慕名而来的普通百姓。他和干部们促膝谈心，教给他们怎样做好工作；帮助贫困子女入学，让他们走进大学校门；为农民设计致富蓝图，想方设法让农民过上好日子……故居的面积，远远不及它的胸怀。它普通，可有过许多感人的事情；它简朴，却充满大方、关心和爱护；它没有一点奢侈，更不见一丝豪华，但典雅的底色上，随时都会酝酿出浓烈的气氛。与此同时，它也是我情感的寄托。在故居，我的两个女儿，先后走出去，飞向了远方。它蕴藏着两个女儿的故事，是她们成长的摇篮。如果说故乡对我的影响像山一样高，海一样阔，天地一样长久，那么，故居便是一棵常青藤，柔韧的枝蔓从庭院的角角落落伸出来，与故乡的丝丝缕缕，扭结着、缠绕着，渐渐地伸向远方。因此在离开它的日子里，经常能听到它深情的呼唤，那一声声呼唤里，饱含着浓浓的乡情。于是，我便有了散文《故居情思》，文中的每一个字都浸透着我对它的思念。

五

离开故乡以后，每年的清明节，我和丈夫都要回故乡去祭奠故去的长辈们。其时，元宝山下，纸钱、纸衣服，便化作一片片黑色的思念，在坟地的上空盘旋着、萦绕着。随着纸钱的飞舞，被艰难压弯了腰的婆婆便披着满头的银发出现在我的眼前。婆婆生前一直过着苦日子，但却教育孩子们无论多么困难，都要好好读书，好好生活。儿女们没有辜负母亲的希望，经过一番艰难的拼搏，一个个都过上了好日子。而公公是啥模样，却说不上来。我未见过公公。只是听丈夫说，公公不大爱说话，但识字，诚实又明理，喜欢看古典小说。每当老人坐在炕头上盘着腿看书时，儿子便坐在旁边和父亲同读一本书。因此，丈夫在很小的时候，就阅读了《三国演义》《红楼梦》《水浒》《西游记》，这为他后来的文学创作奠定了扎实的基础。

站在公婆的坟墓前，可以清晰地看到远处的元宝山和眼前的那条不冻河，把目光再拉回一点，就可以看到类似废墟一样的故居。哦，聪明的祖宗，竟然为自己选了这么一块坟地：头枕元宝山，脚踏不冻河，登高望远，极目四方，眼前身后，尽收眼底。不灭的灵魂，守望着曾经耕耘过的土地。几十年来，家族发生了巨大的变化，出了干部、作家、研究生；有在皇城根工作的，有走出了国门的。恍惚间，似乎听到了祖宗于九泉之下发出的笑声。他们活着的时候，没有温饱，没有享受，只知道勤劳、节俭，但却给儿孙们留下一笔不菲的财富，这财富便是闪光的品德。父母生前的梦，在儿子的手里变成了现实。我们这辈子就这样了，以后看你们光宗耀祖吧！婆婆曾经这样说。现在不就光宗耀祖了吗？

从坟墓上回来以后，我们坐在村里一位嫂子的热炕头上，把带去的食品摆在一张非常熟悉的炕桌上，与乡亲们围坐在一起，吃着、喝着、聊着。随后，丈夫便从衣兜里掏出一叠钱来，给孤寡老人们每人一百元，表示我们的心意。我们回来一趟不容易，老人们见我们一面更不容易。他们看着丈夫说，比原来魁梧了，真像个大官，不管什么时候也对人总是那么好，还是爱吃莜面，没有忘本啊！从小就是好样的，到底成气候了，连种地的事也比咱们知道得多，这书没白念啊！丈夫则大声笑着，一个劲地给人们碗里夹肉夹菜。故土热，故乡情啊！

是的，太多的情结，让我无论走到哪里，身在何方，都记着故乡的山，故乡的水，带着故乡淳朴、厚重的美德，脚踏实地，走好人生的每一步路。

六

因为我是很小的时候来到商都的，所以对旧时的七台镇记忆很模糊。印象中，它城郭很小，但厚厚的城墙仿佛有述说不完的故事。那时，我常常穿过城墙，在南门外的水滩里捉蝌蚪，采水草，到西门外的杨家地割马莲、摘马兰花，到东门外的田里挖野菜，回家的路上，心头溢满了光彩。从古老的戏园子里传出的山西梆子唱腔、神秘的大庙里青面獠牙的神，诱惑着我好奇的眼睛，让我流连忘返。沿街，冠大如轮的杨树根深蒂固，每一片树叶上都托出一片美丽。穿越隆盛街时，可以确切地感受到小镇的繁华，这里商家云集，店铺如林，棉布、百货、五金、副食，样样齐全；刻字社、修表店、钉鞋铺、修车摊、笼箩铺，五花八门。不时有货郎挑子清脆的拨浪鼓声掠过，牵动着孩子们渴望的眼神。有时我会去干货铺，用凑起来的几张一分钱的纸币买一个香酥的锅盔，然后躲在一个僻静的地方，香甜地吃着。在故乡的几十年里，莜面和山药改变了我先前吃玉米、甜瓜的肌体；朔北的风力变换了我桑干河边软软的语音；不冻河的水为我的血脉注入了新鲜的浆液，我就是在这种熏陶下，变成一个名副其实的商都人的。后来，随着时光的流逝，那些城墙渐渐消失，城区不断扩大。现在，一个新型的七台镇正在拔地而起。日渐增加的楼房，汇成了楼群，除了供居住以外，还承载着各种经济开发项目。一条条大街平展、通畅，街市人头攒动，热闹非凡。新城、旧城，统一、和谐，形成了一个不可分割的整体。新城为人们送来亮丽，旧城让人们浮想联翩。在乡下，山沟旮旯架起了电缆，许多村子通了汽车、火车。"自走式喷灌圈"开发着万亩马铃薯，一到秋天，八角瓜、洋葱、甜椒、香瓜、小苹果堆满了场院，然后便源源不断地走向外地。一曲《可爱的商都》唱出了人们的心声，也将故乡永远定位在商都人的心中！

> 绿绿的元宝山几多传说，
> 清清的不冻河一路欢歌。
> 可爱的商都富饶美丽，
> 大地流淌多彩的收获。
> 蔬菜青青万亩翡翠，
> 丰收原野千里金波。
> 瓜果飘香红霞朵朵，
> 洁白的牛奶汇成银河。

你是塞北明珠一颗。

绿绿的元宝山几多传说，

清清的不冻河一路欢歌。

昔日的商贸繁华之地，

改革潮起红日磅礴。

风机旋转像玉兰绽放，

高空焊接像夜空焰火。

工业园区一幅巨画，

城乡繁荣天地人和。

啊！商都，可爱的商都。

你未来的道路越走越宽阔，

这就是商都，一片养我成人的热土，我永远的故乡！

我少年时期的小庙子

郝秀英

　　1966 年深秋，一辆解放牌大卡车将我们一家从商都县城拉到十八顷公社小庙子（现称巴达木图）大队后营村。当时，后营村居住着 12 户，不到 40 人。记得第二天一大早，我们兄妹几人怀着好奇的心情冲出家门看日出，看牛羊出群。妹妹托娅将一匹驴当成马说："好大的马呀！"弟弟说："谁家的马（其实是牛）这么多！"引起村人一片笑声。随后，妈妈给我和托娅妹妹一人一只筐和粪叉子让我二人跟着牛群捡粪。就这样，我们离开喧嚣的县城，离开朝夕相处的小学同学开始了牧区生活。

　　当时，后营村是小庙子大队的一个生产队，大队在小庙子村，该村居住着 4 户有家室的牧民，其余都是喇嘛，不过也才近 40 人。

　　在捡牛粪的过程中，有小伙伴会领着我们串庙上的人家。那时，小庙子村的庙宇还不曾遭到破坏，有许多参天大树，风一刮哗哗哗、当当当，风声、庙宇的铃声犹如一首动听的歌声，使我很是新奇。因是小孩不懂得害怕，几人在各个庙堂中串来串去，并爬到大转经筒上，希望捡到点什么。回到家中和母亲细说，而母亲严厉地告诫我们："凡是庙里的东西动也不能动，否则背因果，生生世世贫穷、疾病缠身。"从此以后，我和妹妹再也不敢乱转庙了。那时候，除了庙宇，房舍中最有讲究的是"活佛仓"，也就是活佛府邸，正堂高高在上三间，有廊檐，东西两边各有三间配房，大门两侧各有一株百年大榆树，很气派。那时，已不让喇嘛们念经上堂，除年老体弱者外全部放牛羊。当时，两个生产队有近5000只羊，300多头牛，百余匹马，每年年终生产队分红，尤数单身喇嘛分得多，也就是二三百元现金。

1967年夏天，由于后营村所处低洼的河边，一遇山洪容易引发水灾，所以，生产队决定将后营村整体搬迁到小庙子。由于喇嘛们是单身，大都有正房、配房。当时，嘛嘛们（嘛嘛是蒙古人对僧人的尊称）慷慨地让出大房给我们住，也没要房租。鸡、猪、狗，加上小孩的折腾，清心寡欲一辈子的僧人们不知怎么忍受了下来。

我家住在扎木苏荣嘛嘛的两间正房，他们兄弟二人都是喇嘛，住蒙古包，哥哥放牛，弟弟放羊。他们当时生活算富有，有自行车。扎木苏荣嘛嘛嗓音洪亮，佛学造诣很深。在"文化大革命"前，曾到青海塔尔寺深造，还参加过河北省组织的游览天津、北京之行，虽不能算饱学之士，但也属于见过世面的喇嘛。在共处一院的两年中，随着互相了解，嘛嘛每晚饭后必到我家小坐一会儿。因为我姥爷是还俗喇嘛，所以和我妈经常唠一些过去佛教界里的人和事。对我影响最深的是讲当年盖庙曾有一支几十人的行脚僧，几十年奔波在察哈尔几个旗中，化缘来的牛、羊、马、白银全部用于建庙。庙后有一红沟，当年专门用来烧砖，现仍有痕迹。还给我们讲大庙1938年搬走后（大庙在化德县白土卜子乡大庙沟村），敖包没有随迁，原因是包主不愿走，故现在黄旗人每年都来祭祀大庙敖包。

"文化大革命"中，小庙子还有40多位喇嘛，当年受尽凌辱，住牛棚，挨皮鞭，身心受到严重摧残，家产被分，活得没有尊严。就是那样情况下，嘛嘛们还将建庙时请回的第一尊唐卡藏在出身较穷的喇嘛家，70年代末期，才请出来公开供奉。

当年，在主庙后面曾有一个小庙，庙前台阶石缝里不知何年何月长出一棵小榆树。庙在 1968 年拆除，那棵小树却不畏严寒酷暑傲然挺立在那里。村里谁家有人生病大都会偷偷摸摸跪拜在树前祈求得到神佛保佑。近年来，就连汉族同胞也是有病就来拜拜，树身挂满哈达。现在大家都称其为"神树"。

小庙子最后一任老喇嘛于 2011 年病故，享年 89 岁。在此前一年，老喇嘛迈着僵硬的双腿，拄着拐杖来我家和我说，他的遗憾就是小庙子的守护神（蒙古语叫赛呼斯）没有唤醒，不知何人能实现。据说，唤醒（蒙语叫斯日格呼）工程较繁，首先请数十位高僧大德诵经后方可进行。因条件所限，嘛嘛的这一遗憾暂时实现不了。

供销社漫忆

牛富贵

解放初期，供销合作社是以农民入股的形式组建而成，故称供销合作社。它是全民集体所有制，不属于公有制的单位。

在那个时期，新中国刚刚成立，经济落后，物资匮乏，供销合作社是连接城市与乡村、工业品与农产品互换的重要桥梁纽带，对社会发展和人民生活起着重大作用。本文重点介绍我工作的玻璃忽镜供销社。

一、机构与人员

玻璃忽镜供销合作社，共分设四个门市部：棉百门市部，副食门市部，生产门市部，二门市部。九个分销店：超盖敖包分销店，高勿素分销店，喇嘛勿拉分销店，头号分销店，九股地分销店，元山子分销店，头道沟分销店，贲红沟分销店，八号分销店。内设一个收购组。内设：主任、副主任办公室，财会办公室（包括物价、统计、出纳），仓库办公室，糕点加工，职工食堂，油库（经营民用煤油、柴油）。

公社所在地的商店，称为门市部；在某生产大队所在地的商店，称为某分销店。

各门市部经营的商品种类是有区分的，如棉百门市部，主要经营棉布类、针织类、日用百货类等；各分销店经营的商品种类比较全面，属于综合性的，如五金类、生产类、日用百货类、棉布类、针织类、文具类、医药类。

职工的来源渠道主要有几种。公私合营之后，全国实行"统购统销"政策，由计划经济控制物价与市场。部分个体经营者进入供销合作社工作。到 20 世纪 70 年代初，随着供销系统规模的扩大，从农民中招收数批职工，故称"亦农亦商"，还有少量的临时工。职工构成分为正式工、临时工、"亦农亦商"三种。

正式工是按级定薪，每月 41.5 元；"亦农亦农"开始是每月 19 元，并且交所在户口生产队，买工分，分口粮，执行了几年后，"亦农亦商"也实行定级，每月工资是 31 元。

凡是本社职工，每年元旦、春节，单位也给发放猪肉、羊肉、水果等福利待遇。

二、四票一证

什么是"四票一证"呢？四票就是布票、棉絮票、线票和粮票（注：粮票分地方粮票，如内蒙古粮票；全国粮票）。

一证就是指商品供应证。

"四票一证"的流程和用途："四票"的发放，每年每户按人口发放一次，每人布票 2 丈 3 尺 3 寸（有头胎小孩男加 6 尺），棉絮票 1 斤，线票 1 两。粮票属于粮库管理发放，农民以缴粮兑换粮票；市民以口粮供应本指标兑换粮票。

布、棉、线票都是以省、市、自治区命名的。内蒙古布、棉、线票流通于内蒙古所有地区的棉布门市部或分销店。粮票是内蒙古粮票流通于内蒙古地区的粮库、饭店、副食品商店（如买一个月饼，二两粮票，1角5分钱）。全国粮票在全国流通。

每个门市部、分销店所辖的生产大队，给每户发放一个商品供应证。其用途是：当有紧缺商品就按每户的商品供应证购买（如点灯用的煤油，糖类等商品）。

三、盘秤、尺子与算盘

盘秤是各门市部、分销店必备的计量工具。大体常用的盘秤规格有5市斤、10市斤、20市斤三种。5市斤的盘秤，主要称白糖、红糖、小苏打、碱面、水果、红枣等商品；10市斤的盘秤，主要是收购农产品、废旧品等；20市斤的盘秤称重量大的用之。

"尺子"是旧制单位一尺长的木制尺子。即1尺=10寸，1丈=10尺。用于丈量各种布匹和有关长度的商品。

算盘是那个年代必备的计算工具。各门市部、分销店、财会人员，凡是涉及计算数据都用之。什么加、减、乘、除都能计算。

四、三大件

"飞鸽快，永久耐，白山车子一礼拜。"

"飞鸽名牌，永久好，买上红旗也不赖。"

这是当年人民群众对各种品牌自行车流行的顺口溜。

缝纫机、自行车、手表，这是当年小伙子们娶媳妇必备的三件商品，故称"三大件"。

70年代，全国公认的名牌产品是上海产的商品。所以，订媳妇女方首先提出的是，上海产的蜜蜂牌缝纫机、上海产的永久牌自行车

（天津产的飞鸽自行车也属好品牌）、上海产的上海牌手表。[①]

那时，男方买这三大件商品，可谓难上加难。一是家里的经济不足而难；二是即使经济充足，因没有指标而难。所谓指标从何而来？从县里开始说吧。首先县里给每个基层供销合作社下达指标数量。然后，基层供销合作社给每个门市部、分销店发放指标。而每个门市部、分销店需管辖的生产大队（大多数是 2 个生产大队），经研究出具证明，农民凭证明购买。缝纫机、自行车是重点紧缺的商品。

五、棉布与化纤布

20 世纪 70 年代前，人们衣着布料以及被、褥等都是棉纺品。品种也很齐全，比如白市布、青市布、蓝市布，有各种颜色的咔叽类、斜纹类、华达呢类、灯芯绒，真是五颜六色、七彩缤纷，甚是好看。

到 70 年代，我国纺织工业逐步发明了各种化纤布、维纶布等[②]。什么凡尔丁、的确良、毛哔叽、马呢等等。这些布料是当年小伙子们订婚、结婚典礼的必备商品。就连刚出厂时髦的腈纶粉红色的秋衣、秋裤，姑娘们也爱不释手，纷纷要求对象买上一身（那年代，订媳妇儿每年供夏衣和冬衣）。

六、站拦柜

所谓"拦柜"，就是不论门市部或者分销店，顾客与商品货物的分界线。用 1 米或 90 厘米宽的柜台制成。拦柜有的用土坯或砖垒成，表面用水泥抹平，光滑耐用，内空，能存放各种货物。也有的配有部分木框柜台，装有玻璃板，里面摆放琳琅满目的小商品，使顾客一目

---

① 当然因货源紧缺，买上其他品牌也可以。

② 这类布购买不收取布票。

了然。当看好某种商品，让售货员取出来，就能购买。

那个年代，人们称售货员为"站拦柜"的。

因为设有拦柜，不允许顾客随便进入自选货物，只能由售货员把商品货物拿出来，放在拦柜上，让顾客选购。

七、人民币单位与商品价格

人民币单位，在我国是家喻户晓、人人皆知的——元、角、分。那个年代，商品价格是元、角、分、厘。

人民币发行有 5 分、2 分、1 分，怎么没有"厘"币呢？是这样的，"厘"在商品价格中最常见的是在布匹中，比如，一尺白市布 3 角 2 分 5 厘、一尺小花布 4 角 6 分 5 厘、一尺大花布 4 角 8 分 5 厘……

价格归价格，结账是按总金额计算收取，最后按"四舍五入"法，保留到分。

八、老人们眼里的怪物——收音机

20 世纪 60 年代中期，收音机逐步流入农村。有的农户手头宽绰，遂先从供销合作社买上一台。村里人知悉谁家买了能说会唱的"怪匣匣"，男女老少都要前去观看。没见过新鲜事物的老人们，奇怪地问户主："这个匣匣里面是不是有几个小人人，又会说话，又会唱？"……

到 70 年代，收音机逐步普及了。家家户户收听中央人民广播电台和内蒙古人民广播电台的节目。最流行的就是评书大师单田芳的说书节目，什么《杨家将》《薛家将》《岳飞传》《水浒传》《穆桂英挂帅》《三国演义》《隋唐演义》等等。每到开播时间，人们早已坐候等待。那时，人们没有太多的文化娱乐活动，听收音机成了人们最时髦、最期盼的一件高兴事儿。

九、三套马车

"长鞭一甩叭叭地响，赶起马车出了村，要问马车哪里去，沿着七台（指商都）的大道奔前方。"车倌们一上车，就哼起了自行篡改的歌词，玻璃忽镜供销社有两辆三套马车，一年四季来来往往，永不停息拉运货物。两位车倌一个姓陈，一个姓李，不论春夏秋冬，勤劳的汗水洒满了通往60华里七台的大道上。那时公路是土路，不冻河无桥，马车涉水过河，经常有卡在河中的现象。他们都是满载而去，满载而归。去时装载的是收购的农产品、废旧品（除猪、羊、大牲畜）。归来时装载的是五花八门的商品货物。

车倌又兼装卸工，还是饲养员。在他们的精心饲养下，六匹骡马膘肥体壮，毛光油亮。

说起供销社车把式陈老，周围十里八村的人都知道。每当过不冻河或者有大泥坑难走的路，他赶的马车都能顺利地通过。正如歌中唱道："路见不平一声吼，该出手时就出手。"如遇泥泞沟坎，只见他坐在车头，高举长鞭，猛地一声高吼，随之长鞭一响，把三匹骡马吓得直蹦高高，你说它们三个能不齐心协力猛拉才怪呢！

有人问他赶马车的技巧，他只回答了一句："车倌有多大的胆子，牲畜就有多大的胆子。"

十、送货下乡

送货下乡，为民服务。工业品送农家，农产品收回社。每当夏锄秋收农忙之时，农民们因繁重的农活无闲买卖。各门市部、分销店的职工们就推着小车，有的骑着自行车（用两只水桶绑在后车架上），装着日常生活用品，前往各自管辖的自然村。一进村，农民们高兴地喊着："送货下乡的来了！"

农民们既买到了生活日常用品，又卖了鸡蛋。他们得到了方便；而送货下乡的职工们也一举两得，既扩大了商品销售额，又增加了农副产品的收购额。①

十一、收购农副产品

主要介绍以下收购品种：

一、收羊毛：每年六一儿童节后，羊已吃饱青，天气逐渐炎热，农户们开始剪羊毛。而收购组、各分销店早已做好战前准备。一年一度的计量器具，县计量局早已检验核定。备好了大塑料羊毛包，还有一个大眼铁丝漏子，其作用是把羊毛放在漏子上面，然后用双手翻抖，把柴杂、细土清理掉。那年代，分销店一般都是 2 名职工，故兵分两路，一人在库房收购羊毛，一人在店内一边开票算，一边售货，真是忙得不可开交。有时从早上开门，到傍晚才关门，顾不得吃午饭。这就是当年供销社广大职工的奉献精神和工作写照。

二、收鸡蛋：收鸡蛋是一年三季收购，只有冬季停收。一来农家养的鸡停止产蛋；二来因冷冻不好储存和运输。当农民们拎着装满鸡蛋的大筐、小篮，走进店内，首先把鸡蛋卖了。然后，"紧钱割肉"购买自家需要的生产生活用品。当然，免不了给娃们买点水果糖及铅笔、橡皮、小刀等学习用品。妇女们给丈夫买上几包官厅烟（一包 2 角 5 分），经济困难的买差一点的凯歌烟、骆驼烟等。那年代卖卷烟还拔零根儿呢！

---

① 各门市部、分销店每年核定商品销售额，农副产品收购额。

每个分销店及收购组都有备好的长方体木制箱子，还有等宽等长的木板盖子。同农户买上短柴（一般是小麦秸秆）备用。一边收，一边装。铺一层短柴，装一层鸡蛋。当装到六到七层时就封盖，两头用钉子固定。一般每箱装 70 斤，并用一小块纸写上标签，店名、重量、日期、加盖公章。以便县食品公司验收核对。

三、收生猪：所谓生猪，就是活猪。收购生猪有一定的规格。"以出肉率定等，毛斤计价"。毛重必须 130 斤以上才能收购。出肉率在 72% 以上为特等、69%—不足 72% 为一等、66%—不足 69% 为二等、63%—不足 66% 为三等、60%—不足 63% 为四等、57%—不足 60% 为五等。

饲养生猪，历来是农家一项重要的传统副业。20 世纪六七十年代，农民收入来源少，靠集体生产队工分收入微乎其微。只能饲养生猪，增加家庭收入。国家支持养猪，出售国家一口猪，还奖励饲料票。由此，调动了农民养猪积极性。

四、收家兔：收家兔有两个规格：毛重 5 斤以上为一等，每斤 4 角 8 分；3.5 斤—不足 5 斤为二等，每斤 4 角 1 分。

20 世纪六七十年代，农兔在农户副业收入中也大显身手。当年商都县对外贸易公司，专营家兔加工生产，直销国外出口。为了搞好全县家兔收购工作，全县各基层供销社抽集职工，组织专项学习，参观外贸公司加工生产家兔流程，促进我县出口创汇。每年 7—10 月份为家兔收购的旺季，供销社每月按三次收购，分别定为 3 号、13 号、23 号。收购的家兔都是统一用铁丝网笼装运。分销店交收购组集中统一调往县外贸公司。

笔者记得，在头号分销店，一天收购家兔达 1060 余只，那是最高的日收购量。因兔笼子不够用，把邻近的生产大队会议室占用。活蹦乱跳的兔子有的相互嬉戏，有的相互打架斗殴，时不时地发出刺耳的尖叫声。

20 世纪 70 年代末，中国开始实行改革开放的政策。农村实行家庭联产承包制，生产队解体。到 90 年代初，供销社职工纷纷下岗，自谋职业。因经营管理不善，故步自封，连年亏损，赤字剧增。供销社最终彻底破产倒闭，退出了历史舞台。

铜轱辘河上的战斗

王学吾

赛音呼都格高勒河一路向北狂奔，向着锡林郭勒草原深处布朗诺尔淌泄。这是内蒙古草原较大的一条季节性河流，也是唯一一条向北流淌的河流。

赛音呼都格高勒河上游的铜轱辘河在商都县境内，全长 173 千米。它发源西井子镇李家村西山顶，向东南流经大乌彦沟转向东北至库伦图出商都县境，向西北至西苏旗乌兰敖包，最终流入布朗诺尔。曾几何时，铜轱辘河作为北方游牧民族的母亲河，养育了一批又一批的"朝圣者"，他们择水而居，牧羊猎兽。隆冬时节，领略铜轱辘河的千里冰封；夏秋，倾听铜轱辘河的汹涌澎湃。铜轱辘河流域流经商都县北部丘陵沟壑区，汇集了沿途的沟沟岔岔的季节性河流。当这片草原进入农耕时代，干旱少雨成为常态，铜轱辘河却慢慢变成了另一种模样：春夏天旱时，它静静伏卧在那里，像一条沉睡的巨龙；暴雨来临时，它大展神威，咆哮着一路向北冲杀而来，裹挟着泥土沙石，也挟持着人们辛苦种出的粮食和生活资料。驯服这匹烈马，使之造福于乡梓，是在此生活的各民族几代人的梦想。

伴随着"大跃进"的音乐声，在铜轱辘河上修建水库被提上日程。当历史的时钟拨向 20 世纪五六十年代，铜轱辘河见证了发生在自己身上的奇迹，一场从未有过的拦河蓄水之战在铜轱辘河床上打响。1958年，铜轱辘河水库建设伴随着热火朝天的时代节拍拉开帷幕。

1958年的"大跃进"是被两个轮子拽着飞跑的，一个是大炼钢铁，一个是兴修水利。当钢炉在商都城乡星星点点矗立的同时，水利建设也如火如荼全面铺开。搞水利，不外乎两种做法，一是取地下水，二是利用洪水河水。于是乎，平展一点的地方钻土凿井，河汊沟渠旁拦河筑坝建水库。资料记载，同一时期，全县开工修建大大小小水利工程的地方有300多处，包括水库工程、开挖河渠、挖水塘等，八股地水库是其中较大的一个，也是遗存下来为数不多目前仍"健在"的水库之一。

铜轱辘河水库经历过两次修建，第一次选址于黄委员地大南村附近的山坳间。人们都认为，两山夹一沟的地形是水库的理想选址。这座水库当时聚集了来自北部农村上千人的民工队伍。新中国成立后，发生在农村的变化让人应接不暇，互助组、合作社、人民公社，几乎一年一时兴。而把1000多号人集中在一起，长时间干同一件事，更是亘古未有。1958年的"大跃进"，黄委员地实实在在火了一把，为了给民工腾出住房，黄委员地等水库周边的村庄像战争年代支前一样三两户人家挤在一起，人们称此为"并家"。修水库的民工大多住在黄委员地和大南村，参加者为四区（翟家村区）、五区（格化司台区）、六区（卯都区）的农民。施行军事化管理，以区建营，以乡建连。

大南村水库从修建之初就打上深深的时代烙印，1958年初春开工时，全县的行政机构为区乡制，水库由卯都区、格化司台区、翟家村区以乡为单位出人出工。同年7月，合并乡级机构为1个镇19个乡，水库的修建者就为格化司台乡、章毛勿素乡、屯垦队乡、二道洼乡、清河乡、卯都乡、新胜乡。一个月后，撤销乡村建制，实行政社合一的社队制，全县设 9 个人民公社，修水库的人没变，身份变了，成为登高人民公社、青山人民公社、曙光人民公社的社员。第二年再修时，他们成了卯都人民公社、格化司台人民公社、屯垦队人民公社的社员了，这是后话。

当时修建水库抽的都是壮劳力，从十七八岁到四十多岁不等。在没有任何机械设备的条件下，大家用的都是最简单的工具——平车、镐、铲和锹、扁担、箩筐。黄委员地村的赵家珍参加了 1958 年的水库建设，他对那段经历刻骨铭心。"水库刚修时，正是春旱时，铜轱辘河基本没水了。我们先是在河床上挖了四五十米宽三百多米长的一个大坑，直到挖见下面的硬土层。然后回填石头和黄土。那时没有钢筋，水泥、石头就是最好的建材。基础打好了，就一直向上垒土，每天都干的是同一件事，大坝不知不觉就长高了。"

赵家珍平淡的讲述，看似风轻云淡，实则惊心动魄。大坝在建设者的眼中"不知不觉"长高，这过程中倾注了人们多少心血汗水？屯垦队镇洛利公司村的赵旺也参加过大南村水库的修建，他对水库的劳动却是另一种记忆："每天吹号上工，吹号吃饭。干活不出力、学习不积极，都要在大会上作检查。说是检查，其实就是斗争你、批判你。每天都要小心翼翼，生怕被当成典型。"

赵旺有恐高症，在家时上房隐烟囱都得连爬带挪，到工地后，随着大坝一天天长大，他的恐高症竟奇迹般好了。"劳动真的能治病！"赵旺有点感慨。千八百人同时工作，讲究的是效率。大南村水库修筑大坝时，从开始就辟有上下通道，挑担抬筐上去的人与下来的人各行其道，上行道是弯曲的 S 形，下行道就成了直线形。每垫一层土，都要打夯一次，再用碾场的石头碌碡碾压几遍。最红火的时刻就是打夯时唱歌，四个庄稼汉举起夯锤，随着扶木柄人喊出的夯歌"齐用力呀、'大跃进'呀、修水库呀……"等歌词简单的韵律，甚至是粗俗的即兴之语，一下又一下高高抬起，狠狠敲下。就在大坝不知不觉长高的过程中，赵旺从开始时上下坡腿还哆嗦到肩挑百十斤担子，一点也不害怕了。

阵地上并不只有夯歌，用后来司空见惯的场景形容，那就是红旗招展。这样多的红旗集中在一个场地上，在这块土地上还是首次。各连有红旗，各营有板报，指挥部还有"机关报"——《星火战报》，时任黄委员地大队会计的高斌就是《星火战报》的编辑、记者。高斌回忆，《星火战报》每星期出一期，八开油印、铁笔刻字，发到各连。高斌除了编印《星火战报》，还担任着水库建设指挥部物资供应组的保管员，管理器具、粮食和所有耗费品。那时，民工除了带行李外，其余都是指挥部供应，铁锹坏了马上领，需要铁丝等物品立即取。供应的粮食有莜面、玉米面，人们吃玉米面稀罕，每次都叫着要"打锅"。

大南村水库属于仓促上马，原计划还要在下游修溢洪渠，使下游的枳芨卜村、旧围子、小湾子、白土卜村都能变成水地受益，但一场当地没下多少雨的洪灾使这一宏伟计划成为泡影。黄委员地的邢民目睹了洪水来得壮烈：远远看去，洪水像在堵墙一般沿铜轱辘河冲下，溢出河岸向黄委员地村冲来。邢民忙高声叫喊，人们纷纷上房躲避。坐落在铜轱辘河岸边的黄委员地曾有过数次没下过雨但遭受洪灾的情形，有时房屋冲毁，有时庄稼冲走。每当看到南边阴云密布电闪雷鸣，人们都会揪心。这一次来得更猛烈，邢民在房上看到，洪水进村后，有的人家水瓮被洪水卷起，在漩涡里打转；水库工地的檩条、草席随着呐喊着的洪水向北奔腾而去。洪水越来越大，人们只得拉起绳子撤退。当时的民工，所幸没有造成人员伤亡，这场洪水也为大南村水库画上一个句号。

高斌回忆，当洪水退去，水库建设指挥部组织各营连的干部现场参观，商量怎么解决这个问题，他作为指挥部的"秀才"也第一时间去了现场。大坝被撕开10多米的一个大口子，齐刷刷、黑压压，站在坝顶向下看，神悚目眩。修建中的水库溃坝，一般是很难复原的。即使填土补平，也没有原来一鼓作气建起来的结实。来自张家口地区的专家现场看后决定，这个水库必须废弃。要建，只能择地另建，从头开始。千余建设大军第一次大兵团作战，就这样草草收场。可对于民工来说，人们却欢欣不已，能回家和老婆孩子团聚，自然高兴。解散民工队伍，还有另一层考虑，大炼钢铁抽调了农村大部分劳力，妇女儿童即使昼夜苦战也收不回地里的庄稼，让人们回去收割，虽然不能写在文件里，但也是最急迫的选择。

大南村水库失败，残存的大坝永远留给了这片土地。如今，历经60年的风蚀雨浸，当年壮观的大坝已与平地相差无几，那个曾被暴力撕开的口子，已与河同宽。如果不细细踏察，你是不会发现这里曾经有过一座大坝，有过热火朝天的一幕幕。尽管它已沉寂，但仍然保留着建设者的体温。

第二年，在大南村向北10公里处铜轱辘河上继续修建水库，水库选址位于新立村附近。新修的水库要比大南村水库保险系数高得多，经过正儿八经的设计，张家口专区水利局于1959年10月沿铜轱辘河数次勘查，确定库址和建设方案。虽然开工的模式与大坝村水库相同，都是各公社抽调的社员，也是军事化管理，但比大南村水库时气派了许多。民工不用住在各家各户，农民也没有"并家"的烦恼，民工全部住在工地旁边的山坡上，一式白色的小帐篷，也有人称此为马架子。帐篷里铺上草垫，十几个人挤在一个帐篷里，夏天像蒸笼一般，还饱受蚊虫叮咬，让人难以入睡；临冬时没有取暖设施，洗漱吃饭的水每天结冰，遇到大风天，人们一觉醒来，脸上都是尘土。新立村的李祥、高立仁、李根亮那时还是毛孩子，他们一群小伙伴最好玩的地方就是偷偷跑到民工的驻地玩打仗游戏，在一群帐篷间冲啊杀啊。时不时溜进帐篷躲避敌方的追杀。李根亮回忆，那时民工都没有什么私产，除了行李外有人连洗脸的毛巾都没有。

1959 年，正值三年困难时期的头一年，修水库的人是"特殊群体"，得到特殊照顾，虽然啃窝窝头喝白开水，但能吃饱，比在村里的人要强得多。尽管日子过得清苦，但干劲丝毫没减，与大南村水库一样，喊口号鼓干劲，大坝一天天长高。

无法想象，那个年代仅用木车推、人工凿，竟然修筑成如此伟大的工程，人海战术的凝聚力，精神与创造的无限潜能，战胜自然条件、挑战极限，超越自我。我们后人除了敬畏还是敬畏。

新立村的水库是商都水利建设的"淮海战役"。车辚辚马萧萧，千万群众向这里集中。当时的施工技术落后，建坝用黄土完全是靠人力肩挑，夯土用木头夯再人工拉着大碌碡加压。每天有上千人工在大坝上，当时修建的场面是极其壮观的。没有任何机械化，一锹一锹地挖，一担一担地将土挑上去填成一个均质土坝。人们不会忘记那个如火如荼的年代，水利工程的建设者们在极其困难的条件下所开创的水利奇迹。为了这一伟大事业，夜以继日忘我劳动，常年战斗在工地上，以热血和汗水青春甚至生命，在勾绘的这幅蓝图上，实现了他们人生的自我价值。这是艰苦的年代，是无私奉献的年代，也是为商都水利事业奠定基础的年代。如火如荼的年代，诞生了许多激情澎湃的口号："只要有月亮，夜工不收场""活着干，死了算""黑夜当白天，一天当两天""叫高山低头，河水让路"。他们不怕困难，不畏艰险，夜以继日，相互开展红旗竞赛，工地上竞现出一片鼓动人心的壮观场面。为了保证水库按时完工，民工们冒着春寒酷暑奋战在一线。修建水库需要大量的土方工程，民工们用平车把土一点一点从远处拉到工地。落差几十米的陡坡，只能容下一辆平车和一行挑担的人前行，稍有不慎，就会人仰车翻。就是在这样艰苦的环境下，建设者们用短短七个月的时间，就让水库第一期工程如期竣工。之后的每一年，水库都要进行大堤加固，溢洪道加宽。1961 年 6 月，商都县行政机构由原来的 8 个公社调整为 21 个人民公社，水库所在的行政区域为八股地公社，水库正式命名为八股地水库。

八股地水库从 1959 年建设主体大坝后，陆续经过几年的建设成为今天的模样。水库的结构主要由大坝、溢洪道、输水洞三部分组成，其中大坝左侧坝长 550 米，为均质坝，设计高 13 米，坝顶宽度 4 米。大坝右侧坝长 370 米，为均质坝，设计坝高为 12.6 米，坝顶宽度 4 米。

八股地水库运行 40 多年，对下游灌区内的农牧业发展起了极大的推动作用，并有效地防止了下游的洪灾。水库下游是大库伦乡的五个行政村 7000 多人口。原设计可以使沿河两岸地形平坦的 1.3 万亩农田得到灌溉。但因干渠通水不畅，配套不合理，灌溉时用旧河床引水灌溉，所以形成了大水漫灌，造成土地盐碱化，实质上从未很好地进行利用，灌溉效益基本没有发挥出来。近年来随着降水的减少，河道常年干涸，水库逐年萎缩，水位已连续多年降低至溢洪口以下，库区边缘已形成新的肥沃土地。站在坝顶，再也难觅曾经的水波荡漾。

如今的中国，凭借着在基建领域强大的综合实力被誉为"基建狂魔"，如果今天要修建这样一座水库自然是小菜一碟。但在那个百废待兴的年代，完成八股地水库这样庞大的工程，谈何容易！时至今日，每每听到参与修建的老人们谈起当年修建八股地水库时的筚路蓝缕，艰苦奋斗，不由得由衷感叹：在那个艰苦的年代，你们给后人留下极其宝贵的精神财产。我们不能也不应该忘却，那些曾在铜轱辘河上战斗的人们，那些为八股地水库无私奉献、默默付出的建设者。

昙花一现的十大顷国营牧场

白凤鸣

  1958 年"大跃进"高潮过后的三年困难时期,商都县曾经有过一个十大顷国营牧场。因其存在的时间短暂,故知道详情者甚少。

  十大顷这一带,地处商都县西南角,面积不大,平坦开阔,沙石土质,干旱少雨,不利耕种,适合放牧养殖。它的周边同察哈尔右翼后旗(以下简称后旗)以蒙古族为主体的牧区犬牙交错,插花接壤,蒙汉杂居,农牧并存。清朝时和周边的后旗牧区同属于正黄旗十苏木,现在老一代村民还管这一带叫"十苏木滩"。

  民国十七年(1928 年)察哈尔特别区改为察哈尔省,商都县和后旗都直属于察哈尔省。十大顷周边这一块蒙汉杂居的特殊地方,按照"蒙人在旗,汉人归县,蒙汉分治,农牧并举"的原则,依据居民的民族,分别划归后旗和商都县分治,而没有也不可能在地理上划分出蒙汉双方都认可的明确界线。最典型的要数十大顷西边的红海子村,村南蒙古族居民较多,属后旗管辖,叫前红海子;村北汉族人较多,属商都县管辖,叫后红海子。在缓慢地发展过程中,原在村北边居住的蒙古族居民慢慢南迁,而原住在村南边的少数汉族居民也都迁到北边的汉民区。原来村中的一条便道,自然就成了后旗和商都县的分界线。1952 年,察哈尔省撤销,原来同属察哈尔省管辖的后旗和商都县，分别划归于内蒙古自治区和河北省，红海子村中的那条便道又成了内蒙古与河北的省界线。

一位原牧场的基层领导晚年回忆十大顷牧场时，对我们说过这样几句话："当年的牧场是起步猛、规模大、投资多、效益差，基本上是拿国家的巨额资金打了水漂。商都县后来划归内蒙古，原因虽然是多方面的，但是十大顷牧场的无序扩张，机耕队盲目乱开荒，粮食没打多，蒙古族牧民的放牧草场被严重损坏，冲突越来越严重，这可能是一个主要的原因。"走访中，熟知当年往事的长者们都基本认同这一点。

先说牧场的起步和规模。在商都县城西南部的十苏木滩上（即十大顷地带）建立牧场，从决策到实施，绝对不是县级或者地区某些领导头脑发热的盲目举措，而是和三年困难时期全国政治经济形势密切相关的时令行为。那时候党中央提出的口号是："工业以钢为纲，农业以粮为纲。"为了克服困难，渡过大饥荒，全民都在想方设法找粮。中央监委离休的老干部林培山在《从票证兴废看中国经济》一文中说："在三年困难时期，为了渡过难关，人们想了不少办法。中监委和中组部的领导，为了给职工增加一点营养，决定抽出人员到黑龙江省北安地区与省委组织部合办农场，开荒种大豆，我是其中的一员。经过一年的艰苦劳动，生产了几万斤大豆，为机关渡难关起了一定作用。"商都县十大顷国营牧场的起步和性质同黑龙江省北安地区农场差不多，它是由全国供销合作总社、教育部、国务院外事局共同与河北省张家口专区合办的一个小型国营牧场。

牧场在行政管理上设总场，总场下设三个分场，还有一些不属于分场管理的附属单位。总场设在十大顷村，领导班子人员齐全，党委有张家口专区下派的书记（1962年牧场撤销马上调走，所以姓名难考），商都干部李玉德任副书记，场长是张家口专区下派的许鹏勋（曾任过商都县委副书记，国营牧场撤销后调回张家口），副场长徐晶亮、李占才，都是商都人，场部下设办公室、团委、妇联、民兵组织等机构。

总场下设三个分场：一分场设在芦家坊村。它的生产任务是：农业上种好原有土地，牧业上利用山地以养马、养牛为主。为了繁殖便利，牧场把直属于总场的大型配种站建在距离芦家坊村一公里远的李家村。二分场设在二道洼村，场长是米有德。它的生产任务是：农业上利用二道洼村、红海子村、郭三卜村、吴奎村与后旗草场接壤的优势，利用机耕，努力垦荒，扩大种植；牧业上以养羊为主。三分场设在谢家坊村，场长是郭清山。它的生产任务是：农业上向西南的后旗章盖营、转达营方向的草场扩展新耕土地，为国家多交粮；牧业上利用大东沟村南边的十苏木海、东边的田土沟海水资源优势，养鱼、养鸭。应该说，当初的设想和规划是相当丰满的。

再看牧场的生产和管理。各分场下面以自然村为生产单位，每一个自然村又分为农业和牧业两个小组，分头组织生产劳动。村内原有的人民公社社员都自然转为国营牧场的正式职工，领取国家工资。职工工资发放的标准要根据年龄、性别、劳动能力的不同，分为五个级别：有一定技能的青壮年男劳力定为五级，全场也没有几个。成年男劳力大部分为四级，成年妇女、老年人但还有一定劳动能力者多为三级或二级。初级的大多是不到18岁有劳动能力的小后生。职工的工资就依据职工的不同级别和本人当月的出勤逐月发放。

各分场的牧业组都在村外边靠近后旗草场的地方盖了大量的牲口暖圈，冬天圈马、牛、羊用；围了占地面积非常大的牲口圆囵，夏天用。饲养员们住在专用的房间里，能烧火做饭，日夜都有人轮流值守，既看管又喂养。

农业组的生产劳动和过去人民公社时没有什么两样，还是男女老少集体出工，集体收工，大帮混。不同的是一下子增加了很多农民们从来都没有见过的新奇农机具。有从苏联进口的康拜因大型联合收割机，有河北省制造的牛拉收割机，有很多双轮双铧犁。康拜因又高又大，开到成熟的庄稼地里可以把庄稼的收割、脱粒、清颗、装袋一次性处理完，然后把装好的袋子推放到跟在后面的汽车上，再拉回到仓库里。这些大家伙在河北、河南大平原上一定能大展身手，但在我们这里却水土不服，运转不开。开地以来我们这里的农民就一直是粗放耕作，靠天吃饭，没有精耕细作、平整土地一说。地块小的，康拜因不能回头拐弯；地块不平，康拜因就没法开镰工作。加上地里石头太多，碰坏了刀片、打了齿轮是常事。失败以后，只好改变思路，把康拜因放到原来的场面上，地里的庄稼还是用传统的镰割手拔，再拉回到场面上，用康拜因完成脱粒，先进的收割机当成脱粒机使用。因为成捆的庄稼很难抖散抖匀，康拜因时不时被卡死熄火，司机爬上去修理，一伙人都坐在那里干等着。常常还有因损坏部件严重，几天修理不好的情况。工作效率十分低下。农民们说，还是马拉碌碡实在，靠得住。于是康拜因闲置在那里。场收又回归到常态。河北省生产的牛拉收割机更不行，因为牛的速度太慢，刀片左右摩擦的速度也一样慢，庄稼又没有完全干透，刀片割不断的庄稼缠绕在机器上，转不动了。赶牛的人一打牛，牛一使劲，机器就坏掉了。拉回来修理好后再用还是一样的坏掉。后来就干脆放在村边路口风吹雨打日头晒，无人搭理它们了。1962年牧场撤销以后好长时间，这些东西连同废弃的五铧犁、修理不好的其他机器、破轮胎等都堆放在那里。那地方曾是我们儿时的乐园，至今记忆犹新。直到"文革"后期，才让生产队慢慢地当废铁卖掉了。

据健在的老农们回忆当年的生产劳动，概括地说就是"瞎胡闹"三个字。农业组也好，牧业组也好，种什么，养什么，怎么种，怎么养，祖辈种地养牧的农民们没有一点发言权。当地那些基层干部，也没有人敢说真话，一切都由上级和张家口地区下派的那些不懂农业不懂牧业的领导在指挥。

设在谢家坊的三分场有两片水域：一片是现在县城南边的田士沟海，一片是现在大东沟南边的十苏木海。十苏木海现在基本没有水了，当年的水域面积要比现在田士沟海的面积还要大。它的南边是后旗以蒙古族为主体的章盖营，西边是三虎地公社的徐生元村，北边紧挨十大顷牧场的大东沟。历史上这一片水域就一直没有明确过归属。十大顷牧场的领导发现可以养鱼，就大张旗鼓地花大价钱买鱼苗往海里投放，购置打鱼船，成立捕鱼队。实际上后旗已经在海里投放过鱼苗。三分场的捕鱼队和章盖营的牧民常常为打鱼和护鱼发生争执。十苏木海是洪水汇集而成的时令湖，没有泉源。夏天雨下得少，冬天水浅结冰，海里的鱼苗就都被冻死。养鱼的工程后来也就不了了之。

十苏木海是盐碱湖，三四十年代的时候这里的汉人就有过用海水熬碱的历史。1961 年春天，三分场的领导们指挥大东沟部分有经验的人成立熬碱厂，在十苏木海北边盖起作坊，挖了两个做碱用的大坑准备开工。但没过两天，就让章盖营的蒙古族牧民在队干部的带领下，把大坑给埋平，并且说是破坏了他们的草场。牧民走后，熬碱厂的工人继续干，挖熬碱坑，到海边用车收集碱土，拉回来开始熬碱。章盖营的牧民人数少，阻止不了，就把问题上报。后旗政府派人来阻止未果，就强行拆了作坊，把拆下的椽檩、熬碱的工具都给丢到碱坑里用土埋掉，还把拉回来的几十车碱土全部顺风扬撒，熬碱厂瘫了。冲突升级惊动旗、县领导，甚至张家口专区和乌兰察布盟的领导也来过现场，想就地解决问题。但矛盾冲突太多，蒙古族视草原为他们的衣食父母，寸草不让动；汉族人要开发草原多打粮食，有土必想垦。虽多次调解，但效果不佳。

三个分场以外还有一些大小不等、附而不属的生产单位，都建在十大顷国营牧场范围之内。有张家口专区直属的垦荒队，当地人叫拖拉机站，设在十大顷村南。拖拉机站站长宋秀山，是个懂机械又能干的领导。站里有河北省配发给的 413 型灰色大马力拖拉机 20 多台，清一色的苏联进口货。生存在草原上千百年的莲针圪墩，在这些大马力拖拉机带着的五铧犁、七铧犁下都被连根翻起。镐把粗细的千百年老根都在"砰、砰、砰"的沉闷声中暴露在阳光下。跟在犁后面看热闹的农民把它们捡回去做了上等的烧火柴。至于那些马莲、枳机、大头青草，更是连一点响声都听不到就被比畚箕还要大的铁犁铧周根儿翻得底朝天。北生更营的蒙古族牧民，老的小的都出来拦挡在拖拉机前不让开他们的草场。但是他们人少，汉民太多。汉民有组织地连推带拉，让开通道，拖拉机又"突突突"地往前开进了。拖拉机的驾驶员大都是从天津（1958 年到 1966 年是河北省的省会）、保定、张家口等专业学校调来的男、女学生，一个个年轻亮丽，劲头十足。后来拖拉机站进一步扩大，又从当时的十大顷牧场完小招收了一些年龄比较大的男生学徒上岗。记忆中有个叫袁飞的，有个叫张奎的，还有一个冀守才，都是我们小朋友心目中的大英雄。他们这些人为十大顷开垦了很多草地。

还有一个规模挺大的配种站，设在李家村。那里养有种公马、大牤牛，还有一些新疆细毛盘角种公羊，我们都叫它大圪顶。技术人员也多是张家口专区调过来的青年男女。当地的学徒工也有，但很少。男的多数管饲养，也有女的管配种，这在当年是一大新鲜事，众口皆谈。所以当地的女青年少有人愿意去配种站工作。

还有国务院外事局在十大顷下属的吴奎村（现在改名叫大山洼村）西南草滩圈定的 3000 多亩大小的农垦区。这一片农垦区是当年河北省、张家口专区根据上级关于中央国家机关可以在商都县种植一部分土地的指示精神，在征得商都县同意后，国务院外事局率先进入的地带。这一片垦区，与大拉子公社二老牛洼（现为三大顷乡，已改名新海子村）的东滩、南滩是同一片草滩。1960 年以前是天然草场，蒙古语叫达狠洼。1960 年机耕队进入以后，蒙、汉冲突升级，上级部门多次来调解，都没有理想效果，是有名的"纠纷区"。1962 年商都县归内蒙古自治区以后，这一片机耕地由中央接管，后划给了部队，叫军马场。"文革"后，部队人员撤走，一直荒废在那里，至今归属不明确。

还有供销合作总社委托张家口专署食品公司直辖的两个食品公司分点：一个是王家梁地（现在都叫王金梁）商业储备牧场，另一个是杨家地大型冷库。这两个地方的具体事务都由商都县食品公司代理经管。王家梁地的商业储备牧场主要功能是中转，食品公司组织人员从后草地收购回来的马、牛、羊等，先放在这里放养一段时间，这里人叫抓膘。等秋后膘成好了，或就地宰杀，或赶到内地出售。就地宰杀了的白条肉就存放在杨家地的冷库里待出售。杨家地那座高大先进的冷库，在商都县划归内蒙古牧场撤销以后，一直闲置在那里，直到20世纪70年代后，才因村民偷砖取瓦而慢慢地倒塌废弃消失。王家梁地北靠大拉子南边的大麻黄山，往东往南都是宽阔的草场。这里水草丰美，自然生态保持得比较完好，过去一直是北生更营蒙古族牧民的夏营盘。自从食品公司的商业储备牧场在这里设点以后，从后草地收购回来的马、牛、羊在这里过渡放牧，和蒙古族牧民争夺草资源，再加上机耕队在南边的草原上盲目开荒种植，冲突就没有间断过。

十大顷国营牧场的撤销和商都县划归内蒙古是同步的。原因虽然是多方面的，但商都县周边与邻近的内蒙古旗县日益严重的蒙汉冲突却是主因。十大顷国营牧场因开垦草场与后旗的蒙汉冲突只是矛盾的一部分。

商都县东南部与乌盟的兴和、东北边与锡盟的镶黄旗、西南边与乌盟的察右后旗，经常因为放牧、开荒、开矿等发生冲突，有时候冲突升级，打架斗殴，甚至群殴互伤，多次引起上级有关部门的重视。1961年，当时的华北局派出陈光牵头，组织河北、内蒙古两省区的有关领导深入实地调查，认为商都县从地理位置上深入内蒙古地区，历史上就隶属于内蒙古牧区。商都县一直都与平地泉（现在的集宁市）在交通、经济、文化上有密切联系。调查队本着实事求是的精神，为从根本上消除蒙汉冲突，达到团结和睦的目的，向华北局提出划商都归内蒙古自治区的意见。华北局征得内蒙古、河北的同意，决定把商都县划入内蒙古自治区。意见上报后，国务院于 1962 年 3 月 7 日批准实行。1962 年 7 月 1 日，商都县正式划入内蒙古自治区，归属乌兰察布盟管辖。

商都划归内蒙古的同时，十大顷国营牧场一并撤销。以更大的视野看，十苏木滩的那点草场，放在广袤的内蒙古大草原中，根本不具备办牧场的条件。牧场撤销后，这片地方成立了十大顷人民公社。第一任公社书记高进礼，社长赵广宽。三个分场规划为九个生产大队。专区下派的领导干部、河北分配来的技术人员，全都调回河北。分场领导原来就是当地的农民，又恢复了从前的农民身份，职务没了，工资也没了。绝大部分牧场的职工又成了公社社员，劳动挣工分。倒是有一小部分牧场职工转到了新成立的位于大南坊子公社米家村的国营良种场，继续为国有职工，他们是比较幸运的。但这部分人相当少，每个自然村也就几个。因为当时有苛刻的硬性要求，必须是政治上可靠的青壮年男劳力，身体健康，而且未婚。

国营牧场那些大型的农机具能开动的都随河北省派来的撤走了，不能开走的留在了原地。后来有一些修理好的农机具、机动车，良种场组织人员把它们拉走，大都派上了用场。修理不好也拉不走的五铧犁、圆盘耙、畜力收割机、双轮双铧犁之类的都丢弃在各村，任凭风吹雨打日头晒，成了垃圾，也没有人敢动它。"文化大革命"后期，一些大胆的村民一点一点地卸开，卖了废铁。

曾经轰轰烈烈、热热闹闹的十大顷国营牧场，三年不到，就草草收场了。村里边丢下了不少废弃农机具，村外边留下了更多开垦后被严重沙化了的废弃草场。国家在牧场建设和运行中投入了多少资金，浪费了多少人力，糟蹋了多少物资，恐怕无人能够算得清楚。

布票的记忆

谷 秀

　　布票，是时代的产物。1954 年 9 月 15 日，率先登上中国的历史舞台，成为社会生活中第一种工业消费品凭证和短缺经济的符号。20多年的凭票供应，每人每年的额定数量形成了"新三年，旧三年，补补衲衲又三年"的生活习惯。一块布料一直用到不能再用为止。即使你手里有钱，没有布票也绝对买不到布料，当然也就做不成衣服。小小的几寸布票，为 20 世纪 50 至 70 年代打上深深的历史烙印，成为那一代人挥之不去的记忆。

　　每当过"母亲节"，有关记忆就会一幕幕地在我眼前浮现。从小到大，我一直认为自己的母亲是生活在那个物质和精神都异常贫乏的年代一个极为普通的农村家庭主妇，每日殚精竭虑，所为都是全家人的温饱。那时的母亲们都是没日没夜地劳作，并没有觉得自己的母亲有什么独特的地方。随着年龄的增长，见识多了，才越来越觉得自己有一个并不普通的母亲。

　　20 世纪 70 年代，我们国家上上下下还是处在"以阶级斗争为纲"的大气候中。那时生产力低下，物资极其匮乏，全国人民所有重要生活物资全部都要凭票供应。农村最常见的就是"粮票"和"布票"。在农村，只要不出远门，粮票几乎没用。偶尔进一趟县城，下

181

一次饭馆才用得上粮票，但对大多数农村人来说，宁愿吃自带的干粮或饿肚子也不愿意下饭馆，因为他们更缺的是钱。但布票的作用就大了，按人头大概每人每年只有 6 市尺，仅够一个成年人做一身单衣。南方地区不穿棉衣尚可对付，北方人就不行了。要知道，棉衣的布料是双层的，还有棉被的布料。所以，我曾经觉得北方男人们夏天喜欢光着膀子，很可能是那时为了省布票养成的习惯。大人的棉衣基本不换新的，勤快的拆洗一下重新缝好就行了，小孩就不行了，身体长得快的需要年年换。小孩子盼望"过年穿新衣"大概就是这样来的。要是有人要结婚，就要找好几个家庭借布票才能满足新娘置办几身单衣和棉衣、棉被做嫁妆。

记得 1970 年深秋的一天，母亲一大早就对我说："你去你二舅家一趟，他答应借给咱们 2 丈布票，你去取一下。能多点就尽量多点，免得到时候不够了误事。"我知道母亲是在为我的婚事做准备，便答应了。

二舅家在距我们村二三里远的另一个村里。二舅是我母亲的表弟，是生产队里的车倌。舅母是瘸子，不能参加集体劳动，在家料理着 7 个孩子和全家 9 口人的吃穿用度，捎带养头猪和鸡、兔搞点副业。这样一大家子只有二舅一个人挣工分，虽然车倌的工分最高，但每年都得欠生产队的口粮钱。

那天是星期日。我到了二舅家的时候，刚好姐弟六个要出门去地里搞小秋收。六个人分成三组，一个大的领一个小的，提着篮子、袋子等出发了。看着他们穿着破烂且不合体的样子，我的心凉了。他们都穿成这样了，会把布票借人吗？我在心里打鼓。

二舅和舅母见到我，热情地让我进屋、上炕，又问我家里的大人可好，是不是有事？我倒不好意思开口了，该怎么说呢？心中犯难。舅母掸开一块炕让我坐，并不好意思地说："你看这家乱的，多会儿也拾掇不利索，哪像你们家利索。"

我借机插话："孩子们小，还不懂得收拾自己，大一点就好了。"

二舅说："唉，孩子多，家又穷，啥时候也甭想利索。像你们家多好，甚时候都那么干净利索。"

"千军万马吃饱饭，饿死的都是独身汉。人多好，苦日子是暂时的，等他们大了就好了。"我说。

二舅像忽然想起了什么，瞅着我问："你今年多大了？是不是要结婚了？"

我苦笑道："21 了，这不我妈让我来跟你们借点布票。"

"还是春天的时候答应你妈的。"二舅说完转身对舅母说，"拿来看看有多少。"

拿来布票，二舅清点，二舅母唠开了光景的艰难。听了她的诉说，我才真正地明白了"新三年，旧三年，缝缝补补又三年"的真正含义。

二舅家是贫农，他从 15 岁就开始当长工。从小在苦水里泡大的他，养成了吃苦、节俭的习惯。成家后，他持家特严，既不让孩子们洒饭、剩饭，更见不得谁扯破衣服。他家的孩子多，又都是长个子的年龄，每年都得换新衣服。虽然人口多不缺布票，但由于缺钱，只能给大的做新衣，把老大替下来的旧衣服，重新拆洗翻新给老二穿，老二替下给老三，依此类推。既不分花色也不管男女，只要合身不露肉即可。作为父母，他们两口子自从成家后一直没有做过新衣服，出远门时应景的穿戴，还是结婚时留下的那身压箱底的"珍品"，平时穿的都是左补右衲，护肉保暖的"百衲衣"。炕上铺的苇席和墙角的几床被子，也用它灰暗的颜色和补丁显示着老旧的本色。主人的最大追求就是温饱，别人追求的漂亮、享受，对他们来说是一种奢望。他们缺的不是布票而是钞票。每年发放的布票，自家只用三分之一，其余的大都资助了亲戚朋友。对此景况，二舅还颇为满足，由衷地感叹："比起解放前，我可是在天堂里活的呢！那时我是十八九的大后生了，冬天都穿不上件囫囵衣裳，给人家干活儿专挑费劲的，不然冷得站不住哇。人说我是好受苦人，其实我自己知道那是无奈。就那样受一年也挣不了一身衣裳钱，哪敢想娶媳妇成家？解放才几年，我成了家有了这么多孩子，一个人能养这么多人，还不是共产党给咱的福分？就这样过下去，日子只会越来越好。"

拿到二舅给的 2 丈 6 尺布票，我既感激又为他们一家的生活犯愁，便把刚发的 7 元民办教师补助金留给舅母，让她给孩子们添一件过年的新衣。

回家的路上，我禁不住算起了布票的账。

我家在当时是比较殷实的余粮户。全家 6 口人，只有奶奶不能参加集体劳动，但能在家中做饭、喂猪，料理家中的事务，所以家中没有闲人。一年下来，除了口粮款还能分到二三百元现金，加上奶奶养的猪、鸡的收入，也不过 500 元左右，勉强可以维持 6 口人的日常生活。唯独缺少的就是布票。每人 6 尺布票的定额，只够每人做一件单衣。要想做棉衣或棉被，那就成了大问题了。为了我的婚事，父母老早就开始筹划了。按母亲的计划，要给我俩全都做上新的，给我们一个全新的开端。可全家所有的布票都用在我们身上也不够啊！那时的布票是每年换新的，不能积攒。今天借的这些布票，就是他们早已跟人家说好的，但这也不够一床被褥的料。那时虽然有了人造棉、的确良、涤卡、毛哔叽之类不要布票的布出售，但价位太高，而且紧缺，没有关系是买不到的。

我是个从不关心家庭琐事的人，这时也犯愁了。我粗略地算了一下：两床被褥得 4 丈多，两身棉衣得近 4 丈，还得做两身单衣又得 2 丈多……现在有了 5 丈多布票，还有一半的缺额，到哪里去找呢？我真的没有了目标。

回到家中，当我把借到的布票交到母亲手上时，母亲的脸上露出了笑容。后来，在母亲整理为我备好的婚礼用品时才得知，早在几年前母亲就着手准备了。因家中的布票不够用，母亲就提前开始预备，商店里处理的布头和不用布票的人造棉、的确良、三合一白布等，每年靠省出来的钱买上一两件，到借回布票时，棉衣和被褥的里子用料已经备好，才有了她如释重负的欢笑。

直到今天，我才理解了母亲那难得的一笑，但却想不明白，她是怎么省出钱完成那1500多元的婚礼筹备的。唯独不能使我忘怀的是她安抚家人的那句话："这就挺好啦！咱不比别人差，都是新的了，社会这么好，日子安稳，人人平等，要过好日子就看各人的本事了！"

消失的电影院

贾秀琴

随着近几年对七台镇旧城棚户区的改造，在大型挖掘机的轰鸣声中，商都县电影院被连根拔起。这座情系几代人的文化标志就此彻底消失了。

此前商都人民的文化生活仅限于传统的民间二人台和晋（山西梆子）剧，极像鲁迅笔下的社戏，这种由移民带来的文化元素整整影响了几代人，人们对它的喜爱还是源于文化生活的匮乏。

1958 年，电影业兴起，商都县政府为了满足全县人民的文化生活，特意从北京市请来两位放电影的专家，一位是董师傅，另一位是冯师傅。两位师傅一边放电影，一边对商都县劳动局派出的工作人员进行手把手教学。那时候还没有电影院，放电影就利用政府大礼堂（旧拖电厂大院内），大礼堂的主席台上搭一块幕布，放映人员站在大礼堂的一侧。看电影的人们就坐在长条椅上，看电影实行购票制，门口卖票，一张票五分或者一毛钱，凭票进场。那时候的影片内容多为革命题材和爱国主义教育类型，例如《地雷战》《地道战》《铁道游击队》等。

今年 82 岁的原电影院经理刘子江老人是商都县第一代放映员。刘老 1958 年参加工作，正赶上董师傅和冯师傅来商都进行教学，刘老就跟着两位师傅学习。经过一段时间的培训学习，商都县的学员们基本掌握了放电影的要领。1960年，北京董、冯二位师傅返回，刘子江接手，正式开始了自己的放映工作。商都电影队正式成立，共有四位职工，刘子江老人具体负责。

电影的出现，给当时人们的生活带来强烈的冲击。在当初人们的心中，电影非常神奇，而且不可思议。白白的幕布上怎么就有了活灵活现的小人，并且还会说话、打仗。人们口口相传谈论着这种新奇的文化形式。许多人本着尝鲜的想法去享受一次，甚至于看完后都不知道究竟演了些啥东西。

随着生活的逐渐好转，人们对文化娱乐追求呈现多元化。电影的观念不断增加。一家之主发工资后带着全家人看一场电影，小情侣相约去一趟电影院，还有孩子们缠磨着父母非要看一场电影才能了却心头大事。看电影的人逐渐增加。电影院的放映次数随着客流的增加也不断加场。

"文革"期间影片类型从革命题材转换为样板戏。人们对电影的热度依然不减，家家户户不再感觉看电影是奢侈的乱消费，而且成了生活中必不可少的一部分。谁家要是还没看过电影，就觉得落伍于时代了。电影主人公成了孩子们心中的偶像。老乡与敌人斗智斗勇的场景牵动着观众的心，当"英雄人物"遇到危险时，观众的心也跟着提了起来，如果脱离危险，就会有一丝欣慰。如果"英雄"遇难，观众席上大有摩拳擦掌找坏人算账的劲头。这就是一种入戏的感觉吧。茶余饭后人们谈论的还是电影的故事情节。邻居们坐在一起的时候话题里少不了电影："你看过某某电影了没"，"《白毛女》电影中那个黄世仁可真坏呀"，"杨子荣可真是个大英雄啊"，这也是余兴未尽吧。

随着电影业的逐步发展，乡村居民对电影的渴望日益强烈。于是，各公社成立了电影队，并将县里的电影院和乡村电影队实行统一管理，成立了商都县电影管理站。由张喜恩负责。

农民虽然看上了电影，但是由于乡村场地是临时搭建，不适合放大荧幕的电影，只能放荧幕比较小的电影。城里电影院用 35 毫米宽的拷贝，乡村只能用 16 毫米宽的拷贝。

乡村电影由放映员从城里把片子取回去，沿村轮流放映，去哪个村庄演由大队决定。放露天电影一般都在晚上，地址选在学校操场或者生产队的打谷场。看电影也成了农村人很重要的文化生活。接到通知的乡亲们饭都顾不上好好吃，随便扒拉几口就赶紧拿着小板凳或者皮垫子之类的东西到场地里去占座，也有因为占座互相吵架的。还有给外村亲戚捎话叫过来一饱眼福的，甚至出现了搬闺女，叫女婿，小外孙孙也要去的情节。也有一些村民有幸在某个机会进过县城里的电影院，看过大荧幕电影，享受过坐在排椅上看电影的感觉，回去后就大肆渲染，更引发了村民们对城里电影院的向往。腿脚利索的年轻人有的专门来到县城电影院，花钱看上一场。因此城里电影院越来越忙碌，原来的场地有些应接不暇。70 年代初期，商都县剧场正式建成，坐落在文化街路南，属于县城的中心地带。剧场是多功能的，演戏、放电影，偶尔还开大会。不过戏剧很少，一般都是用来放电影。剧场里不再使用过去的一排排老式连椅，里面的座椅前后有了坡度，并且前排和后排的座椅交错，即使前面的人个头高也不会挡住后面人的视线。为了增加座位，剧场还在最后几排的上面盖上了二层楼，二层楼上也设置了好多座椅。

"文革"结束后，电影类型也不再局限于样板戏。工作人员不断引进新片，一些爱情类、武打类影片也进入观众的视野，如《知音》《少林寺》《咱们的牛百岁》……还有《西安事变》《枪手哈特》等宽荧幕和立体电影也横空出世，观影高潮迭起。朝鲜影片《卖花姑娘》上演后，引起极大轰动。几乎各乡各村都来观看，县城里像赶集似的车水马龙，人头攒动。工作人员从早晨 7 点一直放到晚上 10 点多，持续演出半个多月。

70 年代中期，商都县电影业进入了空前绝后的高峰期，乌兰察布盟旗县级首家电影公司在商都县成立。城乡居民出现观影热，学校和单位也经常包场。专营的电影院正式落成，位于文化街路北，南有恢宏的剧场，北有气派的影院，一条文化街名实相符，双璧鹤立，遥相呼应，构成了商都县最亮丽的景观，也是最宏伟的地标性建筑。电影院两边建有东西厢房，东厢房是小卖部和饭店，西厢房是售票厅，里边可容纳上千人观影。

电影院成了商都县最重要的文化设施和文化阵地，电影院门口也成了商都城内最热闹的地点。社会上一些有组织性活动，例如"元宵节""交流大会"，许多引领潮流的时尚东西总是摆放在电影院门前的小广场上。

后来，电影票价也逐渐上涨，从原来的五分钱逐渐涨到了两毛钱，有好电影的时候还会卖到一张票四五毛钱。有时候，从早晨 7 点一直演到晚上 10 点。随着业务的扩大，电影院不断充实工作人员，最高峰时拥有 20 多个职工。售票厅门前经常排起长长的队伍，票源的紧张也催生了票贩子混杂其中借以谋利。由于人多，检票时，经常还没检完票电影就已经开始了。有一段时间电影院实行门口不收票，进场后再查票，对无票者进行罚款。说罚款也是吓唬一下，就是想让那些无票者自动退场，但是根本吓不住，浑水摸鱼的人特别多，他们陪着工作人员四处兜圈子，无论如何就是舍不得退场，电影院乱哄哄的到处有跑来跑去的逃票者。抢票事件也时有发生，最后只好延长休场时间改成门口检票。

那些年，电影不但填补了商都人民精神文化生活的空缺，也起到了情感寄托和开阔眼界的作用，尤其是对青少年教育的作用。总之电影成了那个年代重要的精神支撑。

80 年代末，电视机走进了千家万户，在彩色电视机和有线电视的冲击下，电影热开始回落。除了《开国大典》《红高粱》等特殊影片外，人们不再愿意走出家门去看电影。除非小情侣相约，没有可去的地方，就到电影院去谈情说爱，电影剧情已经成了鸡肋。

90年代电视剧不断火爆，牵动人心的不再是电影剧情，而变成了电视剧中那一环扣一环的人物命运。再加上KTV、舞厅、游戏厅等越来越多的休闲娱乐方式开始普及，老式电影院逐渐失宠。数字电影和智能手机上市以后，电影院彻底关门大吉，职工另行安排。电影院门庭冷落，一片萧条。随着县城的建设重心向东转移，电影院所在地已经变成了旧城区。棚户区实行改造后，电影院连同旧城区的所有房屋被一并推倒，重新盖起了崭新的楼房，电影院原址已经变成了大型超市。这座曾经让几代人魂牵梦萦的文化设施彻底退出了人们的视线，以后的孩子们不会知道商都县曾经有个电影院，也不会知道电影院曾经的辉煌历史。书写此文，也算留个纪念吧。

说说童年的吃与穿

王小龙

一、吃

孩子的吃，无论如何都依赖大人。很多时候，一说吃就想起了故去的双亲。20 世纪五六十年代，与现在孩子享受的奢靡不同，父母在生活常态下的抚养就是孩子能温饱，这是底线，也是目标。在贫寒的生活道路上，父母要不遗余力地"拉"，某些时候还得用尽全力去"扯"，"拉拉扯扯"中，我们走过了那些平凡苦涩而又充满了色彩和甜蜜的日子。

一年里最期待的还是过节，盼的多半也是几口吃。

中秋节或国庆节，队里照例是要杀几只羊分肉的，夹杂着孩子们的狂欢。教室里上课也心不在焉，就等赵老师敲钟后，争先恐后直奔生产队饲养院大院，围观来锁儿一只手拎羊、牙咬着刀子双手扯羊皮的精干与迅猛，撵舔血的狗，抢尿脬，看保管员在大笸箩里精细地红白肉搭配、腱子肉与肚囊子搭配，羡慕着会计海兵高声唱喝户主家庭人数、磕打算盘记账。分肉按吃粮人口，每人三两或四两，头蹄杂碎折合成肉，张罗杀羊分肉的队长、会计、保管员、记工员和饲养员多分点羊血。直到天黑，才眼巴巴跟着大人回家，路上还不住地瞅乎大人端着的大盆子里盖住盆底的那点肉。母亲说得最多的一句话就是"且不得明天了？"第二天上课也是心不在焉，眼巴巴地看窗台上太阳的影子。放学后，多半是相跟着到菜园子拿队里分的那七八根细细的带缨子的黄萝卜，心里想着中午那顿糕或晚上那顿萝卜馅多肉少的饺子。

中秋节盼望的还有宾果，每人一个，最多两个，剩下的都在柜里，那个香味一直会散发到快深冬时节了。中秋是家家最费白线的时候，每个孩子都要用白线绾一个果络子，把舍不得吃的那个果子装进去，再系在扣门子上，随着走动让果络子跳荡着把若有若无丝丝缕缕的香味儿时不时送进鼻孔，然后大家聚在一起，集体研讨评判每个人果络子的做工、果子的品相和味道。睡觉前再小心翼翼地压到枕头底，严防死守姊妹弟兄盗取。枕头底一夜的热加工让果子变得干涩变质，第二天早上便大吼大叫甚至涕泪交加，母亲拽出钥匙开柜再补一个为止。不论过去多久，柜子总是被魂牵梦萦着，直到冬日里最后的果皮塌陷黑朽被翻出来才作罢。

八月十五的念想还有月饼。早些时候，村子里也没有饼炉，家家在锅底烙几个放点油和糖甚至糖精的干饼子，在造型和味道上决然异于真正的月饼，被觊觎的是从村里推销处买的一个二两粮票一毛八、被切成牙瓣儿状供月亮的那两个黑饼子。就是这两个"黑麻生"让人时不时从玻璃瞭瞭，开耳窗望望，或干脆出院看看，眼巴巴地等着月上中天。神秘的月亮，诱惑挑逗着味蕾对油乎乎和甜森森的渴望。

当然，最盼望的还是过年。贫困的岁月里，对孩子来说，年不仅仅是个意味着吃的节日，也是一种包含着仪式感的期待，是生活甚至是不谙世事时人生终极追求的心理寄托。

"妈，啥时候过大年呀？"喝完搁了糖精只用小米和红豆熬成的腊八粥就迫不及待起来，天天翻月份牌儿，没完没了地问大人，火急火燎地心烦，被子里蒙着头听父母念叨过年的采购计划，有惊喜，有失望，然后就是无限的憧憬，也许也有几十年后才会有的失眠。

实际上在这之前，孩子们已经开启了要过年的胡思乱想了，因为"大小雪壅喇喇宰猪卧羊"了。羊是没有，可能杀一两个公鸡，杀猪只是极少数的人家。

成年后，曾思考过猪。据说猪在新石器时代已被驯养，距今已有8000年的历史。如今，国人每年约吃掉5500万吨的猪肉，占全世界猪肉消费量的50%以上，可20世纪70年代，能饱吃一顿猪肉都是一件不大可能的事。猪不仅是那个年代家庭唯一的动物脂肪来源，也支撑并维系着几乎所有家庭的经济大支出，是每个家庭除了卖鸡蛋用来买针头线脑和煤油外最大的家庭收入，过年家人换件新衣裳，甚至娶媳妇都得依靠卖猪。从赊个猪娃子开始到长成壳郎郎，再到终于能出槽，几乎凝结了主妇甚至一家人的辛劳和希望，夏秋剜猪菜也便成了所有孩子的最主要的劳动。不可能有任何粮食饲料，所以肥猪只是个概念，一般够了斤秤就卖了。

每个月固定的日子，公社供销社的任贵老汉就会拎着长刷刷明晃晃的剪子迈着四方步出现在大队机房南面的大圐圙子，边抽烟边坐等稀稀拉拉被赶来的猪控尽肚子里的泔水。猪拉一泡好几块，等得主人心发虚。直到控得差不多了，任老汉才起身张罗着走到称重的磅秤前："来来，不够五拃一探的趁早往后啊。"收猪要分五等，最低130斤。任老汉可不含糊，在称罢的猪脊梁上指头按压拳头捣，嘴里高喝着"168斤，四等，下一个！"手里的大剪子麻利地在猪屁股上嚓嚓几下铰出个"4"来，准备往公社供销社赶猪的人便把称完划了等的猪撵进了大圐圙里。记忆里我家也没卖过几口猪，印象很深的是卖过刚够斤秤只卖了52块钱的猪，介于够不够斤秤间还得父亲仗着村里公社经常见任老汉很卑谦地跟任老汉说好话。更多的时候是瘟疫进猪圈，猪们前仆后继地死，家里再义无反顾地捉猪娃子。卖了猪或死了猪母亲的失落和长吁短叹是看在眼里的："壳郎郎正好喂了……"直到有一年家里终于要杀猪了！

到了年根，公社供销社和村里代销处也卖猪肉，一等八毛二，二等七毛三，动一动父亲一个月的工资就得减半，买肉总是思前想后细盘算。一般只能割个十来斤肉，再买点猪油。姊妹仁齐刷刷坐在锅头，看母亲把切碎的猪油放进锅里炼，等着吃撒了咸盐面儿的油渣渣，也只能是一人吃几粒，因为母亲要强调好几次："明天妈给包莜面饺饺啊。"这次家里要杀猪那可是开天辟地头一次！母亲又伤感，我是睡不着，翻来覆去思谋，不厌其烦设想，猫挠心窝，口舌生津。清早开始，捂住耳朵听猪嚎，看着气管子打肿猪，坐在炕头看熥猪，挤进人缝缝拾猪毛，再不眨眼儿地看着院里门扇上的猪渐渐由整化零，间或进家央求一小块块猪血或肝肺，再到院子里扯根莜麦秸秆管管吹尿脬，直到吃完饭，忙乱的人散去，割肉的人走了，看着父母把盛着剩下的一两条条肉和头蹄肚子的筐箩抬起来放到屋子外面的鸡窝上冻着，直到第二天都冻实在了，外面留一点，剩下的都用锅扣在院子的东墙底，胡麻柴填住锅沿沿，撒上雪再浇上水，过年的最重要的储存工程结束了才算暂时歇了心。

杀个七八十斤带骨肉也不过留个十来斤，头蹄和猪肚子是必须要留下的，剩下的都卖了带骨肉，那时没有剔骨肉一说。人们割个三五斤肉也是赊的多现钱少，有的可能要拖拉大半年才能到账，甚至还有借肉来年杀了猪再还肉的套路。

热热闹闹一天过去，杀猪菜好像都没有回过味儿来。那时候的杀猪菜很简单。槽头肉只割一条条，割得多了影响整体斤秤，也是舍不得；心、肝、肺还有血煮出来也不会全放到锅里一顿吃了，总得留点待客；粉条还没压，豆芽还没生，豆腐还没换，唱主角的就是山药疙瘩。主食一律是小米捞饭，好人家也有面和糕，其他的菜是没有的，酒更没有。那也是杀猪菜，"盘箸纷纷笑语中"，在清苦的日子里沾沾荤腥味儿的仪式感胜过了能吃肉本身，多半也夹杂着主人能杀猪的虚荣自豪和帮忙人捎带着多少沾点油水的满足，形式大于内容。跟现在钢筋水泥后的隔膜不同，虽然菜不精，还得盛一碗送给邻居，甚至无远侧近地送。"隔壁送糕一替一遭"的温情日子里，这也是必要的回馈和纽带。

杀了猪只是年前忙碌模式才开启。接下来母亲会连续好几天端着大瓷盆到别人家变工帮忙，和粉、压粉或烧火、盘粉，直到有一天轮到我家。借来的饸饹床子架在锅头上，开着的门窗呼呼地往外冒热气，屋子里冰冷，风箱声忽塌忽塌，重量级的婶子大娘嗯呀有声汗津津地趴在压杆上，高声的指令和低低的商榷夹杂着饸饹床子吱吱呀呀的单调，水桶里的板粉圆粉条被一把一把捞出来盘放在盖帘上、笼里、筛子簸箕里，等着冷却成型。收尾的时候，姊妹们和帮忙的婶子大娘一人大半碗粉条边角料碎条条，菜瓮里舀点腌汤，淋点醋，滴一点麻油，夹一筷子腌韭菜，再撒几粒葱花，就吸溜出了滴水成冰日子里的醋畅。

暖暖的阳光照在炕上泡了黄豆盖着笼布的盆子上，姊妹仨围着盆子看着母亲用刀擦擦把黄萝卜擦成丝丝，倒进锅里焐一会儿，笊篱捞出来倒进冷水盆里浸一下，再攥成圪蛋蛋，捏饺子的萝卜馅就成了。冷却的水倒进锅里和原来焐萝卜丝丝的水混合在一起，在柴火的硬顶慢熬中，糖稀逐渐成形。目不转睛地盯着的淡黄终于成了黏稠的黑红，为的就是筷子大头儿挑一下咂吧咂吧。不要求舔更多的自觉是来源于对稍后会有一黑瓷盆大小不一的炸油蛋蛋和粗细不齐的麻花的向往，而母亲对我们这种下意识的价值权衡和取舍很满意，总是慈祥地笑眯眯地安慰我们："糖稀不甜哇？炸圪蛋蛋还得撒糖，再看看能不能翻几个麻叶儿。"

大队机房南面的豆腐坊里等着捞豆腐，淘黄米去碾坊排队磨糕面，漏开空儿拆洗衣裳，瘦弱的母亲一直要忙到大年初一。父亲也没个假期，白天黑夜在学校排节目，只有到了代销处开始卖年货顾客拥挤不堪非得父亲出马不可，好在学校和代销处几墙之隔。一番辛苦劳作，布书包里会有每户只能限量买的一斤糖块儿、一斤黑枣、一斤红枣、一斤柿饼子、一板鞭炮十来根大炮。这也是父亲最慷慨的时候，一盒官厅一盒大境门，是待稀罕客人的；两三盒蓝钻石或冬梅或红山城，是待一般客人的；再有一条红满天或丰收是暂时把烟口袋和烟锅疙瘩收起来时自己抽或给来家里写对子的人抽的。另外，父亲还会倒一瓶一块四毛一的散装白酒，一瓶青梅酒。

腊月二十三开始，终于不吃莜面了，开始蒸红点点馍馍，熬菜里不尽是圆白菜和山药疙瘩子了，开始有了豆芽、粉条和薄薄的肉片片了。父亲傍晚回家还带回每人一块儿粘牙的麻糖。连续的馒头后就是炸糕，请来有和面和搓麻花手艺的乡邻，半前晌忙到太阳落，腊月正月耍回家或晚上睡觉前趴在枕头上最喜欢吃的零食就有了。

父亲出糨糊贴对子贴窗花，精心制作走马灯，在炉子上烧红铁棍燎猪头猪蹄蹄，满家的燎毛味，猪肚子在锅里咕嘟，年的味道就越闻越重了。

窗台下小瓦盆里栽的葱绿叶叶几乎被悄悄拽掐完的时候，母亲终于不骂了，除夕终于也盼到了。早晨是大米饭，这是比较特殊的，因为父亲吃供应粮，过年时能买几斤大米，虽然米不好。蒸出的米饭还在笼里，锅里内容丰富油水十足的熬菜已经舀出，勺头子都带油。母亲把猪肚子丝丝放进锅底的热油中，"嗞啦"声中，一盘黄豆芽还没倒进锅，我的筷子已经在熬菜盆子里划拉得好几块肉进了肚。父亲小心地往小搪瓷缸缸里倒点酒，放在炉盘边儿上温。母亲上炕刚盘腿坐下，父亲只滋溜了两口，我已带着满嘴油，扯开整板板鞭炮拿个五六根出去厮混了。半后晌才回家，又是炸糕炸油饼。看着猪头猪蹄蹄进了锅，父母开始张罗着捏饺子，才与来家里看走马灯的玩伴出去开始了多半夜的漫游发疯。

接神了！胡麻柴燃起熊熊火光，母亲拿几个红点点馍馍放近火堆，再进家拿出新衣服迎着火烤烤，指挥姊妹仁里外翻转身烤旺火。留下破五和十五的，父亲伸出烟头点个三五根大炮，再跳进柴圐圙把炮掌子拣出来。被母亲逼着牙尖尖啃一点儿黑乎乎的烤馒头，剩下的暂时要闲置些日子了，进家就是肥辣辣喷香的猪头肉，黏滑爽口的猪蹄蹄了！

快亮了打个盹，初一一大早就起来了，揉着惺忪睡眼就向父母问好，母亲给我一块，给妹妹弟弟五毛甚至两毛。钱立刻装进了已经叠好多日的纸钱包里，还要哄逗妹妹弟弟："把钱放了岗岗（哥哥）的皮包儿哇！"这种算计往往难以得逞，只好死皮赖脸再向母亲要一毛，因为总觉得一张红一块得配个伴儿才圆满。虽然只有一块一，但绝对是同伴中最富翁的了，免不了经常拿出来抖达抖达，失而复得过程中的痛哭流涕和破涕为笑也是有的。

也出去拜年，但不会有钱，那个穷困的年代里，只能收获一把各家院子种的几株特别留到过年才吃的葵花籽，大多数连这个也没有，而是掏出瓢瓢挤出后晒在窗台上的葫芦籽。有时候是一两颗红枣，五六颗黑枣，也是没心没肺地欢天喜地。

破五凌晨一响炮就心虚，不停地问父母："大年过完了？"问得不耐烦了，父亲就说："正月十五还没过嘞！"过了初七八，饮食水平便逐渐滑向日常，只能是间或有一点荤腥。过十五又问，母亲就和颜悦色地说："整个儿正月都是大年。"这才稍稍心安，返回头找熬年夜烤的黑馍馍，早已不知进了谁的肚了。

几个重要的节日过去后，二月二来了。那时候不知道是冬天积雪厚还是春天来得早，街上的雪水哗哗地流进几指宽的地缝子，凉房剩下的东西都已经是松散或稀溜溜软了。管他是不是"明年抱个胖小子"，反正还有一顿馅子带点儿哈喇味的饺子，或有点肉，或尽是萝卜馅。也有的人家只能是最后的馏糕馏馍馍了，烩菜里已经没肉了，只有变酥的冻豆腐、更干更筋道的粉条子和第二三遍生出的黄豆芽，还是正月的余韵，但味道已然寡淡了。端午没有粽子凉糕，那时候连糯米的概念也没有，好人家可能吃顿糕。"六月六，豆角子熬羊肉"只是过过嘴瘾，倒是少不了瞅乎那几个面娃娃。看着别人家都捏，就回家找母亲。好歹蒸出来的面娃娃在"饿狼"般的孩子们眼里没有任何民俗审美功能，只盼望瞅空子打闹一个，抠了面娃娃脸上掺了锅底灰的黑溜溜的眼睛、鼻子，然后能大快朵颐。

这样的日子里，可能会盼望队里的牛跌进山药窖，甚至也盼望瘟疫进鸡窝猪圈。饥饿和馋虫驱逐了小孩子的知性和道德，而让口腹之欲战胜了一切，因而也就对饲养员泪眼婆娑地看着断了腿的大犍牛和父母对着濒死的鸡猪长吁短叹视而不见。不仅仅是孩子，从1969年全民打狗吃狗肉，到春夏羊群里死了的"红灯露"，病鸡、瘟猪、米型肉，哪个没吃过？谁说过不好吃？70年代初开始，谁家杀猪杀出米型猪那可是吉兆，米粒子越多预示着家庭会越兴旺，卖肉人们抢着割。后来知道那是囊虫病，这样的猪供销社不收不说，还号召人们千万别吃，就地掩埋，谁舍得啊？直到80年代了还在吃。记得我的陈老师从商都到了磨石山，又到了我们村里，父母就是用这样的猪肉招待我的班主任老师的。现在想起来都心寒。那时候没办法啊，去哪买好猪肉？米型肉也是正好村子里的猪有病才杀了，好在囊虫没进了老师和我们的脑袋里，已是万幸了。

唉，那口吃……

二、穿

走在大街抑或小巷，俊男靓女奇装丽服，俊俏光鲜；一俯一仰、一颦一笑之间，生出几多旖旎。目力困倦之际，穷尽脑子里所有的词汇，也描绘不出这些现代时装质地款式之万一。夜半无人，心下自思，世事确是变迁了，衣不重彩端的已成了历史。

心静的时候，常常会在脑子里浮现出儿时常见的一幅幅画面，重重叠叠，却又大同小异：一盏昏暗的油灯，一个灯下做着针线活或打着铺衬、纳着鞋底鞋帮子的剪影；无论狂风暴雪的冬日，还是清风朗月的夏夜，在蜷缩着身子从梦中醒来的时候，看到的总是这样一幅剪影。久而久之，这幅影子画就定格在了记忆的底层，因而也就慢慢地读懂了清代周寿昌的《晒旧衣》——"卅载绨袍缄尚存，领巾虽破却余温；重逢不忍轻移拆，上有慈母旧线痕"，也执着地勾出了许多对过去穿衣的记忆和遐想。

对儿时冬天的记忆说来也简单，抛开不太多的细节外，冬天留下的印象似乎就是雪下得大，太大了，还有就是冷。现在想来，那么冷不一定就是现在气候真的变暖了，大概是因为衣服太不保暖了吧。

棉袄、棉裤，贴身是棉腰子；毛袜子，家做的双脸棉鞋；头上是平时翻上去、拉下来才能遮住脸的棉帽子，奢侈的时候帽子上会有兔皮或猫皮。内衣是一定没有的，多数的时候袖口子上会缝一圈动物的毛皮——皮袖袖，以抵挡坚硬的风从袖口里钻进去；与之配套，下边有时就要扎裤腿了，如果不考虑美观的话。这是那个时代男孩子最典型的装束。女孩子也大同小异，不扎裤腿，头上戴一圈皮毛镶边儿、能包住后脑勺和脖子、两边还要垂下两条带子的棉帽子而已。剩下留在记忆中的，就是冬日惨淡的夕阳里一张张冻得黑紫红、流着清鼻涕的脸，还有每个人锃光发亮的袖头子。再有就是教室里节奏整齐、震耳欲聋的跺脚声：尘土飞扬、笑语连连；老师进来，反而更有劲了。多数时候老师只是笑笑，静等尘埃落定、笑声平息，因为脚冻得太疼了啊。一同残存在脑海里的，还有大雪过后套雀儿的场面：百灵、黑夹子、山麻雀成群结队上了设板后人们的欢呼和奔跑。大人甩掉了狗皮帽子，毡疙瘩或"踢死狗"插进深深的雪里；孩子们的鞋子里灌满了雪，然后是夜晚放在炉子旁要烘干的鞋；当然，挨大人的骂是少不了的。

每年年根子前，仅次于生产队分红的热闹，就是发布票和棉花票。会计坐在饲养院的热炕头上，面前摆着黑亮亮的炕桌，大声地吆喝着每家男人的小名或绰号，在嘻嘻哈哈、荤素夹杂的笑语声中，把布票、棉花票发到每个人的手中。然后，这些面额不等、花花绿绿的纸就会交到女人的手里再压在柜底，慢慢盘算着分了红、养了鸡和猪的收入能有多少让这些花花纸变成大人和孩子身上的衣服。

那时，母亲身体不好，不能劳动挣工分，父亲教书微薄的工资除了交全家的口粮款也就所剩无几了。怎样花掉这些票，或者是合理地花掉一部分始终是母亲一道难解的题。在父母的絮叨甚至是争吵声中，每年总是还要剩下很多的布票，然后送给要娶媳妇做新被子的街坊邻居。那个时候，过年能穿一件新衣服的确是一件幸福的事情。这其中所包含的东西也只有经历了那个时代的人才能理解吧。是啊，如今还有谁记得咔叽、记得华达呢、记得平纹和斜纹呢？还能理解包含在其中的生活的辛酸苦辣呢？

记得1997年在呼和浩特市学习的时候，偶尔在商场看见一件衬衣，标价200元，那可是我当时两个月的工资！小女孩不厌其烦地向我介绍纯棉的好处。尴尬之余，我只得开玩笑说，要是在毛主席时代，至多两块钱，二尺布票。说完这话，竟也生出来许多感慨。

当年，不仅仅是全民棉布。春暖花开的时候，有些人家就得把棉花取出来，让孩子原来的棉腰子变成夹腰子，直到深秋再把棉花装进去变成棉腰子。整个夏天，夹腰子就不下身了。更穷的人家连棉袄棉裤都得这样处理，否则就得夏穿棉、冬穿单了。三十年河东三十年河西。现在只有有钱人才享用棉布，穿棉布甚至成了身份的象征，让人不得不惊叹历史发展的诡异。

现在已经忘了那个时候除了腰子是不是有背心，但稍大些穿过白洋布做的衬裤，记得确切的还有衣服里永远有捉不完的虱子，那是因为衣服贴身老不换洗。在公社中学、后来是乡中学读书的时候，过礼拜回家的首要大事就是捉虱子，翻出衣裳里子，挤得两个大拇指指甲盖儿暗红一片，虱尸点点。偶尔洗衣粉洗头，就连头发里也有虱子。有时上课的时候就能用指甲抠出一个黑皮虱子，真不可思议。而现在这玩意儿想找一个也难，大概已绝迹了。多数孩子连刮头上虮子的篦梳也没见过吧。

1978 年，父亲被抽调给老干部落实政策搞外调，出门回来给我买了一件秋衣，蓝色的，质地是化纤。穿在衬衣里，是一定要翻出大领子的，要不岂不是衣绣夜行嘛，很是牛气了一阵儿。也就是在那一年过年，我有了第一件新的卡裤子，感觉就已经上天了。尽管那裤子惹土，但一正月幸福指数都在攀升，也惹得伙伴同学眼红。在这以前，我棉裤外套的裤子一直是父亲的旧劳动布裤子改的。当时有一句话很流行："新三年，旧三年，缝缝补补又三年"；当时有一种做法更通行：大人旧衣裳孩子穿，哥姐旧衣裳弟妹穿。所以，那时孩子们都盼望过"六一"，那也是学生服装最整齐的时候，家再穷，白衬衣、蓝裤子也得有。

现在还记得，那时娶媳妇，娘家是要狐皮帽子和羔皮筒子的。可惜这些玩意儿在那个时代太少了，除了大小队干部和少数好人家有可能达到，一般人家只能是折钱给女方家了事。不过，灯芯绒和大绒是少不了的。后来又时兴剪绒领子的短棉大衣，领子便成了稀缺商品。村里有个后生的舅舅在北京工作，给村里人买了不少，赚了许多的人缘。偶尔回村一次，请吃饭还得排队。

现在确乎已忘了那个时代的女性到底是啥子衣着了，只是还记得村子里有一个闺女，最擅长把母亲做的棉衣掏出些许棉花，让棉袄卡点腰，让棉裤窄点腿，倒立成萝卜形，再套上外罩，围上头巾，穿上翻毛皮鞋，在担沙垫碱的劳作路上故意袅娜，让一帮知青都自愧。再后来，她找了公公在供销社的婆家，就穿起毛哔叽、凡尔丁、的确良，还有一抖干，很是引领了一阵子三里五村女性衣着的风骚，也生出了许多茶余饭后的闲谈。现在想来，前者说明条件再艰苦、环境再恶劣也有人追求美；至于后者，应是无聊之人吃不上葡萄后的无聊吧。值得一提的是，前几年在一个婚宴上遇到了这位 30 多年未见、已是外祖母级别的村胞。"问姓惊初见，称名忆旧容"，却已是风光不再，泯然众人矣。话及当年，老乡们笑语一片，又唏嘘不已。

还有一道风景是那个时代特有的：光屁股孩子满街跑。甚至八九岁的男孩女孩还有光屁股的。还有就是光脚板子，尤其是男孩子，挂在檩檩上的百衲帮千层底布鞋是仲春前和深秋后才穿的，所以一年少说也有三四个月不穿鞋，脚底一律是厚厚的茧子，踩石头荆棘如有鞋底，功夫着实了得。

好在那种日子已俱往矣。面对社会日新月异的发展和变化，普通人都衣轻乘"肥"了，遑论有钱人。就连孩子也都是非名牌不穿。看看现在遍地的品牌时装店，再看看几乎能和巴黎时装周同步上市穿着的网上购衣，我们真的应该感觉到幸福了。可列宁说过，忘记过去就意味着背叛。不是吗？

锁黄龙

马 义

40多年前，故乡是常受风沙袭击的重灾区。一年一场西北风，从春刮到冬，乡亲们饱受风沙的蹂躏。且不说冬春两季的白毛风，单是春夏两季的大黄风，就让人们吃尽了苦头。严重时简直到了沙进人退、无法生存的地步。

那几年，我和小伙伴们在邻村的小学读书，每天的清晨和傍晚都在急着赶路。记得我们在黄沙滚滚的求学路上跑来跑去，切身经历了那一场又一场飞沙走石般的大黄风。大风卷起地上的沙土无情地向空中抛去，那呼呼声把天地搅成浑黄一体，让你分不清头上的天和脚下的地。现在这样的天气被人们叫作沙尘暴，可在我们小时候，却没有听说过这个词。只要一遇到这样的天气，我们几个走读生只好把红领巾或上衣蒙在脸上，手拉着手，一块摸索着向前走。这样的大黄风天气，虽然不是天天有，但也是常出现。尽管每次风沙打得手和脸酥麻麻地疼，可我们几个小男生很是陶醉其中，前边有高年级的同学迎风领队，后边我们依次一个拽着一个人的衣服，像玩老鹰捉小鸡游戏似的，有时还干脆把眼睛闭上，管它黄风不黄风，跌跌撞撞地跟着队伍走。当然后边同学把前边同学的衣服扯破是常有的事，也有摔倒的、碰伤的，全都一窝蜂地哇哇大哭，领队同学得费好大的劲才能安抚好。每当遇到这讨厌的沙尘暴，大人们总会说——刮塌天呀，天塌呀。还有骂老天爷黑了心的。这样的天气春天出现得最多，夏天也有。它来势凶猛，时间长短不等，有时几个小时，有时个把钟头，但破坏力极强，吹散草垛、刮倒烟囱是常有的事。

若它白天来了，人们就得家中点灯，若是晚上到，人们家中睡觉，尘土呛得厉害，只好用被子蒙住头。最好的办法是用水打湿毛巾，再用毛巾盖住整个脸，呼吸起来还稍微清爽一点。一次，大黄风过后，我们几个小伙伴在玩耍时，听到两个老汉对话，他们是这样说的——甲："那光，四娃日（我不清楚这是什么地方的方言），你说这会儿的灰孩日们有多灰？把我的夜壶给填满了土！"乙："不能哇！"甲："怎不能，夜儿黑了我把夜壶拿进来，半夜尿急，那光，往没间（往日），左木听（左听）不棱棱，右木听不棱棱，只光，今儿怎没声音，真也古了怪了，早起一看，尿漫了一锅台。"乙："那你白天把夜壶放了哪了？"甲："就在墙根底下，夜儿让黄风埋住了，我是从土里拨拉出来的。"乙老汉帮着甲老汉一分析，原来是大黄风作的孽，差一点把这笔账安在我们头上。从此，我们给这样的大黄风起名"夜壶风"，这名称也只有我们几人知道。受"夜壶风"之苦的不仅仅是我们山南几个村，更为严重的是我们乡的山北一带，就是西井子镇山北的几个村庄。一道东西走向的大山，把我们乡分为山南山北。我们山南的村子基本都坐落在山沟里，在大山的包围中，再大的风在高山的阻挡下都不再那么强势。而山北的几个村子就不同了，这些村子没有高山阻挡，一马平川，没个遮拦。你说"夜壶风"不欺负它们，还能欺负谁？

山北的人们，平时受大风的苦有多少且不说，单说人们年年种的地，就受尽了风沙的折磨。到了春天，人们好不容易种好了地，几场风沙过后，有的地被风吹出了种子，有的被沙子埋没了垄沟。还有那满地绿茵茵的青苗眼看就要长出垄沟，遇到一场沙尘暴便全军覆没，禾苗被活生生地连根拔起，或者被拦腰打断躺在地里失去了生机，或者全身被埋在沙土里没了影踪。望着这一幕幕的惨景，多少老农流下了辛酸的眼泪。人们只好赶快再改种，可是改种的庄稼收成无几，风沙给人们造成了年年"春种夏改秋不收"的灾害。没办法，后来人们只好推后一个节气种地，然而这样不按节令耕种的旱地收成更无保障。在那个"大集体"的年代，山北几个村庄几乎是年年无余粮、家家闹饥荒。至于我们乡为啥会遭受如此的风沙虐待，其实是有原因的。在我们乡的西北方向，将近百里之地，大部分是平川又是沙区，昔日的草滩，后来都变成了农田。当西北风刮起，经过这片地方时，风力稍一强就带起此地的沙土，沙土在空中旋转缠绕，像一条黄龙似的冲向我们乡。

面对这无情的风沙，乡党委曾带领乡亲们想尽办法阻挡。人们炸山取石就地取材，在农田的上风处，垒起石板墙，以此试图阻挡风沙，可是消耗了大量的人力物力却没有效果，不到一年间，石板墙就被风沙埋平了。直到1975年，公社书记邓富成经过详细研究，提出了植树造林防风固沙的建议。树能挡住风沙？别说群众不相信，就连一些领导干部也提出了质疑。常言道，"养儿生气了，种树吸地了"，再说连石头墙都挡不住风沙，树木怎能挡得住？另外栽下的树，能不能成活还是两回事。在乡党委的几次会议上，邓书记科学地解释了风沙的成因，以及树木如何起到防风固沙的作用，给乡领导干部实实在在上了几次科普知识课，大家明白了道理、提高了认识、统一了口径，做出了在全乡大规模植树造林的决定。于是乡里专门成立了植树造林指挥部，推举邓富成同志为总指挥。轰轰烈烈的植树造林战役在西井子乡打响了！

那个时候，我的老同学杜亮忠，是后山新井子村的民兵连长，后来成为村党支部书记，他一直在农村基层为党为他热爱的家乡工作了40多年。当年邓富成同志，领导全乡人民植树造林，从始到终杜亮忠都是参与者、见证者。据这位老同学回忆，当时全乡的植树造林动员大会一结束，邓书记（后成为乡党委书记）就把植树造林总指挥部直接安置在后山地区。邓书记集思广益，又根据当地的地理环境，做好了详细的规划，最终决定以林带为主阻挡风沙。他们先请县林业局技术员在后山西部的黑沙土村测绘出第一条林带，用来对付常年肆虐的西北风，林带为西南—东北走向，全长 5000 多米。以这条林带为起点平行向东移动，间隔 500 米再布置第二条林带，然后以此类推布置其他林带，这样一条一条的主林带从西到东覆盖了整个后山。林带群北起元宝山山脉，南到大北山山根。最短的林带全长 5000 米，最长的达到 8000 米。每条林带种 10 行树，行距与株距都是 2 米。每个树坑方圆尺半，南杨北榆，就是说在一个树坑里南边种的是杨树，北边种的是榆树，两个树种在同一个树坑中相互竞争着生长。

按照规划好的方案，人们首先进行实地测绘。测绘组的成员是各大队的民兵连长，尤其像老同学杜亮忠这样刚高中毕业的人，自然是测绘组的骨干。他们凭借三根标杆、一根测绳，还有几面旗帜，精确地在后山地区测绘出一条条标准的主林带区域。两年后根据主林带的抗风效果，在每两条林带之间又加了一条林带，所加林带为八行。10年后又在每两行林带之间增加了每条 4 行的林带，这样把以前林带间距 5000 米改变成大约 120 米。这一条条主林带在阻风固沙、保护农田中起到了关键作用。东北西南一条线，从西到东排成阵。测绘组每年都要把下一年准备栽种的林带测量好，做好准备工作。所以说测绘组的成员是造林战役中实实在在的排头兵。随后就是整地。整地是由乡里提供六七台链轨式拖拉机组成机耕群，机耕群沿着测绘好的线路翻山坡、走草滩、穿农田，无论什么地形，都以 40 厘米的深度进行深耕，为林带栽树打好基础。隆隆的机耕声，响彻后山大地，向不可一世的风沙打响了反击的第一炮。林带的栽种时间是每年的春秋两季。邓书记调动全乡的基干民兵，每个大队为一个连，由民兵连长带领，21 个大队就成为 21 支民兵连队，根据植树任务又把这些民兵连分到东西两个战区。两路人马在邓书记的统一指挥下，行动一致、配合默契，他们是植树造林的主力军。民兵们不怕苦、不怕累，边训练、边植树，干劲十足地战斗在最前线。沙域治理是一项宏伟的绿色工程，这不是一朝一夕就能成功的事。邓书记以山北林带栽种成功为契机，开始带领全乡人民封山育林、治理风沙。山南地区凡是沙土坡、风沙口都用林带封锁，全乡掀起了植树造林的热潮。各村各队利用荒坡闲地，植片林、种柠条。堤坝也好，沟壑也罢，凡是能植树的地方都栽上树苗。田间地畔的护田林、村村大道的路旁林、街头巷尾的环境林、村村小学的校田林、房前屋后的净化林、户户取暖的薪炭林。这一条条、一道道、一片片的林地，以及沟沟、洼洼、坡坡、梁梁上所有的树木与主林带交错相接，织成了密不透风的绿色的林网，挡住了风也固定了沙，硬是锁住了张牙舞爪祸害乡亲们的那条黄龙。

植树成功仅仅是万里长征迈出的第一步。邓书记明确告诫人们，造林容易护林难，如果后期的护林不力，那么前期的造林一定会前功尽弃。那样不但给人们造不了福，相反会成为劳民伤财之事。于是邓书记在每个自然村都选拔出几名铁面无私、尽职尽责的护林员，配合村干部精心呵护着全乡的一林一木。由于后期管理严格、措施得当，造林工程圆满结束、护林任务顺利进行。西井子乡的植树造林工程得到了上级的认可，成为县、自治区、华北地区乃至全国沙域治理中的一盏绿色的明灯。写到这儿，我好像又看见了故乡那绿色的林海，还有在林海中统领全局、运筹帷幄的邓富成书记。他衣着朴素、满头白发，布满血丝的双眼却是那么炯炯有神，那嘶哑的声音好像在述说着植树造林的艰辛。是的，如今西井子镇的每一片林地、每一棵大树下都有他留下的脚印。他是我们西井子人民永远忘不掉的人！最敬佩的人！

山水风光

描绘商都风光的几首《廓轩竹枝词》

安志明 整理

几千年的中华文化，留下的诗篇浩如烟海，但描绘商都风光的篇什却寥寥无几。偶翻清代诗人志锐的《廓轩竹枝词》，发现了几首专门描绘塞外商都的诗词，现将其整理摘录出，稍加注释，以飨读者。

《廓轩竹枝词》是记录京师—乌里雅苏台站道的重要历史文献。由清代著名的爱国将军、诗词大家志锐（1853—1912）所作。其人生、作品，与此一线站道是密不可分的。

志锐的晚年，正值外患频仍。但他矢志不渝，坚决主战，他多次上书内廷。光绪帝"览奏动容，召见便殿，与论天下大事，流涕直陈无所隐。上以是益重之，特命赴热河练兵"。但是，仅一个月，形势骤变，慈禧以"干预朝政"罪将瑾、珍二妃"降为贵人"。志锐则"降授乌里雅苏台参赞大臣，释兵柄"。

志锐于戎马倥偬之余，著《廓轩竹枝词》，或名《张家口至乌里雅苏台竹枝词》百首，不仅堪称竹枝词经典之作，而且生动描述了京师—乌里雅苏台站道的轮廓，留下了清代蒙古地区政治、经济、边疆风情风物文化信息，弥补了正史之所缺。

志锐竹枝词采用的是"七言四句"。通俗自然、轻快活泼。"竹枝咏风土，琐细诙谐皆可入。"诗词中状写的是阿尔泰军台及张库大道的景物，对商都县的六台、七台和八台及其过去曾经属于商都的五台，都有详尽的描绘。

扎哈苏·第六台

道路川平扎哈苏，幽人坦坦履长途。

驾杆两个乌拉乞，爱叶胡敦任所呼。

（解释：驾杆者，名乌拉乞；爱叶，缓也，蒙语；胡敦，速也，清语亦蒙语，不时可呼而语之。）

乌 拉 乞

策马随行并驾杆，不分男女弁而冠。

译言唤作乌拉乞，苦力驰驱为应官。

（解释：台兵应役，亦有雇债者，每送一台，得工资大茶半块，骑官马男女一例。充当乌拉乞者，蒙语效苦力之人也。）

明垓·第七台

明垓土室筑平沙，棋布毡庐数十家。

男女望尘齐引领，争前来看使臣车。

（解释：此台土室尚整洁，人家甚多。）

双 燕

双燕呢喃学语娇，多情相送路迢迢。

不依画栋雕梁去，来向毡庐伴寂寥。

（解释：自出口后，每到台必有双燕由蒙古包顶飞下，若有情来慰岑寂者。）

察察尔·第八台

（文结书此名，土人皆呼为七岐尔）

七岐尔讹察察尔，语音到处不相同。

察哈尔旗台止此，从来驭外在居中。

（**解释**：察哈尔属蒙古八旗，设立台站八处，为内外札萨克之冠。
此居中，驭外之权衡也。）

庆岱·第九台

车辙青葱如麦垄，九台庆岱在山湾。

台官长跪迎天使，诚朴风犹见一斑。

（**解释**：自九台为科尔沁王旗，台官皆于道旁跪迎，犹有尊君之
意，可嘉也。）

笔者认为：

1. "乌拉乞"就是驿丁，在军台中地位最低下。"驾杆"就是全
职护卫车辆的工作。"乌拉乞"的工作繁重，平时传送文件，护送车
子上的官员都是他们的职责。待遇最低，送一台，约五十市里，才得
到半块茶砖，当时的茶砖大概不算太大，"乌拉乞"有男人，也有女
人，常被人歧视和斥责。

2. 六台地势比较平整，路上行走的人比较多。

3. 七台是土坯房屋（大概六台是蒙古包），干净，对客人很热
情，有比较多的蒙古包。

4. 八台的叫法不统一，是察哈尔的终点了。内、外札萨克是清
时的官职，相当于旗长或县长职位。

5. 九台是在后旗，不属于察哈尔管辖。但是九台特别有礼貌，
台官比较长时间地跪在地上迎接天使一样，可见其多么地诚朴。（民
国时期归属于察哈尔管辖）

奶 茶

砖茶春碎煮成糜，牛乳交融最合宜。

不受姜辛受盐碱，想他渴饮涤肠时。

（解释：味亦不恶，如京师面茶，蒙人谓之哈剌茶，冲炒米食之，即朝餐矣。平时亦饮此。东盟奶茶无盐碱。）

粪 薪

过客晨餐用粪炊，输薪台弁积成堆。

寝皮食肉已嫌忍，遗矢犹教化作灰。

（解释：炊灶、御寒，皆烧牛粪，台弁按班拾取、输纳。驰驿传单，例书"预备粪薪、驼马"云云。）

蒙 古 包

浑圆如盖裹毡牢，小窦为门总不高。

中孔销烟兼透日，观天坐井首频搔。

奎苏图·第五台

路到奎苏沙碛多，车行高下尽陂陀。

每将碎石堆成冢，拜罢行人始敢过。

（解释：沿路逢高坡辄以碎石堆砌成冢，蒙人谓之鄂波者，庙也，拜而过之。）

鄂 波

（注：译成汉语即庙也）

垒石层层凸字呈，饮羊歃血达真诚。

中攒剑戟如林立，蒙俗多年本重兵。

（解释：山顶碎石堆砌如凸字形，实其中，顶则攒聚木削弓矢剑载各器，缠哈达于上，四季礼拜，宰羊歃血为祭。）

笔者认为，上面的部分诗词，生动形象地描述了当地蒙古族的民俗风情。

比如，谈到了奶茶的制作方法及口味，也讲了蒙古族人是用干牛粪来当柴火点火做饭。诗中还介绍了蒙古包的结构，蒙古包的门很矮，蒙古包的中间顶上有个通烟的孔，还能透下光线，使蒙古包内并不黑暗，比较明亮。

蒙人谓之的鄂波（即现代人称呼的敖包）沿路逢高坡辄以碎石堆砌成冢，因为这是蒙古族的神庙，要礼拜才对，所以献上哈达，礼拜罢之后，行人才敢走过去。

看来，在清末的这个时候，在商都县境内生活的蒙古族人还真是不少的呀。

走近元宝山

乔有才

元宝山，是商都境内的名山，坐落在西井子镇东北部，海拔1596米，呈圆形，面积约5平方公里。我出生在元宝山下的根市井村子，童年就和它结下了不解之缘。因为熟悉，所以亲近，总是带着感情去欣赏它的尊容。

本文拟从自然、地理、水文的角度给大家介绍一个完整的元宝山。

以元宝山为轴，划一条经线，分成东西两半，各处起源于它的径流水道，也以东西为归属，有的河沟，相隔不过一里地，却成了各奔东西的姿态。向东可能汇入商都的不冻河，向西到察哈尔右翼后旗一个叫水清华的地方。源于一山之下，却无相交之意，分水岭之能见矣。这一水文特征，是不是为当年行政区划提供了依据？我不知道。但元宝山归属商都，却又是它的边界，紧邻着察哈尔右翼后旗的属地。

以元宝山为中心，对四周山脉形成辐射之势，也成就了它的地位。历史上，它可能也是重要的军事要地。在山南和山北，相隔不到数公里，却横亘着两条金代长城遗址。我虽对金代土长城没有研究，但这么近距离的构建排布，应该是很少见，是否可以说明，它曾经或许是战略要冲？

元宝山，形如元宝，故此得名。它独立，苍凉，雄壮，伟岸。人常说，木秀于林，山秀于挺！能直接耸立成势，为当地土著民心中的一座圣山，这也是有原因的。

常听老人们说，元宝山下，压着一条巨型水蟒，免使当地遭受水患。还压着一把能打开宝藏的钥匙，至于是什么宝藏，可能至今没人知道。那时候，人们讲迷信，大仙爷或者别的神家，也都是从元宝山请回来的。若有个病病灾灾的，上山去采把草药，熬了喝下，便会痊愈。更奇的是，元宝山能现山。照科学解释，应该是海市蜃楼这种奇观吧？据已作古的老人讲，天近傍晚时分，元宝山突然不见了。继而出现的是一条古城的街道，各种商铺，往来的车马，还有挑着担子的货郎。

当地人们膜拜元宝山，也惊异于它的神奇之处。这种源于古老的宗教仪式，也表达出他们心中的敬畏之意！

元宝山海拔高度、绝对高度和相对高度是多少？占地面积多大？以及其他地理概况，我们不得而知。从它的行政属地看，它位于商都县西井子镇正北方约15公里处。四周有山围绕，南面是青石脑包山脉，东西走向，长10多公里，北靠大北山和四号地山。西邻后旗马鬃山和狗头山，东眺二道洼与补龙湾的重重群山。

登山峦之巅，有小天下之感。处处可见，遍布村庄。夏天，树荫环抱，良田美池；冬天，沃雪极目，博大雄宏！东山峰，观日出，东方曦光，启于地平线下，透映过风机组耸立的层层远山，可谓气象万千！西山峰，见暮日黄昏，土牧尔台小镇尽收眼底，二广公路行车穿梭，令人心胸开阔！

元宝山上，主峰口，留下了先民祭祀过的痕迹。过去有人在上面挖掘到精美的瓷器和陶罐，里面装有古钱币。山下有大量的古瓷片和古陶片，也有相当规模的墓葬，可以推断当年有先民在此住过，并且很有身份。元宝山是一个历史舞台，山脚下的人们都是过客。它见证了一个民族的兴起和衰落。这些历史，又都是断代史，没有衔接和融洽的余地。至今，有些古名称，如骆驼盘、狼窝沟、四方井、水泉沟等等，能对应找出依据的很少，甚至连一口水井也没有发现过。

20世纪70年代，山上有驻军把守。有几处山洞，都是当年的防御工程。明的、暗的、水泥的、石头的都有，大概不下好几处。

山下，靠山近东南一隅处，有一个小山村，名叫李四村，俗称大山底。几年前已废弃，其中也包括当年驻军的营房，都成了历史遗迹。

山体，靠近山根的地方，奇石众多，形态各异，也是有游人来观山的必选项目。卧佛石，在水泉沟上面，如一卧佛静躺，神态安详豁达。水泉沟里，有平阔的巨石面，成了野餐的好地方。卧佛石，水泉沟，古榆树是合在一处的景点。吃喝，休息，拍照，都可照应着来。

情人石，在山下靠西南的方向，是两个如热恋中的情人深情相吻的姿态。一个冬日，雪后，我见这位相恋了亿万年的新娘，终于披上了洁白的婚纱！靠近还有一个莲花石，形如莲花绽放。一线石，横看一堵墙，纵看薄如板。吉祥石，活灵活现如一头大象，样子蠢萌可爱。怪兽石，狰狞可怖，但头歪眼斜，嘴角拉出半个舌头，为处斩之意。人们叫大石头的地方，其实更像一位父亲，拉着他的孩子。如歌中唱的那样：是你，拉着我的手，从昨天走到现在……我只是选择性地举了几个例子，更多的还是要大家去发现好了。

依元宝山一线，向东北又一拐弯儿，地势却低了很多，就在那儿，又独立出来一座山，一座很特别的山。它与周围的山，在形态上就有很大不同。它为环形，中间呈锅底坑样，一侧又豁成一道缺口，可通过进入当中。靠近山体，虽然我发现过有火山岩一类的岩溶物状东西，但我不能确定它是火山留下的产物。

元宝山具备当地山脉共有特征，有时可能更胜一些。山上没有高大的乔木，除了山体下部、水泉沟旁生长在石崖缝隙当中的几棵老榆树外，并没有其他发现。以灌木居多，有野山杏树，有刺梨、酸柳等不知名的，如盆景状的植物，生长在岩石、悬崖的缝隙里。也有山丹花、野牡丹花、紫绒花和地椒花盛开，装点于各处，气味芬芳诱人。各种药材，如柴胡、知母、麻黄草、追风草、酸窝窝、艾蒿、茵陈都很多。其他植物杂生共处，形成与低地不同的多样性植物景观。

动物有狐狸、獾、野兔和黄鼠等，鸟类还有大雁、灰鹤、红嘴鸦、山鸡、斑雉、百灵、画眉等，它们的叫声各不相同，走路和飞翔的样子也不一样。这些内容，也是满足元宝山地理学的必要条件。

另外有两处遗址，在元宝山不远的地方。一个是山后元宝山村，一段土长城里，曾发现过一具古人遗骸，头颅与躯干都超过了现代人许多，应该还是对人类进化研究有帮助的，不知研究部门来考察过没有？

另外一处，在元宝山南，靠近水洼的坡上，有散落出来的古生物化石，它的年代，可能须以地质年代去考证。在相同的地方，也有疑似陨石物的存在，它的形状和构成与其地方的石头有很大差异。

走近元宝山，话说元宝山，我们之前提到过，传说中它的下面压着一把能打开宝藏的钥匙。今天，这把钥匙就交给大家，去领略它的风光、物产和人文故事，是否也把那座宝藏给找出来？期待你来！

不 冻 河

贾秀琴

商都县有条不冻河。"不冻河"是蒙语，意为"粗大的河"，不冻河发源于本县西井子镇西营图村附近，流域自北向南，途经许多村庄，在西坊子乡大翁村南边打了个左转弯，一路向东奔腾而去，归宿察汗淖尔湖中。不冻河全长 85 公里，流域面积 1131 平方公里。

不冻河河道有二三十米宽，水流宽度为七八米。如果赶上连续降雨，不冻河会发洪水，这时候水流会占满河道，河水也变得浑浊不堪。等到两三天后，水流逐渐变小，恢复原来的宽度，河水也逐渐变清。

不冻河是沿途人民的根和魂，也是商都人民的母亲河。不冻河可以涵养水源，净化水质，保障沿途群众的饮水。不冻河的地下水资源滋润着沿途几万亩土地，两岸的土地旱涝保丰收，人民享受着母亲河的滋养和厚爱。

早期不冻河水源充足，清清的河水奔腾不息地流动着。人们不仅食用河水，还利用水资源引水灌溉农田、菜园等，来丰盛自己的餐桌。

河里的石头干净圆滑，棱角早已在长年累月间被河水冲刷打磨掉了。河水中游动着各种小动物，有乌黑色的、圆滚滚的小泥鳅，在水中摆动着小尾巴游来游去。绿色的青蛙，长着圆鼓鼓的大眼睛，在水草中蹦来蹦去。还有长着大脑袋的黑色小蝌蚪，一堆堆地簇拥在一起在水中游动着。

到了夏天，河水暖暖的，大人们把脏衣服带到河边清洗。找一块合适的石头做搓衣板，把脏衣服放上去，撒上洗衣粉，开始用手搓，等到搓洗干净了，再放进河里漂去洗衣粉，脏水被冲到下游，河水依然干净如初。

不冻河也是儿童的乐园，夏天到河边玩水，游泳、捞鱼、抓蝌蚪，卷起裤腿在水中互相追逐嬉戏。冬天在河面上溜冰，先小跑一段路，然后忽然间止步，双脚死死踩着冰面，身体就会随着惯性向前滑去。或者找块木头钉成方形冰车，底部钉上两条粗铁丝，人坐到冰车上，两手握两根铁锥使劲一撑，冰车就向前滑去。

冬天，不冻河水只在上面结冰，平整的冰面白白的，十分光滑，把冰面打开，下面还是潺潺流水，人们用瓢把水舀上来，再挑回家去食用。

70 年代中期，在国营苗圃西边曾经修起水库养鱼。水库四周筑起高高的堤坝，靠水那面铺一层大石头，再在不冻河上修一座固水闸，水少的时候就关上水闸开始蓄水，水多的时候就打开水闸放一部分水出来。可能是因为技术不过关，没过多久修建的固水闸被大水冲坏了，变成一块一块的大水泥墩。大小鱼儿随着大水拥出闸口向下游跑去，大水泥墩上带着粗粗的钢筋在河里安放了好多年，堤坝成为决口，不冻河又恢复成原来的样子。

过去不冻河上没有桥，河两岸的行人要想到对岸去就得蹚水过河。每逢发洪水，河两岸会困住许多行人。80 年代中期，政府在旧商化公路上架起一座大桥，解决了行人的出行困难。

20 世纪初期，由于不冻河水被沿途拦截，加上多年持续干旱，不冻河水资源倍受摧残，水位逐渐下降，呈现出补水困难的局面。河心中露出龟裂的淤泥，干渴而死的鱼骨成片地混迹在淤泥中。母亲河在艰难地挣扎着，她的呻吟唤醒了每一个商都人的心。

2013 年，商都县委、政府把治理不冻河提上议事日程。管制沿河两岸非法开采地下水，彻底杜绝水源地取水的乱象。管理人员下大力气监控乱倒垃圾、破坏水源等情况并适时清理淤泥、拾捡垃圾。坚决制止在河两岸开发建设非环保项目。通过治理，不冻河水源得以恢复，水质也重现往日的清澈。

同年，县委、政府让水利部门承担起建设生态风景区的责任。对4.5千米河道进行绿化、硬化和亮化。河道一改往日的泥泞脏污，硬化成宽阔的柏油路，坡道与两岸种植千万株树木，目之所及花开遍野、绿树成荫。并先后建成梅花鹿养殖基地、西苑大汉宫蒙古特色大酒店、水上人家田园山庄、慧都寺。广场、游乐场、丽水桥、石拱桥、凉亭等各种游乐设施和景观同步呈现。对水库重新修建，重建固水闸和大桥，大批鱼儿又活跃在不冻河。

不冻河已经被建设成为一座集垂钓、观景、游乐、健身于一体的3A级旅游风景区，吸引北京、二连、张家口等许多外地游客前来观光旅游。

走进不冻河，绿树与鲜花交相辉映，河道平坦光滑。从大坝往南各种景观争奇斗艳。用灯光做成的七彩树色彩各异、姹紫嫣红。石膏制作的牛羊马儿活灵活现地"游牧"在绿草中。河心中筑起的高台上，镇河牛气势非凡。一条横跨小河的软吊桥新颖独特，走上去晃晃悠悠，林带里七拐八弯的七彩梅花桩供游客玩乐嬉戏。广场设施集健身与游乐于一体。转弯后的河道依然风韵多姿，两条小木桥曲折优雅，轻轻踏上木板，感觉清风拂面。石拱桥造型优美、别具一格，走上去犹如置身江南水乡。河心岛美丽幽静、灯光闪烁，凉亭设计精美。母亲河雕塑独具匠心、庄严肃穆，文化长廊图文并茂，讲述着商都的百年历史和风土人情。

不冻河，这条家乡父老的母亲河，经过几千年起落沉浮，已然变得富足而美丽，岁月辗转，时光流逝，相信她一定会随着时代的脚步变得更加生机盎然！

故乡的大石架

马 义

　　我的故乡李家沟是一个不起眼的小山村。村子的背后有道山洼，叫大西沟，顺着大西沟往北走，再翻过一道山梁，不到二里地，就到了我们的童年乐园——大石架。

　　这里，奇峰突起，怪石嶙峋。最显眼的是大石架的主峰，主峰的西端是无数块巨石天然堆砌而成的一个石架，足有八九层楼那么高。从西面看，这个石架就像一只正要展翅翱翔、一飞冲天的雄鹰。站在石架的下边向上看，头顶上巨石悬浮，让人望而生畏，真怕那些大石头散了伙儿，轰隆一声滚落下来。

　　与主峰石架相邻的北山坡上也有一座石架。它高而不险，一块块平滑的岩石紧紧地吸附在陡峭的山坡上，外观整齐、布局严明，像一处细心打理过的庭院。步入其间，不禁惹人遐想联翩。院门的右边蹲着一只石狮子，活灵活现、威风凛凛。左边本应还有一只石狮子，可惜大概在几千年前的山洪暴发中，被洪水冲进山涧，如今早就无迹可寻。狮子蹲坐过的痕迹在此处依旧清晰可辨，引诱着你总想朝这方面想，只是想一想也就罢了，除了这别无他论，何况门前还有一条深深的水沟。雨落的年份，山泉从石狮子脚前的岩石上缓缓流过，汇成一道浅浅的小溪。溪水无声，清得可见岩石上美丽的石头花。溪面的镜子里倒映着蓝天、白云和拔地而起的山峰，那是连丹青高手也难以描摹的天然山水画，惟妙惟肖，引人入胜。双手捧起泉水，手心里珍珠般的泉水清凌凌的，嘬一小口，甜甜的，地椒椒花特有的清香顿时浸入肺腑，使人神清气爽。

沿着北坡向西走还有个石洞，洞深三四米，是由几块岩石人字形排列而形成的一道石缝。人们常见狐狸出没于此，探头探脑，好不可爱。

站在高处，静观山坡上星罗棋布的石头，好像一块块岩石都有了灵气。有爱热闹的——大的、小的都不分老少地扎堆坐在一起，形成了天然的盆景、凉厅、城堡；有喜欢清静的——自由自在随处可见，站着的、坐着的、横躺的、竖卧的，像老人、像少妇，似猴子、似骆驼。千姿百态的岩石在你眼前拉开帷幕，一个个还等着人们给它起名评价，从而真正拥有灵魂，释放出大自然内在的美。看着这些岩石你就会感觉到，它们是大自然中铁骨铮铮的硬汉，有一种面对千难万险永不低头的精神。走近它们，它们会赋予你坚毅顽强的品质和战胜一切困难的信心。

据老年人们讲，过去的大石架野草茂盛、灌木丛生，是放牧的好地方。人们把牛羊赶进大石架，牛羊就被淹没在草木之中，消失得无影无踪。放牧的人们聚在山沟出口的岩石上，抽烟、唠嗑、打呼噜，只等牛羊吃饱后三三两两，慢慢悠悠地从山里走出。要是谁家烧火柴没了，就进山里砍一篓山柴回来，烧个十天八天没问题。采些蘑菇、挖些地皮菜、掐一把山韭菜、挖几根臭葱改善一下伙食，这也是常有的事。

说大石架适合放牧这一点儿也不假。如今这里虽然不比从前，可还是草肥水美的好地方。养羊户们把羊群赶到大石架去吃草，羊儿们吃饱需要喝水时，就把它们赶到一个叫泉子沟的地方去。大石架有两道泉水，一个是内泉，一个是外泉。内泉在山里，雨落时才会出现，而外泉在山外，一年四季水流不断，它在大石架北坡背面的山脚下，人们叫它泉子沟。大石架的地形是两面高山，中间有一条由东向西蜿蜒而伸的峡谷，在这里放牧省力也省心。记得我刚念初中那年，学校放秋假，也叫农忙假，我回村后正赶上队里缺个放夜马的人。出于好奇，我向队长报了名。队里正缺人手，求之不得，于是我就当上了夜里放马的小马倌。至于为什么白天放了牧的马夜晚还要赶出去再放，这我不太清楚，大概是因为"人不得外财不富，马不吃夜草不肥"吧。大马倌是一位北京知青，他是来我们村接受"贫下中农再教育"的。他初中毕业后到了农村，比我也大不了几岁，几年的农村生活让他没有了书生气，粗糙的手指握着马鞭显得很成熟。每晚马群出坡时，我们忙的第一件事就是给马上绊。马绊有三节绊、二节绊、跳跳绊、扑拦绊等等。这些绊多数是用铁环相连而成，也有皮制的。每种绊像过去的刑具一样，是专门对付这些不听话的马儿的。这些帮人们拉车滚地的马和草原上自由驰骋的马命运不同，它们没有自由，是任人指使的奴隶。三节拌拴住马的两条前腿和一条左后腿，三点固定，马儿只能像负重的小脚女人一样踏着碎步前行；二节绊是拴住马的一条前腿，再连住马的一条后腿，如果拴住马同一侧的两条腿，是给马上顺绊，左前右后就叫侧伴；只拴马的两条前腿或一条前腿的叫跳跳绊；用一根绳子系一段粗木棒套在马的脖子上叫扑拉绊。唉，在动物界人是最不讲理的，这话一点儿也不假。

每天夜晚，我们把雨毡绑在各自乘坐的马背上，赶着马群去大石架放牧。马群一进大石架，我们就直奔大石架的出口去休息，等马儿出来时，天也快亮了。那时我们躺在雨毡里，望着星空，听着马儿哗啦哗啦的走动声倒也清闲。最难熬的是后半夜，睡意袭来，上下眼皮直打架。这时马儿们也吃饱了，"跑马饿牛"说得不错，牛吃饱后就卧下来倒嚼，而马吃饱后就不安分了。我们也闲不住了，只能忍着困意起来管管。最遭罪的是下雨天，还好每人有个雨毡。雨毡是防雨的工具，如今早已淘汰了，它是毡匠用牛毛或羊毛擀制而成，形如斗篷。下小雨时把它披在身上，遇到大雨就钻进雨毡里，像企鹅那样蹲在地上。只是两裤腿被小草上的水珠打湿了，也难受得很。马儿们在雨天是最好撒欢儿的，要不是被大山围着肯定是会炸群的。

解放前大石架还是乡亲们天然的保护区。

在那兵荒马乱的年代，我们这儿虽然打仗的事发生不多，但跑赖小（土匪）之事常常出现。赖小一进村就搞得鸡犬不宁，他们成群结队，祸害乡邻，抢粮刁钱，无恶不作，说个不字，吊起你就是一顿毒打。人们吃尽了赖小的苦，赖小一来就得赶快跑，所以叫作跑赖小。大石架是村里人最好的藏身之地，沟深、山大、石头多，只要躲进大石架，赖小也不敢贸然进犯。尽管有大石架给人们做屏障，但一场悲剧还是发生了。

一天夜里，劳累了一天的乡亲们都进入了梦乡。突然，全村的狗疯狂地叫了起来，狗儿们一边咬一边向村口扑去。急促的狗叫声把睡梦中的乡亲们惊醒了，人们一下子就明白赖小来了。家家灯也不敢点，摸黑带着儿女、扶着老人悄悄地向大石架跑去。一对夫妇稍慢了一步，赖小们已逼近村口。慌乱中，男人拿起被子裹着刚满月的孩子，拉着体弱的妻子，急忙向大石架奔跑。尽管狗儿们扑死扑活地围着赖小们咬叫着，而赖小们噼里啪啦的马蹄声还是越来越近。没有月亮，脚下一片漆黑，只有头顶上的星星忽闪着不安的眼睛。当这对夫妻抱着孩子，深一脚浅一脚，跌跌撞撞跑到大石架时，已经累得上气不接下气。人们手忙脚乱帮忙打开被子，一看，孩子已经没气了。原来男人在慌乱中把孩子头朝下抱着跑，再加上一路的碰撞，一个刚刚满月的婴儿，就这样夭折在这跑赖小的夜路上。男人的愤怒和女人撕心裂肺的哭喊声，在黑夜的山谷中久久回荡，是那么揪心、那么无奈。唉！你个挨千刀的赖小呀，连这座座山峰都激起了对这个不平世道的愤恨。

解放后，根除了匪患，乡亲们过上了夜不闭户的安心日子。故乡的大石架成了我们儿童时期天然的乐园。

我们几个小伙伴，经常去大石架玩耍，尤其是到了星期天，让人最开心的地方就是大石架的主峰。主峰的东边不高，不费劲就能爬到石架的顶部。

顶部的南端有块巨大的岩石，像锅一样倒扣在石架的上面，这样上下岩石间就留有一个空隙，我们就把这个空隙当成了玩耍的石屋。我们从石屋的北边钻进去，石屋并不宽敞，坐着还直不起腰。我们也不嫌憋屈，躺在里面看小人书，趴在里面玩扑克牌，玩腻了又从南边爬出来。南边有一个出口，像方形的窗口。我们从窗口出来，扒住两米多高的石壁滑下来，脚下是一条石缝，再沿着石缝溜到石架的底部。有一次我们遇到雷阵雨，就急忙钻进石屋，本以为石屋是避雨最理想的地方，没承想不大一会儿，石屋的顶部和底部都流进了雨水，我们被浇成了落汤鸡。石屋虽小，故事却多，邻村的小朋友肯定也有来过这个石屋的，他们也有说不完的故事。在我读高中的时候，当年的小伙伴们相约来到大石架，故地重游，我们还想进这个石屋看看，可是一个人爬着挤进去之后转不过身，只好向后退着出来。

石架顶端的北部，有块桃形的巨石立在上面，那是石架的制高点。小时候，真也奇了怪了，越是危险的地方越是想去。我们把鞋脱掉，手脚并用硬是爬到大桃子的上面了。一到上面心情一下紧张起来。耳边的风呼呼作响，头顶的白云疾驰而过，往下看悬崖深谷，触目惊心，至今想起时还心有余悸。前年村里人们聚会，有的青年后生还轻松地爬上了那块巨石上面拍照，现在恐怕打死我，我也不敢上去了。

说起拍照，让我猛地想起，大石架还有几位兄弟，草木相连，实属近亲。就像我们村与相邻的侯家沟、瓦窑沟、张奎地这几个自然村一样，三沟一地组成了一个行政村叫新寨，属商都县西井子镇管辖。

四个村子的村民祖一辈父一辈的和睦相处，友谊不在平常。同样与大石架称兄道弟的几个地方是侯家沟的石儿沟、瓦窑沟的脑包沟，还有张奎地的脑包山。一草一木把它们连接在同一山脉之中，近在咫尺，山水相依，各有特色，堪称当地最美的自然景点。那些少小离乡的外出乡亲们，回乡探亲总会来这些地方拍个照留个影啥的，以作纪念。你若想去这几个地方都不难，就拿石儿沟来说吧。从大石架的顶峰起身，沿着铺满地椒椒花的紫色山梁向南随坡而下，就进入了一条大沟，顺沟南行，走一个急转弯左拐，就能毫不费力地来到石儿沟。

石儿沟，一块巨石誉天下。在满沟的石群中，一块椭圆形的巨石像人一样笔直地站立在另一块岩石的上面，远远看去就是一尊人形的石雕像。奇怪的是当三五个人合力推动这块石头时，它微微晃动，可就是推不倒。小时候，老人们常对我们说这是一块仙石，里边住有神仙。那时我还目睹几位老人，虔诚地来到这个石人面前，烧香拜山，祈祷平安。我们是不常来这儿玩的，即便来也是心存敬畏，不敢放肆。记得有几个北京知青，他们不信邪，有一天，他们拿着撬棍来到石人前，要用杠杆的原理把这块巨石撬翻，没曾想，无论他们从哪个方向下手，稍一用力，这块巨石就向人站的这个方向倾斜，吓得他们只好罢手。究竟是神的作用还是力学的道理，无人研究，也说不清楚。千百年来，这个石人，它立于天地之间，饱览群山，仰望苍天，历经风霜，岿然不动。人们看到这块巨石敬畏之心便油然而生。

故乡的大石架啊，连你的孪生兄弟石儿沟都这么神奇，在你那坡坡梁梁、座座山峰、道道石缝中，究竟以前发生过、正在发生着、将来还要发生多少有趣而神秘的故事，让人写也写不完、读也读不尽。

文艺长廊

著名作家里快和他的作品

安志明

里快，一位土生土长的商都才子。他像一颗耀眼的明星，曾经璀璨了中国北疆文学的天空；又似一匹汗血宝马，以其俊朗的雄姿，在广袤的内蒙古草原驰骋。他以其卓越的才智和忘我的勤勉将草原文学引领至一个崭新的巅峰。他 72 岁的生命历程，给草原文学留下了不同凡响的音韵。

一、里快简介

里快，原名李魁（1949—2020），出生于商都县元宝山下的吴家村。中共党员，大学文化，中国作家协会会员，国家一级创作，作家、诗人。主要代表作品有：长篇小说《老泉井风情》、《河魂》三部曲、《美丽的红格尔塔拉河》、《李陵》。中篇小说《菜市》；诗歌《铁笔雄魂》《艺术的呼唤》《握别草原》等。大型报告文学《月光流泻霞光飞》等，短篇小说、戏剧、散文、文学评论若干篇。内蒙古最高文学奖"索龙嘎"奖和"五个一工程"奖获得者。并著有经济专著《草原畜牧业产业化概论》和经济论文集。

里快是内蒙古大学、内蒙古师范大学、锡林郭勒盟职业学院兼职教授、内蒙古中青年作家文学创作研究班学员导师。他为内蒙古培养出一大批青年作家，为繁荣内蒙古文化做出了重大贡献。他的作品在国内外产生了重大影响，成为当代中国文坛重要的实力派作家之一。

二、创作历程

出身寒门的里快，自幼酷爱读书，年纪很小，就通读了四大名著。卷了毛边的《三国演义》不知看了多少遍。一部《红楼梦》，他读了几十遍，他有书必读，心灵深处那颗爱好文学的种子逐渐萌芽。读初中、高中时，吃的是糠炒面，清水煮白菜，经常饿着肚子，但只要有一点钱，便用来买本书。如饥似渴地读书，成为他一生的习惯。他立意高远，广纳博采，时时瞻望世界文化，雨果、巴尔扎克、托尔斯泰、肖洛霍夫等外国名家的作品，他更是百看不厌。各种报纸期刊也是经常翻阅。已经当了县委书记的他，仍然自学汉语言文学，并取得了大学本科文凭。

里快的创作是从 20 世纪 70 年代开始的。那时候他在社中当语文老师，公社乌兰牧骑以他创作的剧本排练成节目，舞台上的表演迎来了观众的掌声。敏锐的观察力、奇妙的想象力，加之丰富的社会阅历，铸成了里快深厚的文学功底，使他的创作博大宏阔却又情深意长。里快创作涉及的体裁特别广泛，小说、诗歌、散文、戏剧、报告文学、文学评论等，以诗歌、小说、评论为主。他在担任商都县委书记时，就出版了长篇小说《老泉井风情》。曾任中宣部部长、中央政治局常委的刘云山专门为此书作了序。任乌兰察布盟副盟长时，熟悉经济、擅长农牧业管理的他，把社会实践融入文学创作，出版了长篇小说《雾满长河》《激流澎湃》。时间，对于一个创作者来说，宝贵至极。没有节假日，早起晚睡，靠的全是体力、毅力和精力，以及对文学的至爱和执着。1997 年，里快调任锡林郭勒盟副盟长，有预见者说，"那片草原上会出现一个大作家了。"果然，里快很快融入美丽的大草原，创作激情像骏马一样驰骋开来。仅仅几年时间，《美丽的红格尔塔拉河》《大漠悲风》《狗祭》三部草原题材的长篇小说相继面世。人们为之惊叹，一位汉族作家竟然将蒙古族风情描写得如此深邃隽永，不愧是大手笔！这些描写草原的佳作立即引起中国文坛的注目，溢美之词在全国各大主流媒体相继推出，被文学评论界誉为新时期草原文学的扛鼎之作。坚韧、执着、勤奋，里快以纯文学守望者的姿态鞭策着自己，激励着他人，灿烂了草原文学的园林！《不在名册的村庄》这部长篇小说，是里快任内蒙古文联党组书记时创作的。中国当代文学研究会会长白烨看了里快的这部长篇小说后，给出的评价是，"这部作品应该得到文坛更多的关注，给予更高的评价。"2018年商都建县 100 周年，里快倾心倾力创作了《第七个驿站》，为家乡献上一份厚礼。为了这部书，里快查阅了大量有关张库大道的资料，还与张家口日报社有关人员取得联系，征询了解张库大道驿站的情况，每天全身心倾注在创作中，窗前的月光，天上的星星，夏夜的蛙鸣，是他多少个不眠之夜的陪伴，真正达到了废寝忘食的地步，一个作家的职责与担当，让他思接千载，笔走万里，可谓倾尽心血。

里快以爱心写作，用毅力完成。几十万字的小说，从初稿到定稿，他都要细心修改十几遍，精益求精，就像打造一件精美的艺术品。他的创作初衷没有沾染世俗的尘埃，从未想过以作品谋取金钱，更不去迎合市场走向，坚守纯文学的创作原则，诚心为读者提供一份净化心灵的精神大餐，提升读者的精神境界始终是他的创作初心。《草原》原主编丁茂将这种文学精神归结为"里快现象"。

里快在创作的征途中，可谓日夜兼程。天道酬勤，十几年的光阴，里快处于创作的高产期，写出了长篇小说 10 多部，5 万字以上的中篇小说 7 部，已发表各类文学作品 550 多万字。除纯文学作品外，还著有《草原畜牧业产业化概论》等两部经济专著。2007 年他撰写的《草原畜牧业产业化概论》成为全国第一部经济专著。

三、主要作品

里快的作品在全国各大报刊频频发表。《菜市》在《草原》发表不久，即被《中篇小说选刊》选载。《神笛》在《草原》和《青年文学》发表后，被《小说选刊》作为重点作品，配发两位著名评论家的评论和作者的《关于神笛的创作理念及其它》等三篇文章在《争鸣》栏目推出，在全国文坛引起强烈反响。《神祉》于《草原》首发，《小说选刊》选载；《神示》在上海《小说界》首发后即被《小说选刊》《小说月报》《新华文摘》选载；另有短篇小说、散文若干；诗集四部，大型交响乐歌词《草原组歌》一部，其中上百首诗歌在《人民文学》《中国作家》《中国诗》《词刊》《人民日报》《文艺报》《中华读书报》《中国艺术报》《内蒙古日报》《草原》等各级报纸杂志发表；大型报告文学《月光流泻霞光飞》《北京，浑善达克向你报告》等三部；其中《月光流泻霞光飞》在《人民日报》"大地"文学副刊发表。出版文学评论集一部。其中《"东归"背后的精神文化动因及其艺术张扬》由中宣部从全国40多篇评论中选定，在《光明日报》文化专版头条位置发表，另有几十篇评论在《文艺报》《中华读书报》《内蒙古日报》《草原》等各级报纸杂志发表。

代表作之一的长篇小说《美丽的红格尔塔拉河》在《十月》杂志社发表后，由中国文联出版社出版。2007年初，在中国现当代文学馆召开了有国内一流评论家参加的作品研讨会，有关报道、评论在国内主流媒体、各大网站均有发表。会后，《人民日报》（海外版）和人民网将其与季羡林的《牛棚杂忆》、铁凝的《铁凝散文精品赏析》等三部重点作品向国外进行推荐，随后被译成蒙古文和斯拉夫文在国内和蒙古国出版，引起轰动。同年，参评茅盾文学奖，为40部入选作品之一，后经国家图书馆、中国作协《长篇小说选刊》审定，被列入建国 60 年来全国 500 部优秀长篇小说之一，制成电子版向国内外推出。反映汉将李陵性格悲剧、弘扬草原文化的长篇历史小说《大漠悲风》被评论界认为是对历史时空的超越，充溢着当代文化理念和人文情怀，无论在立意、结构、层面切入、角度选择、史实运用，还是在创作理念的创新方面，都是对长篇历史小说创作的一种新的成功探索，因而有着独到的价值。反映当代草原文明与工业文明矛盾冲突的长篇小说《狗祭》在《十月》杂志发表后，由内蒙古人民出版社出版。评论界认为，这部作品的问世，标志着我国小说创作开辟了一个新的领域，即着眼于对人类精神世界的追述和呈现悉心用笔，并且在当代人文形势下，完成了对文学本质价值的还原和提升，是中国文坛反映当代生活不可多得的作品之一。2009 年底，由内蒙古大学文学院、内蒙古文学理论研究会共同主办的"里快文学作品研讨会"在呼和浩特举行。内蒙古大学、内蒙古师范大学、内蒙古文学理论研究会、内蒙古文联理论研究室的教授、专家、学者、研究生以及内蒙古文学创作研究班全体学员共 200 多人参加了研讨会，集中对里快的三部草原小说进行了深入的研究探讨。会上，全国著名文学评论家雷达对里快的《美丽的红格尔塔拉河》《大漠悲风》《狗祭》等三部草原小说进行了点评。雷达指出，里快的作品中有一个无所不在的最重要的人物，那就是草原；草原始终能动地贯穿在他的作品中，不是作为背景，而是作为一种意志人格，一个巨大的悲欣交集的灵物。《美丽的红格尔塔拉河》对英雄人格，正义与邪恶的斗争，表现得强烈而激动人心，对博克文化有精彩描绘；《狗祭》独出机杼，表达了更为深邃的思考；《大漠悲风》不是一般的风情、风俗、风光、物产、地貌的东西，而是写出了民族的精神的根性，写出了内在的美。作家把诗化和抒情化的因素大量带入了他的叙述话语之中。风格粗犷、豪迈，骨子里是狄奥尼苏斯式的酒神精神。这构成了里快小说的魅力。也许在他看来，氛围比细密的环境重要，大自然、人性比社会、政治的细节重要，写意性比写实性重要。在某种意义上，他是把小说当作抒情长诗来写的。所以，背景、事件、历史的具体性往往被淡化了。比如在《大漠悲风》里，我们不大看到汉代的典章、礼仪、宫闱秘史、复杂的人物关系，而被突出的是，几个主要人物的境遇和心态，连司马迁都是虚写、转述，画面的中心是苏武和李陵，有较多浪漫主义，象征主义成分，有寓言化、象征化、抽象化的倾向。年代似乎并不重要，时代背景的真实细节也不重要，他要写的是英雄传奇，悲情故事，是比较长远的母题——草原上千百年来不断重复的人文主题，具有原始意象化，甚至抽象化的东西。草原之瑰丽万状，成为它小说中最抒情，最富于色彩感，最诗化的部分。《狗祭》开头写库伦图草原，从月牙形的边缘写起，恩格尔河把蓝天白云揽在怀中……非常精彩。《美丽的红格尔塔拉河》写女性美，拿大地、草原、湖淖比喻，人物语言多用草原上的事物比兴，游牧文化气息一下子就出来了。《狗祭》中老骆驼巴图的形象是个创造，以前也有过类似形象，但这个不一样。这头老骆驼，是个象征性人物，是草原的人格神。雷达特别强调："里快是全国文坛需要刮目相看的一个重要作家。"会后不久，点评即以《草原小说的诗化品质》为题，在《人民日报》发表，新浪网站随之于显著位置推出。此后，张炯、孟繁华、崔道怡等著名评论家先后在《文学评论》《文艺报》《中国艺术报》《光明日报》等报刊发表文章，对里快的三部草原小说进行全方位评介。共同指向是里快草原小说的美学品质，其内涵概括为：赋予草原以人格化的魅力，使草原作为一种人格力量，一个无与伦比的具体象征性形象出现在文本中；在草原文化的统领下，融写实、哲理于一体，从形而下到形而上，将形象与理性有机结合，展开宏大的叙事；将现实主义、浪漫主义、古典主义、意识流、魔幻现实主义等流派的优秀成果完美融合，精心开辟场景，设置情节，塑造人物，调配语言，以草原小说人物性格的独特性、典型性和人格力量丰富了中国文坛的人物画廊；语言、语感由稳定性、确切性、逻辑性向灵动性、模糊性和直觉性转变；由经验型向创造型转变；由身体性向心灵性转变，从而实现了对传统草原文学创作的突破，使草原这一文学母题变得更加神圣，在更大范围内引起关注。这是里快对中国文坛的独特贡献。2015 年底，里快在《中国作家》推出了他的又一部长篇力作《不在名册的村庄》。这部作品"以一群进城谋生的农民工栖身的'桥头堡'，这样一个'不在名册'的'村庄'为叙事空间，以活动在其中的一群小人物的惨痛经历与遭际编织文本，力图表现特定的历史条件下，中国出现的一些特殊社会现象，面临的一些新的特殊问题，进而对当代中国式的城市文明、城乡差别进行深层次的剖析，直逼金钱、功利、权力腐败等尖锐的社会时弊，同时不乏对传统文化精髓的褒扬，堪称一部优秀的现实主义力作。"①作品发表后，便引起评论界的重视，随后，著名评论家耿瑞、王素敏分别以《"苦难"文学叙事的突破》《破灭后的生命重量》《飞翔陨落后的沉重思考：里快近作论》为题，在《文艺报》《中华读书报》《小说评论》发表文章，对作品进行评价。中国观网全文转载了这部作品，引起强烈反响。里快反映中国另一条重要"丝绸之路"张库大道（张家口—库伦，即现蒙古国首府乌兰巴托）历史风貌的长篇小说《第七个驿站》在《中国观网》连载。这部作品以张库大道的重要节点第七个驿站，即现商都县人民政府所在地七台为出发点，以七台梁氏家族几代人在大道上开拓、拼搏为主要线索，配置多条副线，展开宏大叙事，全方位地揭示了张库大道兴起、发展、衰落的全过程，集中讴歌了七台的人文、文化禀赋，塑造了梁老爹等众多人物形象。表现在这些人物身上的无私无畏与仁义诚信，突破了商业社会固有的逻辑，创新为一种生生不息的精神之旅，而为后来者所

---

① 王素敏：《飞翔陨落后的沉重思考：里快近作论》，《小说评论》2017 年第 1 期。

尊崇。奇谲瑰丽的地域风情，惊心动魄的艰险匪患，悲天悯人的人文情怀，精到诗意的语言风格，描绘出一幅幅英勇、悲壮、不屈不挠的人生画卷。现实主义与魔幻、象征等后现代主义手法的有机糅合，神话、故事、传说与体现不同文化风貌的歌谣，巧妙穿插，以及悬念的创设与跌宕起伏的情节安排，为作品获得了一种别具一格的美学品质，最终将一段极具思想文化价值却几近被湮灭的历史，艺术地呈现在观众面前，在弘扬中华民族传统文化与核心价值观方面独树一帜。《第七个驿站》的效应便是，几百年后，张库大道上的驼铃声依然回响在七台的上空。

里快的文学作品，不仅赢得了广大读者的喜爱，还获得了极高的荣誉。长篇小说《老泉井风情》和报告文学《月光流泻霞光飞》分别获得内蒙古第六届、第八届文学奖"索龙嘎"奖，长篇小说《雾满长河》获得内蒙古 1998 年"五个一工程"奖，《狗祭》获得内蒙古 2009 年"五个一工程"奖，《草原组歌》获内蒙古艺术"萨日娜"奖。

里快是一个无愧于党和人民的官员，又是一个有责任、有担当的作家。其文学作品始终贯穿着一种博大的精神，这种精神会不断启迪、激励、教育后人。做一个作家不难，难的是做一个好作家。里快始终坚守文学的净土，他把坚持打造纯文学精品作为毕生的追求。评论家李爱平给予里快的评价是，"里快，执着的纯文学守望者"。

苍天不老，青山永驻，一代英才如星似月。里快精神永存！里快的文学成就永放光彩！

才女舒正

安志明

舒正，原名冯素珍，笔名舒正乃素珍之谐音。内蒙古作协会员，知名散文家。

1949 年 10 月 2 日，舒正出生于美丽的桑干河畔，美轮美奂的景象，曼妙成诗、成曲、成韵，赋予她童年的美好。那时候，"美"对她而言，有着无限的遐想和深情的向往。

8 岁那年，带着桑干河给予的明净、清纯、端庄和秀丽，舒正随父母来到不冻河畔。桑干河的灵气，不冻河的清丽，为她童年的梦想镀上了一层文学的色彩。在北国壮阔的原野上，她一路采撷世间万物的美好，娇艳的花蕾也在此地嫣然绽放。

一生受母亲的影响，她朴实无华，观念正统，性格内敛，待人和善，处事低调从不张扬，看似柔弱却不甘人后。她从小爱做家务，常常是一边帮着母亲干活，一边看书学习，阅读成为她生活的重要组成部分。由于酷爱文学，在读书时期她对语文情有独钟，老师也喜欢这个既听话又爱好写作的学生。她的作文常常被老师当写作范文进行点评。1966 年，舒正从商都中学初中毕业，由于众所周知的原因，她无法继续深造。1968 年她来到商都县大黑沙土公社杨柳湾村插队锻炼，从此有了"知青"这个享誉世界的名号。在广阔天地里，她投身大自然的怀抱，劳动虽然艰辛，但磨炼人。朴实可爱的乡亲们像父母一样疼爱她，手把手地教给她生存与生活的本领。她与乡亲们一起锄禾，并肩割麦，小憩时，看云卷云舒，看红柳婀娜的姿态，喝老粗碗盛满的井水，吃乡亲们送来的油炸糕……插队的经历和磨砺，让她不能忘怀。自然的、人文的、现实与理想的，都使她的文学意趣愈加浓郁。带着无尽的想象，带着一片真情，她行走在文学的大花园里。她将知青生活的经历浓缩在《镌刻在心底的岁月》一书里。1978年，舒正返城工作后，她当过老师、干部。对于散文写作，她一直没有放弃。顺从自己的意愿，由视觉到感觉，她常常以浓郁的情感、多彩的文字来描述生活的画卷。自家院子里的西番莲成了她的散文《西番莲》素材，并且获得了《草原》"绰尔杯"二等奖。此文无意中抬高了西番莲的身价，使其声名远扬。获奖，使她在文学的征途中倍受鼓舞。

舒正和里快先生的结合，首先缘于共同的爱好和志趣。尽管当初的生活快乐少于苦涩和艰辛，但田园生活的绿意已经成为她人生的底色，任何文字的铺陈皆是在浓绿的意境中展开的。《绿色情缘》是她婚姻生活的真实写照，因其饱含真情，被国家顶级刊物《人民文学》采用，并获得了内蒙古最高文学奖第九届"索龙嘎"奖。奖是一种荣誉，更是对她文学创作的一种肯定。

里快先生是名人大家，他对舒正的创作影响也是至关重要的。他们互相学习，对语言风格、情节安排、人物塑造、叙事方式进行深入探讨，在文学创作的路上携手共进，被称为作家伉俪。

多年辛勤笔耕，舒正发表散文已近百篇。内蒙古《草原》文学杂志辑有《舒正散文专辑》。代表作《草原月色》《八月槐花开》《美丽的高度》被国家顶级散文集录入。散文《康乃馨》被收入当代精短散文选粹集《露珠里的芬芳》。她主编《里快文学作品评论集》《里快文学作品评论集（草原卷）》2部。系列文化散文《耳闻目睹话宝岛》

《哈利法克斯笔记》两部已完稿。亲情、乡亲、爱情，一个"情"字充盈其中，或浓或淡都散发着缕缕温馨。《绿色情缘》《兰花心语》在《人民文学》发表;《母亲的针线包》在《十月》发表;《舅舅的红缨鞭》《阿拉善，苍天般的感觉》发表于《散文海外版》;《美丽的高度》在《黄河文学》发表;《草原月色》发表于《北京文学》1950—2010年创刊60周年特刊;《三盛公畔看黄河》《冷艳千秋》发表在《中华读书报》;《耳闻目睹话宝岛》在最具影响力的微信公众平台《中国观网》全文连载;《八爷走过的路》等10多篇散文也在《中国观网》发表。舒正创作的两篇文化散文，深度和广度都有拓展。

散文成集是很自然的事情。2009年，两部《舒正散文集》与读者见面了。内蒙古大学艺术学院教授、作家、美学家、文艺理论家宋生贵为《舒正散文集》作序，他精准而真诚地评价道，"我之所以说舒正适合以散文而表达，或曰散文适合于舒正，主要是觉得她的表达能够营造出一种散文的情景，令人感慨系之。这情景的形成，恰如笔笔水墨浓淡有致地落在洁白的宣纸上，渐渐润开，再润开，自自然然，散散淡淡，于宁适中传达出特有的意味。是的，平和而有意味，这正是舒正散文的魅力所在。"这个评价恰如其分。因为舒正的文字，是以平和见真情、见真爱，一个"平"字，精准概括了她的创作姿态、创作风格和创作理念。舒正真挚、质朴、善良的秉性决定了她的文风。她的表达很平和，无一丝张扬，却别有韵致，就像散落在大地上的一棵树、一朵花、一株草，甚或是一颗露珠、一块鹅卵石，点缀其间，净化着人们的心灵。

《舒正散文集》出版之后，得到了许多读者的喜爱，也引起了文学界的关注，在社会上有了一定的影响。有关舒正散文的评论与评价来自四面八方。广东的一位读者说，"读舒正的散文，就是在听她娓娓地讲述着一个个飘着淡淡花香的故事。故事里的情节，一不小心便打动了读者，婆娑了一地的月色。字里行间，无不洋溢着一缕淡淡的清香，充盈着读者的心灵。看似平淡的语言，却让人感觉如诗一般婉约，如梦一般美妙。'多少襟情言不尽，写向蛮笺曲调中'，她想，舒正的散文，定会以其独特的文字魅力，赢得读者的青睐，并触及读者最敏感最柔软的灵魂深处，然后，丰润着自己的生命"。有位诗人这样评价舒正："有一种女人不用喷香，就香气四溢了。这些香气是从她清澈笃定的眼神、温暖熨帖的微笑、清雅从容的仪态，到心灵的天空、温雅的文字中逸出来的。她香浓了，你香浓了，天地也香浓了。"舒正的散文，有热血奔涌的大爱，有引吭高歌的奔放，有万马奔腾的壮观，有小桥流水的婉约。山川、草原、大漠、湖水，在她的笔下都被描摹得神韵毕现，淋漓尽致，给人以无边的遐想。

舒正的作品根植于生活，情感真挚，文笔优美、隽永、温婉、柔润，描写细腻、精到，长于小中见大，注重铺陈生发；但又部分地融入了诗歌等文学样式的创作元素，善于在文字的自然流淌中，营造出一种灵动而别致的意境，在创作风格上独树一帜，因而具有特殊的艺术品位和美学价值。

梨园伉俪商都情

王学吾　安志明

"拉大锯、扯大锯，姥姥门上唱大戏……"这首流传了一代又一代的儿歌，把那年那月"大戏"的隆重传诵了下来。

商都的大戏就是晋剧（山西梆子）。清末民初，商都放荒招垦，随着山西流民的涌入，梆子戏也在这片土地上唱响。曾几何时，秦五达的"破鼓烂铜器"戏班让沉寂的山村欢乐不已，俊俏的十一红令庄稼汉疑为天人争睹芳容。当历史进入 20 世纪 50 年代末，商都晋剧有了质的飞跃。这一切，始于一对梨园伉俪——高国梁、盖春来。

一、名角亮相

1958 年 12 月，察北五县合并为张北大县。行政区域合并后，文艺队伍也进行了整合，将原商都、康保、沽源的晋剧团收拢到商都，二人台归拢到康保，京剧集中到张北。

"我俩是郭洪书记请来的。"高国梁忆起往昔，平淡的言语中充满感激。

那时的高国梁和盖春来，皆为落难之人。高国梁 14 岁习京剧专攻武旦，解放后入伍到部队文艺单位，积累了丰富的舞台经验后到张家口艺校教书。盖春来6岁学戏7岁登台，解放后在宣化红极一时，后到察哈尔省青年晋剧团授艺。1958年，在张家口艺校教书的高国梁被打成右派，盖春来因"同情右派"被双双开除公职。两个小有名气的"角儿"，离开了舞台和讲桌，进采石场砸碎石，入装卸队搬麻袋，累在身上，苦在心里。

"私定终身后花园，落难公子考状元"，戏曲传统剧目中的这一幕，在现实中是很难遇到的。工作丢了，朋友没了，高国梁夫妻在落魄时才真正体验了"落难"的滋味。对于一个失去生活来源远离心爱舞台的右派而言，没有什么比安身立命更重要的了。时间识人，落难知心。几十年后，他们对接纳自己的容身之地、对商都的领导仍心心念念。

那时商都晋剧团在坝上首屈一指。高国梁、盖春来到商都晋剧团后，与商都小有名气的晋剧演员十一红、十二红、玲玲红等成为同仁。都是过来人，舞台经验丰富，唱词熟稔于心，简单磨合后就同台演出。高国梁一表人才，风度翩翩，满腹文采；盖春来武戏娴熟，基本功扎实。俗话说，内行看门道，外行看热闹。当盖春来从2米高的台上一个鹞子翻身翩然落下的那一刻，台下惊呼一片，喝彩与叫好此起彼伏，人们认定她就是名角。这个行家称作"云里翻"的动作，是武生的鬼门关，民国时名伶小春来当场摔死，盖叫天先生断过腿，现在的盖春来艺名取自其二人，寓意深刻。武打动作固然有刀枪棍棒刚强的一面，但更有柔软、气派和风度，武角虽然台词和唱腔相对较少，但全是真功夫，在刀枪并举、翻扑跌打的厮杀与格斗中表现人物展现戏剧之美，留给观众的是高潮迭起、扣人心弦。

高国梁与十一红等艺人虽然都是晋剧演员，但不同之处在于他是有文化的艺人。旧社会，唱戏的叫戏子，地位低下，富足家庭是不屑于此的。而出身富裕家庭的高国梁自小喜欢戏剧，以至到了痴迷的地步。解放初人才奇缺，中学毕业就算高学历了，他参军后本可以走上一条宽阔坦途，可他偏偏继续在部队戏剧团从事表演。初到商都晋剧团，他的工作只是舞台统筹。尽管他有演出和教学的经验，当导演绰绰有余，但那时的他却不敢说自己能胜任导演。统筹，更准确说是打杂，灯光、舞美、布景、道具，有时还得临时救急，串演一个不轻不重的小角色。导演想不到的他想到了，演员需要的他早早备齐，渐渐地，人们被高国梁的专业知识折服，老高变成了高老师。

之前的商都晋剧团虽然名声在外，但基本上是草台班子山寨货，高国梁和盖春来的到来，使剧团走向规范化，台上演出有章有法，演员架势有板有眼。红、黑、生、旦、丑配合得天衣无缝，灯光布景焕然一新，"大戏"更大了，人们纷纷说：名角来了就是不一样。

高国梁、盖春来，两个人，两个名字，成为商都人的精神寄托。此后的每一次演出，都是万人空巷，盛况空前。连刻手章、配钥匙的也会撇下摊子前去观赏。万人空巷去看一位艺术大师的表演，本身就是一种最高奖赏。而这种礼遇不像当今小青年追随影视明星，而是成年人对盖春来的倾慕和敬仰，除去时代化的因素，艺术家的个人魅力应当是关键。

二、娃娃剧团

"大跃进"时的商都，历经数次行政区划调整，先是划入张北大县，翌年与原尚义县组成商都县。1960 年，尚义又分出单设县，转了一大圈又回到原点，却将一个好端端的晋剧团转没了。与尚义县分开后，按照张家口地委的指示，本着大县照顾小县的原则，晋剧团整建制划给尚义县，在不影响演出的情况下，商都县挑选了 10 多名老演员留了下来，作为剧团的"当家"人物高国梁夫妇留在商都。

晋剧团划给尚义，对高国梁夫妇来讲是机遇。老剧团走了，一个新的晋剧团在他们手里锤炼而成，这就是以艺校学员为主体的新的商都晋剧团。商都人称原来的晋剧团为老团，后来的新团叫娃娃剧团。

艺校是"大跃进"时商都成立的学校之一，与同时成立的农业大学、工业大学齐名。学员都是在校学生，年纪最小的 12 岁，最大的十八九岁。老团走后，艺校招生排练任务完全落在高国梁、盖春来身上，他们有了充分的自主权。当剧团成立艺校要招收学员的消息一传出，许多家长就领着孩子找上门，求盖春来和高国梁收下自己的孩子。剧团是计划经济体制下的供给制，吃、住、穿、戴全包，大到铺盖、衣服、鞋，小到牙膏、牙刷全由剧团发给学员。当时的学员多数家庭贫寒，能吃上"公家饭"，也是一件光彩的事情。

盖春来凭借自己以前的教学经验，按照老一辈传下的收徒标准，一人一考。有的要求演个几句话的小品，表演喜、怒、哀、乐等不同情景；适合演武戏的，捏捏他的胳膊和腿，看看够不够结实。录取了也要告诉家长和孩子："演戏看着风光，那可是个苦差事。学戏那就更苦了，既要严格遵守学校的规章制度，还得克服练功时的痛苦，如果吃不了苦是学不成的。"高国梁回忆说："那几天我们家成了招生办，从早到晚都有人找，真是络绎不绝。"当年的学员说："那时候，我们都还小，不懂得什么叫苦。听说录取了，光知道高兴。逢人就讲自己被录取了，把那当成荣耀到处显摆。"

这些小学员中，后来成了乌兰察布市名角的贾凤梅的录取很有戏剧性。贾凤梅当年只有 12 岁，初考时唱了一段，盖春来觉得她的嗓音清亮甜润，唱腔委婉流畅，很有发展潜力，是块唱晋剧的料。但贾凤梅母亲怕孩子吃苦，打了退堂鼓。盖春来三次登门，承诺将毕生所学传授于她，贾母这才放行。

为了教好学员，盖春来全身心地投入到了工作中。晚上备课到 11 点以后，早晨 4 点又到校带孩子们练功，一天只休息四个小时，星期天也不闲着，不是备课就是家访。

当年的学员赵丽英回忆说："我是最早进来的学员，盖老师就让我协助管理班级。我比别的学员起得早，但是从来没有早过盖老师。多少年以后，我才体会到，盖老师是在用她的言行为我们做榜样，就这一个'勤'字让我们受益一辈子，养成了办事不拖拉，遵规守矩，雷厉风行的作风。"

专习花脸的学员曹钦雄回忆："那时我演的第一个角色是《金水桥》里的秦英。排练的时候，盖老师和高老师反复给我说戏，从秦英的性格、年龄、家庭以及历史背景讲起，让我体会角色的心理、情感和他在那种情景下应有的言语行为。排练中从举手投足到唱念行腔，一个字、一个眼神都不放过，都要亲自做示范。那个严格劲儿真是没得说！"

起早贪黑，严格要求，有时还受到老师的训斥，这些孩子觉得苦吗？60年后，赵丽英回忆起这段生活，心里还是甜滋滋的："从不觉得苦。因为老师教得太好了，我们只忙着学、练，根本不去想什么苦呀累的。我们那时候整天想的是，如果我演那个角色，出场时的神和式应该怎么演，掌怎么伸，拳怎么出，眼神看哪。课余时间大家都在切磋，互相表演寻求最佳效果。五更起床，开头是有点难，后来就不觉得了，都怕被别人落下，只想早一天学成好上台演出。那时的训练条件比老师小时候好多了，她不但不打骂我们还总为我们着想。"贾凤梅那时又瘦又小，在练功杠上练习下腰总喊疼，练一次下来，后腰就出现许多淤青。盖老师见了心疼地落泪，就把自己的腿搭在凳子上，让她在自己腿上练。

当时负责剧团财务往来的张秉义回忆说："那时经费紧张，高老师亲手绘制道具草图，跟木匠'磨'工钱，自己想办法解决练功垫。"

那时的盖春来，风华正茂，一条大辫子盖过臀部。给学员做示范时，大辫子晃荡，平添了几许风韵，也有调皮捣蛋的学员称她为大辫子老师。

经过高国梁、盖春来辛勤培育，半年后新的商都晋剧团一炮打响。因为演员大多是年轻娃娃，人们亲切地称剧团为娃娃剧团。1961年春节期间，娃娃团演出了《杀庙》《断桥》《算粮》。这是新团组建后的第一次亮相，演出非常成功。县委书记郭洪、县长赵琇上台向小演员们道了辛苦，合影留念。消息不胫而走，传遍了县城内外。

娃娃剧团倾注了夫妇俩的全部心血，像他们的儿女。60年后，这些学员现在都70多岁了，高国梁说起他们的名字，不假思索："赵丽英、李素兰、常娥、秦玉梅、张进祥、孙德文、张丙艺、曹钦雄、李桂花、贾凤梅、王锦花、孙亚楠、邬忠，搞音乐设计的吴亮、搞舞台设计的于德江……"60年，有多少经历被遗忘，但这个由他们亲手锻造的团队，终生不会忘记。

三、乡土筑台

20世纪60年代，文艺为工农兵服务成为时代的主旋律。商都晋剧团遵循这一原则，奔走于乡间，乡土筑台，送戏于民。

在文化生活贫乏的年代，村里演大戏，那是多年不遇的。十里八乡的人们闻讯而来，观众席地而坐，演员露天表演，有时一天要演三场，每一场都是黑压压的人群，以致一票难求。

许多温馨的场景，令高国梁至今不忘：

曾记得，高勿素公社的一场演出，春草渐绿，小雨霏霏。他在台上劝观众先回去吧，等雨停歇再为大家演出。可观众不答应，有人大声叫喊道："演吧，庄稼人不怕雨淋！"一场下来，观众和演员都淋了个透湿。观众的热情，打动了演员，身上虽冷，但心里暖啊！

曾记得，大黑沙土公社磨石山的一场演出，白雪飞扬，观众坐在地上一动不动，任凭雪花飘落。一场下来，观众白衣白帽与天地一色。

曾记得，1960年在西井子公社马莲洼演出，盖春来当时已有了七个月身孕，马车一路颠簸，稍事休息她就上台"战马超"，演完戏就肚子疼起来，孩子在老乡家早产。

曾记得，在四台坊子公社演出，高国梁接到医院的电话，小儿子急病住院，生命垂危。他和随团的县委宣传部副部长沈自鑫连夜骑马狂奔回县城，但七个月大的儿子还是没有熬过天明。这个在商都夭折的孩子也成为高国梁夫妇心中永远的痛。

常年在乡下演出，需要克服许多生活的不便，特别是女演员。演出的岁月里也经历过饥一顿饱一顿的困窘，吃不饱，高腔唱不上去就转低腔；有些演员嗓子变声不再适合唱戏，就转去演武戏，进乐队或舞台队。李桂花现在回忆起当年的学演生涯，神色向往："虽然清苦，却也喜悦。"

商都晋剧团不但走遍了 22 个公社的较大村庄，也唱遍了乌兰察布的所有旗县。两次参加乌盟汇报演出，首次演出的是古装戏《秦香莲》，第二次演出的现代戏《江湖赤卫队》。那时不兴排名，但观众的掌声给出了答案。他们还多次到包头、呼和浩特和山西省大同市演出，一时间声名鹊起，旦角贾凤梅更是名声远播。一次在大同市演出后，山西省著名琴师齐文炳感叹地说："贾凤梅这样的演员全山西省也没有几个，这伙娃娃了不起啊！"这为她后来进入乌盟晋剧团打下了基础。贾凤梅成了国家一级演员，入选《世界华人文学艺术界名人录》。当贾凤梅技艺精深后，她按照盖春来的传授之法教导弟子何小菊，使其终成大器，也成为国家一级演员，享誉全区，师徒均成为商都走出的文艺人才。

商都晋剧团的成长，高国梁、盖春来付出了常人难以想象的辛苦。娃娃剧团的娃娃们学演戏，习做人，在舞台上学习，在演出中提高。高国梁拿出他的全部绝技，不只要求学员准确掌握演戏的招式，还要每个学员体悟所饰演对象的内心世界，把人物演活，更要求学员树立服务民众的从艺思想。采访中接触到的学员，不无感叹地说：

"我们称两位老师是恩师，因为他们不仅教会了我们演戏，更主要的是教会了我们做人。"如今，这些演员虽然都是年过古稀的老人了，但风范犹存。尽管早已不登舞台，但在社会这个大舞台上他们都成了同龄人的佼佼者。

培养一批演员，导演一批剧目，是高国梁夫妇一生的心愿，他们在商都做到了。商都十几年，他们执导了古装戏《碧血扬州》《打金枝》《秦香莲》等40多部戏剧，每年完成300多场的演出任务，除了满足各公社的文化需求外，还要去县外演出创收，以弥补剧团的开支。

四、"文革"蒙冤

1966年，"文革"风暴来袭，高国梁、盖春来夫妇被裹挟其中，猝不及防。

当县城大街小巷大字报糊满墙时，他们正在乡下巡回演出，高国梁自信地认为，剧团是自己一手创办起来的，运动也不会搞到自己头上。这一天，他们正在章毛勿素公社演出，后台贴出了一张大字报，直指高国梁：商都县晋剧团一直被一个没有改造好的右派分子掌控着，演出的都是封建迷信，广大革命群众要擦亮眼睛，认清他的反动本质，坚决同他斗争。

在剧团回城整顿学习时，针对高国梁、盖春来的大字报瞬间贴满院墙。他们被迫做检讨，接受革命小将的批判。没完没了的批斗，高国梁穷于应付。批斗他们的人，都是从娃娃起跟他们学戏的年轻人。高国梁、盖春来都是旧社会过来的人，师傅教他们学戏时严苛有余温情不足，盖春来6岁学戏，早晨四五点练功，夜晚腰上扎着板带睡觉，压腿、下腰、拿顶、耗山膀、骑马蹲裆……一个动作不规范，师傅的板子就落在身上。师傅说："角儿是打出来的，打你一棍子是让你将来吃上火烧，打你两棍子是让你吃上虾仁。"到了她教学生时，虽然时代变了，但对学生严格要求这一点没有改变。曾经的学生，有的训过、有的罚过，只觉得是为他们好，从没有想到过会结仇。自己悉心教过的学生横眉冷对疾言厉色，这是为人师者的最大不幸。

高国梁更惨，在"右派"帽子之上，他又得到一顶重冠——"内人党"。在圈起来的几个月里，冰冷的房间，无休止的审问，间或拳脚相加。在高家俊先生撰写的《生命之美》一书中，对高国梁在"文革"时受到的迫害作了详尽的描述。

冷酷中也有丝丝温馨。那时贾凤梅正值豆蔻年华，追她的男演员不少。贾母公开表态，谁骂盖老师打高老师我的女儿就不嫁给他。最终，没有参加文批武斗的张进祥被贾母慧眼相中成为乘龙快婿。

"文革"降温后，他们双双离开舞台。盖春来被调到工程队与水泥砖瓦打交道。高国梁被再次开除，以糊顶棚、熟皮子为生。哀莫大于心死。离开心爱的舞台，他们愁肠百结。夜深人静时，耳边仿佛萦绕着《文昭关》的一句台词："一轮明月照窗前，愁人心中似箭穿……"

那段岁月的煎熬，对于一个女性来说，没有顽强的意志，可能选择轻生。盖春来挺过来了，而对于丈夫被下放百里之外的小山村，家中五个孩子都陷入困境，她仍然在上班之余指导排戏。学员贾凤梅后来感慨地说："我真想不出盖老师是怎么挺过来的。1972年有段时间，我见她经常神情呆滞，愣愣地发怔，我真担心她精神失常。现在想来，她的刚强、专一真叫人佩服呀！在那样的环境对丈夫不离不弃，对戏剧不离不弃，难得啊！"

就在盖春来被"冷藏"五年之后，1972年，邻县康保向她伸出橄榄枝。盖春来到康保后，主攻二人台演出，将传统二人台小戏变成多幕大戏。2006年，康保二人台成功申报国家首批非物质文化遗产。

五、山村改造

1971 年，高国梁作为没有改造好的右派下放到范家村公社三个窝卜村接受贫下中农的监督改造。初到三个窝卜，住"知青屋"空巢，这是村里人集中聊天的地方。每天夜晚，呛人的旱烟味、难闻的臭汗味、粗俗的说笑声满屋充斥，令高国梁难以接受。但一个接受改造的人，只能隐忍。生命的旅程还得延续，人生的路上，总会有风风雨雨，也会遇到形形色色，抬步无悔。因为高国梁始终相信阳光，相信未来，相信梨园世界恒久的芬芳。在这偏僻的小山村里，高国梁没有消沉下去。他意识到，这个贫瘠的山村，更有着一种强烈的对文化的渴望。

人们知道他的"右派"帽子是唱戏"唱"出来的后，就撺掇高国梁说戏。也不知从什么时候起，屋主人成了聊天的主角。一出大戏，高国梁编成故事述说，间或来几句清唱。舞台虽小，但想象的空间足够大。《杀庙》忍辱负重的秦香莲引得纯朴的庄稼汉泪流满面，侠义之士韩琪使人热血沸腾；《长坂坡》赵云血染征袍单骑救主，刘备摔孩子收买人心。讲者信口呵出，听者津津有味。

老高，是高国梁在三个窝卜时人们对他的称谓，不含贬义褒义。三个窝卜背靠大山，村里有几个猎手，打回来野兔要扔下一只，让老高吃了好讲故事；谁家吃油炸糕，要给老高端一碗；压下的粉条，要给老高拿几坨。庄稼人用最简单的方式关照着老高。

"我对庄稼活一窍不通，常出洋相，但乡亲们没有嫌弃我。拔麦子他们四垄，让我拔两垄，可我两垄也拔不走呀。于是让我捆扎，可我还是捆不到一起。没办法，队长说你来码垛吧。他怕我码不结实，还派一个十四五岁的孩子和我一起码。我懂得，这是在照顾我。"

在商都的 18 年，高国梁把传播戏剧的种子一路挥洒，为塞北大地这块艺术荒园增绿添彩，从县城到山村，精心耕耘，一路风尘。在三个窝卜的几年里，高国梁又将自己的艺术特长倾心传授于民。

20世纪70年代，农村生活十分艰苦。文化生活更是单调贫乏，大批的文学作品都被定性为"封、资、修"毒草而被禁锢。乡村几乎无书可读，偶尔放一场电影，也就是《地道战》《地雷战》《南征北战》。高国梁在三个窝卜期间，正是几部革命样板戏盛行的时候。出于对文化生活的渴求，出于当时对政治形势的需要，借助高国梁的艺术特长，三个窝卜大队也组织起了业余文艺宣传队。

大队布置排戏，老高自然成了导演和主演。从此，偏僻的山村不再沉寂。农村人唱京戏，自然属于高攀。且不说那悠扬婉转的曲调，就是京韵京腔的念白，又有几人能够驾驭？高国梁能说普通话，农民演员大多咬不了"京"，质量自然大打折扣。尽管为此闹出许多笑话，但在导演高国梁的悉心指导下，还是移植成功了。而且成为范家村公社乃至全县数一数二的演出团队。经常代表范家村公社参加县里组织的调演或比赛，很受村民的青睐。也成为大队书记引以为豪的资本。

大队文艺宣传队聚集着一群优秀青年人，他们激情阳光，青春勃发，在高国梁的出色导演下，可谓强将手下无弱兵，自然能演绎出上乘的戏剧来。

大队业余文艺宣传队是不能耽误劳动的，他们只能利用农闲时节或晚饭后的一两个小时的休闲时间进行排练，也没有任何福利待遇，但所有人都热衷参与，毫无怨言。

作为导演的高国梁更是倾尽心血，竭尽全力。什么逗腔、悲腔、四平、面设、流水、二黄，他都唱得字正腔圆，有板有眼。什么唱、念、做、打，手、眼、身、法、步，都一一耐心教授示范。说戏时，他善于讲解，表情丰富，绘声绘色，分析剧情，分析角色，让学员深得要领，草台班子非要按专业团队进行打造。

精挑细选的队员个个聪明，多少都有一些天赋，吹拉弹唱各有所好。节目的排练首先从对台词开始，接下来学唱腔、走台步、练身段，还要训练人物感情的互动和表演的配合，每一步骤都要精心打磨。整个过程，最辛苦的就是导演高国梁，轮到唱时，他就"郎嘎哩嘎咙"用嘴伴奏，轮到锣鼓司乐时，他就"旷碎旷碎、打打打打碎"，口里念念有词，代替伴奏。等到排练基本成型后，还得练习与乐队的配合，直到融为一体，再按照剧中人物的要求着上戏装，进行一次全面完整的"彩排"。

终于可以"出台"了。先到各个生产队公演，一般安排在农忙前和春节前后，这是村民最快活的时节，也是队员们最神圣最荣耀的时候，更是导演高国梁最有成就感的光荣时刻。

每到一村，人们像迎接明星一样早早就忙乎开了。队里派上几个健壮的后生，搭建戏台，挑选几个能干的妇女，准备饭菜，演出前一顿简单而可口的饭菜，是队员们唯一的待遇，也是乡亲们对他们辛勤排练演出的最大褒奖。

拉一块粗糙的幕布，挂几盏装满柴油的土壶灯，虽然浓烟滚滚，却也灯火通明。开场锣鼓一响，化好妆的演员一出场，神秘的舞台效果立马显现。随着剧情的推进，人们的心情也和那京腔的旋律在山村的夜空里萦绕……

《沙家浜》的选段《智斗》一场成功上演，宣传队名声大振，队员们激情高涨，高国梁信心倍增。紧接着，原班人马又拿下了《红灯记》《智取威虎山》的几个选场。《红色娘子军》《白毛女》的片段也一出接一出亮相。

六年间，三个窝卜大队的业余宣传队，活跃在乡村的田间地头，唱响山山岭岭，为乡亲们送去丰富的精神食粮。

这支农村文艺宣传队，极大地丰富了山村人的文化生活，至今为人们所津津乐道。高国梁，这个响当当的大导演，用他的学识、技艺和人格影响了三个窝卜村的几代人。

高国梁，犹如关汉卿所描述的那颗铜豌豆，蒸不烂，煮不熟，捶不扁，炒不爆，颇似一颗响当当的铜豌豆。风尘仆仆，一路走过，无论顺境逆境，哪怕是身处困境，所到之处都要高扬梨园的旗帜，撒播戏剧的火种，收获丰富的人生。

1977年，高国梁被万全县剧团挖走，离开三个窝卜。村里派毛驴车把他送走，这是生产队能给予的最高待遇。

六、情缘难了

1982年，三个窝卜村的李海到张家口打工，巧遇高国梁。这时的高国梁和盖春来落实政策后在张家口工作。高国梁抓住李海的手久久不放，把他拉进剧院请他看戏。这是李海平生第一次看到如此宏阔的"大戏"，台上演的啥他不太清楚，但老高一直挨着他热乎乎坐着，烤得他全身发烫。

此后，高国梁两次回到三个窝卜。听说老高回来了，全村人蜂拥而至，握手、拥抱，泪眼相看。莜面窝窝山药蛋，油炸糕炖猪肉，还是那种熟悉的味道。高国梁向纯朴的乡亲坦露心迹："当初我被下放到这里时，茫然、害怕，但乡亲们没有把我当成'敌人'，而是看作亲人。这份恩情，我一辈子也偿还不了。"

2018年8月23日至28日，86岁的高国梁和90岁的盖春来夫妇在6个儿女的陪同下，回到他们曾经工作、生活过的商都县。故地重游，怀念那激情燃烧的过往，寻找岁月的馨香。在他们无助时，是这块土地收留了他们，使他们重拾生活的信心，重新登上舞台。这里给他们太多的记忆，有鼓励支持他们的县领导郭洪、赵琇，有与娃娃剧团风餐露宿的宣传部副部长沈自鑫，有他们一手培育出来的从娃娃成长起来的演员……

县里为他们专门召开了座谈会，两位老艺术家回忆当年县领导如何重视剧团发展，娃娃团怎样从成立走向成熟，为商都县戏曲艺术做出的巨大贡献。耄耋之年的学生们满怀深情掀开记忆的门帘，共同回忆老师怎样把他们招进剧团，怎样练功，第一次登台演戏时的胆怯，获得过哪些奖项，甚至老师训斥他们时的话语表情……他们感恩有幸遇到两位恩师，终身受益。

一座高峰，虚怀若谷；汪洋大海，常态平静。端详着他们的合影照，盖春来夫妇端坐于前排，像高峰，似大海，不由得让后生晚辈平生敬意，产生穿越时空的无穷遐想……

商都十八年，品尝了酸甜苦辣咸的五味人生，体验了激情、友情、悲情交织的世事人情，凝结成高国梁和盖春来这对梨园伉俪此生对商都的不了情。

商都记忆

高家俊[*]

　　我出生在一个艺术之家。我们一共兄妹六人，三男三女，我是老大。父母做了一辈子戏曲教育工作。父亲高国梁曾在鹰扬戏班学习，接受严格的戏曲教育，又师承京剧大家萧连芳、邱富棠、沈富贵、茹富兰等。母亲盖春来，著名花脸姚德宝的学生，9 岁时凭武生戏《白水滩》唱红，一生都在一线搞戏曲教育工作。

　　1953 年母亲随团演出到了宣化，把我生在宣化第一人民医院。我在张家口上过幼儿园，后来父亲被打成右派，幼儿园就不去了，在家带妹妹。记忆中，父母在台上演出，我便站在文武场乐队旁边，脖子上挂着水瓶，看着打板的，再看看打锣的。3 岁时站在乐队旁边，用两根筷子当小提琴拉，学伴奏样子，经常开戏了便走到乐队中间，让大人给拉出来。

　　1958 年，我家从张家口迁到商都，那时我只有六七岁，在家里练功，压腿、踢腿、下腰、甩腰、拿大顶，练功很苦，我天天痛得

　　* 高家俊，1953 年生，祖籍河北安新，现居北京。中国山水画研究院副院长，中国美术家协会会员，河北省美术家协会理事，中央数字电视书画频道河北制作中心顾问、河北省中国画研究院顾问、河北省中国书法院副院长。高家俊擅长巨幅殿堂山水，作品气势博大，构图恢宏，手法细腻。

哭。父亲对我要求很严格，加入商都剧团娃娃班后，和同学贾凤梅、王景花、张进祥、曹进雄等一起，课堂上拿顶1分钟，平地三起三落。回到家，吃小灶拿顶5分钟，7分钟，10分钟，脚在墙上，两只手在地上，两只手出汗，头上流汗，地下有三摊汗水。

课堂上扳着脚平地站起来，蹲下三次，回到家，在一张高桌子上十起十落，父亲手里拿着长藤子棒，偷懒时一藤棒打下来，啪的一下藤子棒又打了上去。母亲说，让孩子吃饭吧，饭热了好几次了。父亲说，功练不好，不能吃。母亲和父亲急了，我说妈别管，练不好我不吃。

那时我学了两出武生戏《三岔口》和《白水滩》。我演任堂会和十一郎，和我配戏的是史广义，上舞台正式演出过，因嗓子不好只能学习武生，演唱功少的。我岁数还小，跟着剧团到农村演出，跑龙套，穿把子，早上练功，中午一场演出，晚上一场演出，累得我站在台上，抱着金瓜站在皇上后面就睡着了，台下观众哄堂大笑。

有一次晚上演出《打金枝》，我演皇上身边的老宫。开演前，我化了妆，穿上行头，太困了就睡在了大衣箱上，该上场了，四个老宫少了我一个，皇上旁边应该一边有两个老宫才对，结果上场时一边两个一边只有一个。那天，上场的演员把衣服一件不落往箱子上放，把我压在下面，直到散戏穿大衣才发现我在下面。

下乡演出发生了一件事，成为我少年时期人生的重大转折。记得四辆马车，中间一匹驾辕马，前面两匹梢马拉套，车上装着气灯、服装的箱子，每一辆马车上边都装着草料，拉行李的车上坐着我们演员，场面很大很威风。到了村里，老乡们都来欢迎，领队的开始分配屋子，我和一位大我10多岁的男主演住在一间屋子里，把行李打开铺好床。我钩炉子，炉子往外喷出烟灰，主演大哥说，呛了他的嗓子，不让钩，我还钩，男主演上来就踢了我一脚，我哭着就走了。很痛苦自己没嗓子，唱不了主演，只能跑龙套，长大了也只能干点剧团杂务，干得好当个小导演，实在没有前途。想到这些，我回到家里和家人提出坚决不当演员了，下决心要去学校念书，父亲问我将来会不会后悔，功夫练到这个程度不容易，我说不后悔。父亲在家教过我数学、语文，打下些基础，上学就从二年级开始，是在商都县一完小。功课跟得上，我非常珍惜上学的机会，学习也很好。

1966 年，家被抄了，祖父、父亲、母亲分别被关起来。院子里、大门外，"打倒学术权威没有改造好右派分子高国梁"的标语铺天盖地。放学回家时走到文化馆的路上，看见一辆大敞车，车上有三个人被红卫兵押着游街，脖子上挂着白牌。父亲也在车上穿着戏装，反戴着狗官的纱帽，脸上画得乱七八糟。走到家里，院里里三层外三层的人在围观，正被抄家。看到我画画的参考书，还有我从没看过的民国版《芥子园画谱》等老书籍都要当作黑材料被抄，我急了要抢回来，但还是被抄走了。过了一段时间，退回来一堆书，在里边发现了《芥子园画谱》，我开始照着画谱临摹，偷偷临不敢让人知道。史维老师说，你家还有《芥子园画谱》，这是奇书。果不其然，这本书打下了我中国画线描基础和白描的造型能力。

这段时间没上学，我只能待在家里学画画、带弟弟妹妹。

学习画画是从小学开始。祖父、父亲都写毛笔字，祖父书法好，还会写梅花篆，父亲从小练习柳公权，写得也不错，父亲因做导演，对舞台美术精通，剧团舞美画布景的史维老师也常到我家，家里也有一些书法绘画书。母亲青年时期在北平万民女子职业学校刺绣的双枕花绘，题字是徐悲鸿大师。这些都对我日后的成长产生了很大的影响。家里有些美术书，年纪小时不太在意，也很少看，上小学时一次从剧团后院经过，看着正在给剧团画布景的史维老师正在画布做道具，便产生了兴趣，经常学着画，借美术书看。

史维老师戴眼镜，高个子，很斯文，是我的启蒙老师。他是天津美院的高才生，因家庭成分太高，没有人重视他，后来得了肺病。他家里藏着大量自己在美术学院的石膏像，以及人物素描、静物写生、水彩写生、油画等作品。从那时开始，知道美术学院学什么内容，并由此喜欢上了美术。他教我画素描，教我画速写，画走动着的人、奔跑着的动物。他告诉我考美术学院，这是要必须学的。我画了就拿给他帮我改。这段时间便是我造型能力的启蒙，从此，报考美术学院成为我的唯一志向。那个年代，我画了很多铅笔画，马恩列斯毛伟人像，画电影明星，王丹凤、白洋、王心刚、于洋等，画得很像。父亲夸，父亲的朋友夸，同学们赞扬，越画越起劲，越画越好，从那时就再没扔下过画笔。

上了初中，美术课几乎没有上，学校里有几位画得好的同学，比如卫久龄、常日、张富等，经常见得到他们画的画，画得不错，但交流不多。我主要和卫久龄相处，他画得比我好，比如在学校里画黑板报、办小报纸，在家里我们一起画石膏，画素描人物，列宾、费多托夫等苏联的素描，所画内容全是考美术学院学习的路子。我向卫久龄学习，学校里有一些绘画任务，都是我俩去做。

初中毕业，对我来说只有一条路，就是知识青年上山下乡，因为我和妹妹高家宁是同学，兄妹俩必须有一个下乡，让妹妹上高中，我就当了知青。我插队到商都县屯垦公社二盆地大队二队。我们一起插队的有闫锦云、高素芳等六男六女。知青生活也是我人生的一个重要转折。当时父亲戴着右派分子的帽子在农村改造，母亲在工程队做工，弟弟妹妹们上学，全家几乎没有一点收入，我和队里农民借粮食往家里送，年底分粮后再还上。

开始时白天上工干农活，晚上在灯下临摹，看美术书籍。过了一段时间，村民知道我会画画，有的要我画个像，有的要我画个墙围子，还给死人画过棺材。没多久，局面打开了，村长社员对我都很好，深得村民喜爱。下乡期间，我画了很多田间劳动场面，大麦场、饲养院农民侃大山时的形象，一排排农民老汉靠着墙晒太阳形象，画好一部分就带着去县里找史维老师指点。这段时间画劳动人民的生活、劳作，给生活留下深刻的烙印，也积累了不少创作素材。长期的积累，使我的画技突飞猛进，并打下了坚实的造型基础，这对后来我做美术编辑起了至关重要的作用。

有位教我国画的老师给我起了笔名叫"牛劲"，到今天我还用着，说我学什么都是锲而不舍，只要认准的事一定要干到底，有股子牛劲。这股子牛劲确实让我进步很快。商都县当知青一年多，我就迁到康保县康保公社高家大队，还是当知青，艰难困苦，玉汝于成。感谢农村艰苦生活磨炼了我的意志和性格。因父亲的右派不准我考学，好单位也把我拒之门外。1976年，作为可教育好的子女，我被抽调到张家口市服务公司工农兵旅馆当了一名锅炉工。

商都生活的几年，对我来说，得失相随。尽管生活艰辛，但童年的梦想是从那里萌芽。我由衷感激那些质朴而厚道的人们，尤其是助我起飞的史维老师。高家俊能有辉煌的艺术成就，他实在功不可没。

晋剧名伶十一红

王学吾

民国二十三年（1934年）腊月，归绥城（即今呼和浩特）贫民刘万藏老婆第三胎呱呱坠地。刘万藏满心希望老婆生个儿子，怎奈天不遂人愿，又是一个丫头片子。刘万藏没有过多考虑，就把这丫头送给了朋友侯林生。

侯林生家境也不宽裕，老婆不能生育，已抱养了一个儿子，如今又添一闺女，两口子自然欢喜。他们为小闺女请了一个奶妈，孩子渐渐有了人形，白白胖胖。然而，天意弄人，两个月后的一天，侯林生一场疾病离开人世。侯妻无力承担一儿一女的生活重负，再加上奶妈的奶水钱拖了三个月也还不起了，于是就把孩子半卖半送给了奶妈。但奶妈也是贫苦人家，家里已经有六个孩子了，再添一张嘴有点吃不消。奶妈是个很负责任的女人，孩子吃她的奶四月有余，奶头建立起的联系也近乎母子之情。当奶妈表示要将这孩子送人时，许多人家都愿意收养，但奶妈都没有相中。最终，奶妈将孩子送给了张林、狄桂兰夫妇。奶妈看中的是这对夫妇身边没有小孩，张林又是归绥城里晋剧演员，虽然知名度不是太高，但养家糊口绰绰有余，孩子到他家后不至挨饿。

从此，这个孩子有了自己的姓，张林给她起了一个女娃的名字——张秀英。

养父张林晋剧、二人台全通，养母狄桂兰又是一个晋剧爱好者。在这个家里，吊嗓子、走戏是家常便饭。张秀英自小耳濡目染，养父还时不时教她唱上几段，在这个环境中生活，对她以后走上艺术道路有很大影响。她从5岁起就模仿着大人样喊嗓子、练艺功。张林比狄桂兰大10多岁，把这个喜爱晋剧的女孩子勾到手以后，还在外面拈花惹草，狄桂兰时常以泪洗面。自从有了小秀英后，她渐渐将委屈埋在心底，一门心思用在秀英身上。秀英8岁时，张林弃妻而去，领上新结识的小情人跑到晋中。狄桂兰寻他不到，带着秀英寄生于外祖母家。这时的狄桂兰虽断了经济来源，好在还有些余存，生活不至困顿，她送秀英去私塾念书，希望她将来有所成就。但一年后，私塾也念不起了，在秀英9岁时经人介绍拜口泉晋剧演员高玉春为师学艺。

张秀英自幼苦难深重处境多变，使她形成一种忍辱负重、不畏艰苦的性格。旧社会学戏很苦，秀英在师傅家里经常受虐待。学艺生活开始后，每天清晨4点钟起床喊嗓子，春夏秋冬风雨无阻。白天，除一小会练功时间，大部分时间给师傅家干杂活。师傅家总有干不完的家务活：烧火做饭、洗锅刷碗、抹桌子扫院，还要洗衣裳哄小孩……晚上是演出时间，秀英背着行头伺候师傅上戏园子，运气好的时候能在戏里跑彩女、扮丫鬟；平时在后台跑跑颠颠为师姐换戏装、沏茶水。十一二点才散场，她又是一阵紧张的忙碌，先为师傅、师姐端上夜宵，再服侍师傅抽足大烟。师傅的烟瘾很大，白天睡大觉，散了夜戏抽大烟，拿烟枪、点烟灯、烧烟泡这些活儿，自然也是秀英的事，当拖着疲惫的身体在师姐脚底躺下时，已是凌晨一两点钟了。

旧社会学戏，一般没有剧本，全是师傅口传。师傅过足了烟瘾，才懒洋洋地给秀英念上一二十句戏词："背去吧！"秀英记忆力虽好，但也没有"过耳不忘"的本事，有时忘了词再问，就会招来师傅的一顿狂揍。师傅高玉春是个虐待狂，他心气不顺时就找秀英出气，常常无端不让她吃饭，还时不时拉过来毒打一番。别的师傅教训徒弟是竹板打手心，高玉春师傅是皮鞭抽。秀英身上青一块紫一块是常态，旧疤未好新伤又添。变态的师傅在秀英身上发泄时，皮鞭每抽一下，都要这个9岁的孩子喊叫出不同的声音，伴随着师傅的皮鞭声，秀英抑扬顿挫的哀号声往往要持续几小时，大约秀英的惨叫声令他听得如醉如痴。第二年冬天，母亲狄桂兰来剧团探望秀英，看到瘦弱得不成人形的秀英满身伤痕时，愤然指责高玉春没有人性，当天领她离开这里。年底又经人介绍来到筱桂桃剧团，拜张复来为师专攻须生。

啥叫须生呢，须即胡子，一般扮演中年以上的男子，要戴髯口（假胡须），根据年龄不同，髯口有黑、灰、白等颜色，重在唱功。学了须生，意味着今后唱戏要扮男装。除一招一式呈男相外，还得学会用假嗓子唱出粗犷的男音。

新师傅张复来与高玉春比较，有着天壤之别。张复来是个称职的师傅，他虽然也抽大烟，腾云驾雾时也得秀英伺候，但在生活上不为难秀英，只在学艺时严格要求。张复来经常对她说：要想学会戏，就得先学会受罪，因此她坚毅地承受着各种各样的磨炼。为能适应今后在各种气候中演戏，冬练三九还要脱一件衣服，夏练三伏还要加一件衬衫。师傅尽心教，秀英悉心学。最忙时，一场戏完了去赴另一场，白天唱罢再赶夜场，业内叫"连外"，师傅坐在黄包车上，小徒后面撒腿跑，两脚打满泡，从不叫苦。时间长了，胃病、关节炎等职业病染在身也不灰心，手脚布满斑斑点点的冻疮毫不在意，就这样，练就一套令人佩服的唱、念、做、打基本功。功夫学到家了，但病根也扎在身上，这给她后来的演艺生活带来无尽的烦恼。

秀英11岁的时候，在包头的戏园里首次演出《哭灵》，扮演刘备。在这出戏里，由于唱腔变化多，一般艺人不易掌握，而她却演唱自如，用那高亢、洪亮的声音，把刘备的哀怨焦灼之情，淋漓尽致地表现出来。观众被她的精湛表演所吸引，沉浸在剧情中和主人公同泣而悲。演出结束后，观众报以热烈掌声。一炮唱红，在演艺圈奠定了一定的基础，师傅给她起了艺名——十一红，以纪念她 11 岁当主演唱红。之后，十一红在包头、归绥又主演《杀府》《金刚庙》《五雷震》等剧目，均受到观众的好评，从此名扬塞北一带。艺名十一红代替了本名张秀英，以致人们忘记了她的本名，十一红随着剧团走东到西的演出而声名大振。

十一红成名后，开始拿份子钱，拿的钱只占班主的百分之一，以后提高到百分之三。从表面上看，这个比例不高，但每月也有五六块大洋的进项。五六块大洋是个什么概念？当时一个公职人员每月不过三四块大洋。更难得的是，有机会同当时戏坛上的一些名流接触，十一红虚心好学，艺术上不断提高，除唱自己的本工戏外，也能反串青衣，曾和著名晋剧演员白俊英（水上漂）、冀宋梅、王云楼等人配过戏，她的艺术日臻完善。

新中国成立前夕，绥远省和平解放，十一红不再受班主剥削，也不再为生活而担忧，她以极大的革命热情投入社会主义文化事业建设中。1950 年，正值芳龄的十一红辗转来到商都县晋剧团，成为刚刚成立的商都县晋剧团的台柱子。商都县委、政府很关心她的成长，把她送到文化学习班。她如饥似渴地学着文化，同时通过新媒介听广播、看电影，领悟晋剧的表演艺术和唱腔。练功时，晚上怕影响同志们休息，常常一个人在院里练，功夫不负有心人，她的艺术水平不断提高。来商都后，她按照老艺人的做法收徒，风华正茂的丁凤英、雷培德、常娥成为十一红的弟子，习学须生。

20 世纪 50 年代初，是十一红艺术发展的辉煌时期，也是商都县晋剧团的第一个辉煌时期。这时商都晋剧团不但有十一红，还有十二红月金斗、玲玲红吴英花、十三红李文选等塞外知名演员，阵容强大。这一时期的商都晋剧团既演传统保留剧目，又演现代戏，还要配合政治宣传演出小节目，最让人称道的是现代古装戏《蝶双飞》《白蛇传》。在《蝶双飞》中，十一红扮演梁山伯，由于潜心研究角色的心理活动，再加上过硬的艺术功底，吸引着全县城乡群众。《蝶双飞》在县城日演两场，共演一月，座无虚席。城内的、乡下的观众络绎不绝，场场爆满，就连多年不出门的老太太、老爷爷，也挪着蹒跚的脚步走进剧场。之后又到乡下巡演，观众仍是前后簇拥，场无空席。人们为一睹十一红，挤塌过简易的舞台。这一时期，到处谈论着"十一红"，遍地听到梁山伯与祝英台不同声调的唱腔。当时正逢《新婚姻法》出台，这出戏为贯彻《婚姻法》起了积极而广泛的宣传作用。继而，她又成功地塑造出《白蛇传》中的许仙，给观众留下了深刻的印象。

这时的她开始带徒弟，每一个动作、每一句唱腔都要亲自指挥，很快培养出一批新生力量，为晋剧事业增添了新鲜血液，如宣化的董士路、张家口市的高凤兰等都成为主要演员。

十一红的第一个丈夫比她大 20 多岁。那还是解放前夕她正当红时，一个姓李的有权有势的男人穷追猛打一举拿下十一红年轻的城池。解放后，李姓男子风光不再，还得靠十一红养活，这段"傍大款"的姻缘自然大大缩水。她的第二任丈夫叫福海生，虽身在梨园但名气没有十一红响。超负荷的演出，再加上她的老病根一直没好利索，年纪轻轻就觉得心力交瘁撑不下去，她学着两个师傅的样子，偷偷置办了烟枪，夜深人静时也腾云驾雾一番。有时也学着师傅当年的排场，让徒弟伺候点烟灯、烧烟泡这些程序。1957 年，人民政府全面禁烟，十一红撞在"枪口"上，被政府严厉处理——劳动教养。几个月后，由于演戏的需要，她又回到剧团，但劳改的帽子还戴在头上。经此打击，她身心疲惫不堪，人前再没有往日的风光。

1961 年商都、尚义分家，晋剧团划归尚义县，十一红随团来到尚义。"文化大革命"开始后，十一红受到不公正的批判，被开除公职。打倒"四人帮"后，得到彻底平反，重返晋剧舞台。这时她已年过四旬，虽然过了演艺的黄金年龄，但仍精力不减当年，除在尚义县境内巡回演出外，还应故地人民的邀请，分别到呼和浩特、商都、集宁、包头等地演出。1981年，她来到商都演出，观众将她围起来，前来看戏者络绎不绝，问候者送走一班又一班。因她工作出色，艺术出众，复职后任尚义剧团副团长，还当上县政协常委。怎奈身体每况愈下，不得不申请病休。

1992年2月，晋剧名伶十一红病逝，享年58岁。

离开商都60年了，但十一红的名字仍然在群众中口口相传。

东路二人台传承人高乐美

谷 秀

高乐美，男，1934年生于兴和县团结乡土城子村（原称巧基庙），他从8岁学戏、唱戏之后又教戏，一直到86岁没离开戏剧界。现为国家级东路二人台传承人，在商都县"东路二人台传习所"负责传承工作。

先祖创建兰英剧社

清朝光绪十年（1884年），丰镇厅由大同府管辖，改隶为山西省归绥道。第一任长官提议，丰镇厅既归山西省，那就得和山西省的章程一样才行。山西各地县市都有秧歌、道情、耍猴儿、山西梆子、北路梆子等小戏班。丰镇厅也应该搞一个类似的小戏班（就是后来的东路二人台）才对。丰镇有一个人考上了秀才，他对别的没兴趣，唯独钟爱戏剧艺术。这个人名叫高兰英，正是高乐美的爷爷。他在太原成立了一个戏班，叫兰英剧社，丰镇厅派人把他叫了回来，他回来时连戏班也领回来了。丰镇厅长官很高兴，经过商量，双方决定把这个戏班变成丰镇戏班。那是光绪二十年（1894年），这个班改名叫丰镇戏曲班。该班距今有120多年的历史。班主仍是高兰英，他们演唱的是山西梆子、蒲州梆子，还有上党落子，所演的剧目有《走山》《教子》《断桥》《捡柴》《杀庙》《芦花》《杀嫂》《六月雪》《秦香莲》《卖水》《卖油郎》《雪梅吊孝》等，所以叫戏曲班。演员和乐队共有 19 人。该班在丰镇、二道河、官村子等地赶庙会，唱神戏。有的大村子也请他们去唱大戏，先后活动了 25 年。

25 年来，高兰英在演出实践的基础上兼收并蓄，大胆创新，一种新的唱腔产生了，它叫"兰英唱腔"，该唱腔大部分是地方民歌，接近晋剧风味，用晋剧啜音出字。它与西路二人台有明显的区别。西路二人台多以男女两个角色配合为主，乐队有四胡、笛子、扬琴或四块瓦即可，定的弦低唱的高，曲调以河套民歌为主，内容多是打情骂俏，逗人发笑，五个人就能组织一个小班；而东路二人台以多人配合的戏剧为主，乐队有锣、鼓、镲、板胡、二胡、四胡、底胡、笛子，扬琴是 1953 年才增加的，曲调以兰英唱腔为主，内容是严肃的有一定的故事情节的戏剧，虽然也有逗乐，但比较诙谐幽默，最少得 12 人才能组班。

高云祥承接兴隆班

民国九年（1920 年），高兰英告老还乡，将戏班交给兴和县的高云祥（高乐美的三叔父），又招收一部分青年人组成了新班。

石先生（中共地下党员）原是担挑子卖货的商人，后来也加入这个剧团，发展高云祥、陈金二人为党员（这些都是解放后才知道的）。第二代人将丰镇戏班改名为"兴隆戏班"。在班主高云祥的带领下，戏班活跃在尚义、兴和、前旗、集宁、丰镇一带，将兰英唱腔发扬光大，这与石先生有关。石先生外边联系广，这些地方都有他的朋友。1937 年以后，日军侵占了这片土地，处处设立俱乐部，但兴隆戏班的人们并没有加入。1940 年，兴隆班下设一个分支班，叫双喜班。年少的高乐美在该班开始学戏。1943年春节期间，兴隆戏班在石先生的招呼下，与其他戏班一起交流演出。年少的高乐美艺术天赋逐渐显露，他将兰英唱腔发挥到极致，在各个戏班间当起了领唱。

第一代演的多是折子戏。第二代又增加了一批大戏：《休妻》《虞美人》《粉红莲》《后母》《回关南》《玉梅花》《耍女婿》《串河湾》《小放牛》《高三上坟》《蝶双飞》。1945年日本投降，兴隆班才暂停。因为当时的国民党政府诬赖兴隆班是为日本效力的，还抓了戏班的三个带头人，并且把陈金杀害了。石先生和高云祥被迫逃到了外地，剩下一些年轻演员失去了主心骨，也就风流云散了。直到解放后高云祥回到家乡，人们才知道他是到绥远躲了几年，也才知道他们三个都是共产党员。这时他们年事已高，几年的牢狱折磨加上逃命之苦，体力不济无法重操旧业了，高乐美成了不二人选。

兴和首建宣传队

1949年，新中国成立了。兴和县人民文化馆把老艺人们组织起来，叫文化馆宣传队。高乐美自然成为牵头人，在他的精心指导下，排练出《姐妹夸夫》《高三牛》《夫妻退道》《二娃与改花》《包袱》《灰三放火》《刘春山》《后悔不起》《美人计》等剧目，在兴和县七个区演唱达四年多。

1951年4月份，绥远省人民政府主席杨植霖在民间艺人学习会上提出二人台翻身的口号，从此才有了二人台的叫法。内蒙古、河北、山西、陕西等省区都一致认同，也是从这次会议之后才有了东、西路二人台之分。

1953年，绥远省整理改编了一批传统二人台剧目：《走西口》《打樱桃》《牧牛》《打秋千》《五哥放羊》《挂红灯》《尼姑思凡》，高乐美牵头的戏曲班都改成了东路二人台。接着西路二人台艺人乔金良、张生海、杜荣芳、孔令旗来张北县教二人台。高金栓来大青沟艺校，后又去康保、张家口传授西路二人台。马兰新、张桂桃去大同搞剧团。这一来，河北、山西都成了西路二人台。自此西路二人台占了上风。高乐美的心也凉了。这个剧种完了。1955年，他只好去保定艺校学习戏剧知识。

寻出路创业五泉洼

1956年，高乐美学习结业后，来到商都五泉洼村教了一班剧团，从此定居商都成了商都人。剧团的主要演员有：秦占有、吕佃成、李淑林、杨桂连，最小的两个学员刘梅花、王高焕，还有七八个人的乐队。一冬天传授了不少东路二人台：《珍珠倒卷帘》《绣花灯》《王二姐思夫》《刘海砍樵》《送寿礼》《打金钱》《挂红灯》。

春节时，全县文艺汇演没有通知高乐美他们。五泉洼村当时属于壕欠乡，乡里不通知，他们自己拉上白面，来到县城在五栈住下后，主动去县文化馆报名。文化馆的人一听他们是唱二人台的，就说不能演，上面规定不让二人台参演。因为那时的商都二人台叫"玩艺儿"，除了逗乐没有啥内容（主要演员有闫凤山、大郭金、白国庭、石三三），所以人们都不喜欢。高乐美知道二人台的品位不高，地位自然也很低。但他不服气，坚决要争一口气。为了东路二人台，他领了两个小演员就风风火火地找到了县委宣传部。那时的宣传部长是智万祥，他与下设科室一块儿办公，屋内坐了好多人。高乐美走到部长跟前，简单地做了自我介绍，便陈述起五泉洼剧团和东路二人台的特色。听他说完，宣传部的人都笑开了，有人阴阳怪气地说："二人台就算了，那叫什么东西？根本上不了台面。"高乐美不再多言，进门时他就看见墙上挂着一把二胡，他把二胡拿下来说："各位先看看。"他调好弦一拉序曲，两个孩子挥扇起舞唱开了。唱完，办公室的人齐声叫好："好啊！这不是咱们商都的玩意儿，可以唱！"智万祥部长当即给文化馆长郭效贤打了电话，叫文化馆安排五泉洼剧团演出。

有了宣传部的指示，虽然允许演出，却安排到最后，高乐美就跟他们争。前面安排的是一出大戏，演完得两个多小时。五全洼的两个小演员演的是《挂红灯》，10来分钟的戏得等这么长时间，高乐美说："要么先演，要么我们就走人。"正僵持着，宣传部的领导来了。问清原因后，当即拍板让五泉洼剧团上场演出。

乐队往台上一坐，两个小演员在锣鼓声中上场。台步随着急急风锣鼓点有云步、单展、双展、别腿、分水步。在四击头的鼓点声中，男送旦角卧鱼，生弓箭步亮相。观众一听曲调优美动听，再看扇子花样变化无穷，下边掌声如雷，叫好声响成一片。演员下场时，向观众行谢幕礼。人们说，啊呀！这戏演得太好啦！十几岁小女孩儿能演这么好的戏，真够过瘾！师傅不给演一个吗？有人向文化馆的人打听。后来东路卜子又来了4个演员，付梅枝、李秀兰、牛润莲、随仙花。她们演的是《打樱桃》《五哥放羊》，人们看了也很满意。于是观众一致要求演这三个戏，结果安排了三天的戏，每天上午演打《打樱桃》，下午演《五哥放羊》《挂红灯》。到会演结束时，高乐美和大徒弟秦占有演出了《打金钱》。这一精彩亮相，赢得全县艺人的好评，就连鼓匠大喜子都说："人家这不是'玩意儿'，一听家具就是大戏的套数。"从此一炮打响，五全洼剧团轰动了全县。

培训班得志遂心

当年冬天，到处有人来文化馆要二人台剧本、曲调。文化馆没有咋办？最后找高乐美商量开办培训班，让高乐美老师担任主讲。第一期全县来了200多名演职人员，培训为期12天。高乐美讲授了最基本的"四功""五法"（四功，即指戏剧里唱、念、做、打最基本的功

271

夫；五法，是指戏剧中手、眼、身、法、步的五种表演技巧），及其组合动作 8 套，曲调 15 支。钱鞭、扇子、老汉、老婆、小生、小旦各种神态步法。栗玉、张根生作为助手参与培训。他俩是文化馆的人有一定的基础。这期间，还排了《挂红灯》《探病》两个节目。培训班结束后，各自回到所在的乡村，一下把东路二人台传播开来。

1958 年正月十五，村村都唱挂红灯。从此以后，商都过去流行的坝上"玩艺儿"被东路二人台取而代之。

这一年的正月过后，县里又成立起"工农歌舞团"，秦进亭为团长，高乐美为导演。演员有宋天明、于德江、惠忠发、要成富、张万才、杨振华、杨俊、张成、贾凤英、桓金花、九女子。后改为艺校，张宏恩为校长，秦进亭为副校长，高乐美为教师。艺校又招收了一批学员，并且排练出东路二人台节目：《十双子》《倒卷帘》《算命》《老会计》《探三姑》《小放牛》《挂红灯》《茶瓶计》等八个小戏。

任导演坚持原则

1959 年商都、化德、尚义、康保合并为张北大县，高乐美被调往张北县歌剧团任导演，他又排了几部戏：《孔雀东南飞》《借女冲喜》《茶瓶计》《离婚》《退婚之后》《挂红灯》《算命》。主要演员还是高乐美从商都带去的一班人。因为张北的演员学会了西路的唱法，加上过去的"玩意儿"调，教他们东路二人台的唱腔，他们一时学不会。这段时间，有两件事值得一提。

有一次，剧团买回两袋白糖。那时张北剧团共 100 多人，准备晚上给演员们分下去。还没到分的时候，有一个叫钱进香的演员看见了就跟高乐美说："老师，我先弄一碗行吧？"高乐美觉得不合适，就对她说："你还是等等吧，大家来齐了一起分，如果你先弄了别人会有意见。"她没说啥，转身走了。到了晚上准备演戏的时候，有人说："改戏吧，钱进香不能演了。"高乐美问："咋啦？""说是肚疼了。"高乐美去她们宿舍一看，四仰八叉地根本不是什么肚疼，这是跟高乐美赌气。高乐美一下来气了，就问她："你能演不能？"她说："不能。"高乐美又问："不演了？"她说："不演了！""那行，除非你以后永不再演。"说完高乐美去了剧场。人们一见他就问："怎么样，换戏不？"那天安排的是《茶瓶计》，钱进香扮演的是春红。高乐美说："不换！"有人问："那春红谁来演？"高乐美大声说："我演，把化妆品拿来！"那些演员听了愣怔了。团长问："你演呀？能演？"高乐美说："能演！""可要闹不机迷了。"团长磨磨叨叨地走了。他们不机迷高乐美机迷，他化他的妆。演完了，高乐美问团长："咋说？"他满意地说："不错，挺好的！"高乐美自豪地说："以后谁不演我演，哪个角色我都能演。"第二天，高乐美叫商都的牛润莲演春红，她有点为难。高乐美说："能演得演，不能演也得演，你先把台词记熟了，晚上就上。"商都的演员听话，到晚饭前高乐美指导了她两遍就登台了，还不错。自那以后，高乐美领着剧团到大同、集宁、呼市、包头演过戏，但他一直没让钱进香演。直到回了康保，钱进香跟高乐美说，回到家乡了她想演戏。高乐美说："那你得交份检查。"可她写了三次都没通过，因为她不愿意写自己不演戏的原因。她的一些朋友从中传话、劝说，她才说了人话，高乐美才允许她登台的。戏品反映人品，人品不好的演员高乐美不用。

还有一次，一个拉四胡的叫李金声，快开演了还不见人影。派人去找，原来是喝多了酒不能来。人们问，"咋办？"高乐美说："演！""谁来拉四胡？"高乐美说："我拉！"戏演完后，人们悄悄地议论："这个导演够厉害的，十八般武艺，样样精通。"

传真艺历经艰辛

就这样，高乐美还是没能待下去。因为团里闹派系，张北人固守原来的西路二人台，不愿学东路二人台，经常跟商都的演员闹对立，甚至打架。高乐美离开这个团去张家口待了五六天，后来又去怀安待了两个月，给他们的剧团做了些指导。高乐美一心想搞东路二人台，走的这几个地方没啥希望，就去包头教业余剧团。包头更是西路二人台的天下，待了一段日子，工作不好开展他只好回到了商都，自己办起了一个东路二人台培训基地。当时的条件太差，高乐美只写了几张简单的广告贴到人多的地方。乡下的人们看到后，有人来请他。兴和的人来了几次说他："你是兴和人，不回兴和，在商都这儿卖命，快跟我们走吧！"他们不知道高乐美的心意。他心里想的只有艺术，走了那么多地方，不管是哪里只要能接受东路二人台他就干。他对兴和人说："咱们两个县是近邻，我能两头跑，哪里的剧团请我，我就去。"

此后高乐美就这样做了，哪里请去哪里。他共走过 20 多个公社剧团：商都的三虎地、屯垦队、大拉子、格化司台、十八顷、大南坊子；化德县白土卜子、永乐、高家坊子；河北省的怀安、西沙城、花山；兴和县石湾子、碾坊夭；后旗的红格图。共培训了 20 多个业余剧团，1700 多名演员。有一组教学剧目《党的女儿》《社长女儿》《红灯记》《沙家浜》《茶瓶记》《方四姐》都以东路二人台曲调为标准。演唱效果都不错，干部和群众都很满意。当他们知道高乐美没有工资后，每个地方来请他时都要拉些蔬菜、山药、白面、莜面，解除了他生活上的后顾之忧。最见成效的是大拉子、屯垦队和三虎地。大拉子剧团 1974 年参加在保定举行的"二人台会演"得了一等奖。屯垦队和三虎地的剧团，除了在他们本公社演出还到别的公社宣传演出。在他们的带动下，一些原来没成立剧团的公社也组织了剧团，极大地丰富了当地群众的文化生活。此后高乐美的名气越来越大，商都县文化馆业余剧团排戏请他，计生委洪乐剧团培训演员、排演戏剧也请他。他还亲手编写了剧本《无花难结果》。这个戏在全县演出800多场，为推动全县的计划生育起到了很好的促进作用。

这期间，他还给西井子兰家班排出《悲魂在呼唤》。各县剧团直到现在都看好这个戏。

八十翁终成正果

2015年7月1日，在商都县文广局的支持下，"东路二人台艺术传习所"正式成立。承认王化林、王喜梅为高乐美的继承弟子，协助高乐美开始传承东路二人台。

传习所二人台演员8人，乐队演奏12人，舞蹈队30人，教师3人，排演了不少东路二人台的节目。2015年排出了大型二人台歌舞农家乐参加2016乌兰察布春晚。排练二人台传统剧目《五㞙放羊》《拜大年》《送寒衣》《骗局》《五㞙放羊小戏》，另有现代戏5部，小品3个，民间舞蹈7个，2018年排出《商道情》参加商都县春晚。

几年来，高乐美带出大批徒弟：高德美、安福寿、贺有、高瑞林、高瑞芳、高唤林、高爱林、付梅芝、刘秀珍、刘梅花、王高焕、秦占有、肖才、赵永和、田小玲、李祥、利果、雷霞、王利、熊益平、杨佩凤、三姑娘、高桂林、高有林、张欢乐、桂云、潘春来、爱兰、荷鱼。这些演员都成为商都艺术界的顶梁柱。高乐美也因此而功成名就，他辛苦一生倡导的东路二人台也终成正果，得到了国家的认可。

高乐美现在是中国戏剧家协会内蒙古分会会员、中国音乐家协会内蒙古分会会员、内蒙古民间文艺家协会会员、内蒙古自治区二人台学会荣誉会员、乌兰察布市二人台剧团顾问、内蒙古自治区第一批非物质文化遗产名录东路二人台项目代表性传承人（2008 年 12 月命名）、国家级东路二人台传承人（2018 年 5 月命名）。

高乐美奔波一生不求名利，只希望能把东路二人台的技艺传承下去，留给后人，为国家的文艺事业做一点该做的贡献。目前，他正在抓紧有限的余年，整理与东路二人台相关的知识。现已写出了《东路二人台艺术资料汇编》一、二卷，还有《二人台戏曲集》《东路二人台的始末》未出版。

耄耋之年的高乐美，好多事情已是力不从心了。他希望百年之后，戏曲艺术能够沿着典雅文明的方向发展，不要让那些门楼调、走秀之类的低级玩意儿，占据文艺的高雅殿堂，坑害后代。

赵润林的精彩人生

贾秀琴

赵润林，女，汉族，1979 年 5 月 29 日出生，大专文化，中国文化促进会剪纸艺术专业委员会委员、内蒙古自治区剪纸协会会员、乌兰察布市非遗保护协会会员、乌兰察布市妇女手工艺协会秘书长、乌兰察布市民族手工业协会会员、乌兰察布市民间文艺家协会会员、商都县市级非物质文化遗产剪纸传承人、商都县政协委员、商都县民间文艺协会常务副主席。

看了这些耀眼的光环，有谁能够想到，同时拥有这么多头衔的竟然是一位从商都县乡村里走出来的七〇后民间剪纸艺术家。

剪纸又叫刻纸，是我国最古老的民间艺术之一。剪纸来源于生活，但是也可以高于生活。剪纸表达了人们对美好生活的祝福和期盼，对生命的崇拜和对图腾的希冀。民间剪纸通过谐音、象征、寓意等手法提炼概括自然形态，构成美丽图案。每逢节庆和新婚喜庆的时候，人们便将美丽鲜艳的剪纸贴在家中的窗户、墙壁、门和灯笼上烘托节日气氛，因此深受广大人民群众的喜爱。

童年的窗花梦

赵润林出生在商都县大黑沙土镇后大勿登村，祖籍是山西。30年代，赵润林的祖父带着全家五口人，随着走西口大军跋山涉水来到内蒙古商都县大黑沙土镇后大勿登村安顿下来，从此入乡随俗，开始在商都生活。

赵润林的剪纸艺术天赋来源于她的祖父。祖父的手特别巧，农村生活贫穷沉闷，爷爷用他的巧手创造生活、装点生活，使生活变得富有情趣。爷爷把柳条割回来，编织成笊篱、篓子、筐子。到了剪羊毛的季节，爷爷把羊毛剪下来，拧成细绳，用铁丝做成毛衣针，编织成孩子们穿的毛袜、手套、背心等。七月十五捏面人是中国的传统风俗，爷爷捏的面人特别好看，他可以捏出各种造型的古代和现代人物。不过爷爷最拿手的还是剪窗花，那时候农村人剪窗花都用旧窗花熏样，爷爷不用熏样，拿起一张红纸想剪啥随手即成，各种具有民间寓意的花鸟图在爷爷的剪刀下诞生。每逢过年，乡亲们总是拿着爷爷剪的窗花进行熏样复制，农村纸糊的三十六眼窗户上贴上红红的窗花花，显得特别喜庆。

赵润林小时候常常坐在爷爷膝下看爷爷剪窗花。爷爷的一举一动她都看在眼里，记在心上，但是那时候她太小了，还没有掌握剪刀的能力。

爷爷过世后，把这门手艺传给了赵润林的姑姑和大姐。让赵润林记忆最深的就是大姐剪的太阳纹（小圆圈），圆圆的，特别好看。受家庭熏陶，童年时的小润林就深深地爱上了这门手艺，可是在那个物资匮乏的年代，大姐怕她浪费红纸，又怕她弄坏自己的剪刀，不让她剪。越是不给，赵润林就越想得到，看到大姐剪的时候掉下来一个稍微大点的纸块她就赶快捡起来，用母亲做针线的大剪刀胡乱剪。后来就学会了剪喜字、拉手娃娃等。

农村人只在逢年过节才剪窗花，但赵润林对剪纸的热爱和追求从来没有停歇过，平时她只要捡到一张纸就会拿起剪刀剪出自己心中想象的窗花。那年月纸张紧缺，她在大街上捡小朋友吃糖扔掉的糖纸，男人们抽完烟扔下的烟盒，还把母亲买完东西的包装纸拿来剪。这一习惯伴着她的整个童年和少年时期。上高中的时候，学校的美术老师布置教室，买回一些即时贴，花花绿绿的有好几种颜色，背面有胶可以粘贴。等老师用完，她把老师剪下来的边角料剪成好看的图案贴到了课本上。

毕业后，赵润林走进包头市纺织厂从事毛衣提花工作。看着毛衣上的图案，她心中的窗花浮现在眼前，并且萌生了一个大胆的想法：把毛衣图案跟窗花结合起来，让窗花的图样在衣服上显现。她了解到毛衣图案是由工艺员设计的，要想实现理想，必须当上工艺员。为了当上工艺员，赵润林利用业余时间学习毛衣流程的所有工序，这个举动感动了单位工程师，工程师了解了她的想法以后，把她叫到家里进行单独教学，赵润林很快学会了做工艺，正当单位要提拔她为工艺员的时候，在北京当兵的恋人提出要结婚，并且让她到北京去一起生活。双方父母也协商同意，她尊重家人的决定放弃了这份工作来到北京。

结婚后，女儿出生了，为了照顾家庭和女儿，赵润林一直没有工作，但是闲暇之时仍在追求着剪纸艺术，不管走到哪里，她身上永远带着一把小剪刀，有创作灵感的时候，就剪下自己心中收藏的作品。

创作与传承并行

2008年赵润林的老公复员回到商都工作，她也随着老公回到商都。2009年赵润林进入幼儿园开始从事幼教工作，她用自己的剪纸把班级环境布置成最特别的样子，被园长发现后，也让她为幼儿园布置走廊等场所。

2012 年，赵润林跟随教育局相关领导和商都县各幼儿园园长去参观了北京平谷区一所以剪纸为特色的幼儿园。这给了赵润林很大的启示，她了解到了这门古老艺术的博大精深，也了解到这门艺术具有地域风格和传承责任。赵润林下定决心要把商都剪纸艺术传承下去。回来后她决定要办自己的培训班，而且主张剪纸传承要从娃娃抓起。她开始大量收集幼儿剪纸材料、教学方法，并且开始设想自己的教学流程和教学内容。

赵润林一边从事幼教工作，一边办起了自己的剪纸艺术培训班，她觉得要想让孩子们对剪纸艺术感兴趣，靠过去的剪窗花、剪花鸟图满足不了孩子们的欲望。她先后创作了《丢手帕》《滑滑梯》《教学活动》等作品，深受幼儿喜爱。为了让孩子们对剪纸艺术感兴趣，她把当时特别流行的动画片"喜羊羊和灰太狼"中的每一个人物、道具和场景用纸剪下来。她还创作了古老民间故事"老鼠嫁女"全景图。她把这两幅大型作品作为培训班的墙壁背景。在赵润林的传承和指导下，许多孩子都对剪纸产生了浓厚兴趣。她的女儿也开始学习剪纸创作，并且后来多次在比赛中获奖。

这期间赵润林不仅为幼儿剪纸传承和创新，自己也在不断地学习，创作《农家乐》《双鱼贺寿》《古译七台》等作品。其中《农家乐》被同名饭店采用，《双鱼贺寿》赠送给敬老院，《古驿七台》《美丽新农村》等作品被商都县计生协会展出。《梅兰竹菊》《四季平安》等被国际友人购买收藏。

2016 年在一次偶然的机会中赵润林认识了化德县非物质文化遗产剪纸传承人薛金花老师，欣赏了薛金花老师的作品后，她看到了传承人身上具有的鲜明亮点，并多次向薛金花老师请教学习。在薛金花老师的细心指点下，赵润林的剪纸技艺越来越成熟。她特别感恩薛金花老师的指点，她说薛金花老师不仅是师父也是她的贵人。

2016年10月份，赵润林参加了为期一个月的"中国非物质文化遗产传承人研修研习培训计划——内蒙古剪纸培训班"。通过这次培训学习，她不仅学到了更多的专业知识和更高超的技艺，也结识了更多知名的剪纸艺术家，见识了很多优秀的剪纸作品。这期间她还学习了剪纸装裱。剪纸装裱就是把剪纸作品装裱到卷轴或者画框上，是一项很难的技术活。市面上装裱一幅作品特别贵。当郭永增老师讲这门课的时候，赵润林认真学习，她用笔记本快速记录下老师讲的每个流程，并且在现场亲手体验。回来后她按照老师讲的步骤先装裱一些小型作品，逐渐学会了装裱大型作品，以至于后来创作的许多作品全部自己装裱，然后参展参赛。

学习期间赵润林创作了民俗剪纸作品:《中国节》《年俗》……内蒙古风情作品:《驼铃声声》《祭敖包》……反映中国梦系列的剪纸《中国梦》《太空之行》……其中作品《祥和草原》参加2016年11月举办的内蒙古自治区妇女手工业比赛，获得优秀奖，她本人也取得《专项职业能力证书》，同时还被评为2017年度乌兰察布市文艺工作先进个人。作品《太空之行》参加2016年11月举办的全国《飞天梦强国梦 中国梦》杯，迎接神舟十一号载人航天飞行成功剪纸大赛，获"佳作奖"。

通过培训学习，赵润林懂得了剪纸传承的特性，非物质文化是无形的、动态的，是以人为载体，依靠传承人的口传心授而世代相传，因此它是活着的历史。它既有着鲜明的地域性，又必须创新主题，修改并融入自己的审美和艺术手法进行活态传承。她也了解到了民间剪纸艺术的现状与面临的危机，感受到了作为传承人的使命和责任重大。赵润林不仅在自己的培训班教学，还应邀到商都县各学校、单位、社区进行剪纸讲座与剪纸体验活动。

随着剪纸技艺的提高，根据当地的地域特征和风土人情，赵润林又陆续创作了《薯都 土豆》《社区志愿者系列》……其中作品《薯都 土豆》参加 2016 年 12 月举办的乌兰察布市妇女手工艺比赛，受到大家的一致好评，并获得优秀奖。作品《廉》《社会主义核心价值观》参加 2017 年 4 月中国文学促进会举办的"廉政剪纸艺术作品展"被收藏。2017 年应邀参加乌兰察布市政协庆祝内蒙古自治区成立七十周年书法美术作品展，作品《蒙汉人民同欢庆》《庆祝内蒙古自治区成立七十周年》被收藏出书。党的十九大胜利召开以来，她创作作品《喜迎十九大》《不忘初心》等作品，被商都县文联以及其他单位展出。

赵润林不满足于单纯的剪纸实践，她在探索理论与实践相结合进行更好地传承与弘扬剪纸文化。2017 年她开始自己撰写剪纸进校园论文，并在 2017 年 8 月参加全国雷锋杯剪纸赛——校园剪纸论文比赛，获得一等奖。

2017 年 11 月应邀参加为期三天的"乌兰察布市民间文艺家协会手工艺"培训。学习期间她感受到了市文联领导、培训老师与学员之间的友爱和谐、其乐融融的氛围，加班加点创作了《和和美美一家亲》，当场赠送乌兰察布市巧娘工作室。不仅如此，她还为其他学员剪生肖当作留念。她认真学习的态度和团结友爱的精神传到了乌兰察布市公众示窗栏目记者小宋的耳朵里，宋记者在培训现场给她做了专访，她现场表演了剪纸技艺，五分钟创作脱稿剪纸《蝶恋花》。

为爱坚持，赵润林从不放弃任何一次学习机会，2018 年 1 月份，她又参加了为期一周的"京蒙帮扶乌兰察布市民族手工艺人才培训"。回来后，立志要做一名有文化底蕴的传承人，创作了书法作品《仁义礼智信孝》。

作为地域文化传承人，赵润林为了保留、抢救和传承商都剪纸艺术，她开始寻找一些上年纪的老人，追寻她们当初剪窗花的情况，或者收集一些老窗花的式样。2019 年底，赵润林到小海子乡参加文化下乡活动，走访老乡家时收集到 20 多幅老窗花。拿到手的那一刻，她觉得比挣了好多钱都高兴，因为她知道，那才是真正的无价之宝。经过搜集、整理，赵润林先后对 200 多幅濒临失传的老窗花进行了复制。保留了商都县古老的剪纸艺术。

用剪纸作品来传播正能量是赵润林的初衷。赵润林经常留意生活中的细节，比如说现在居住在农村的老人收入不高，对老人的尽孝做得不够，为此她创作了《二十四孝图》，获得了第七届全国剪纸比赛三等奖（征集 500 多幅作品，入围 86 幅），赵润林成为内蒙古唯一一个有参加颁奖晚会资格的人。她又针对孤寡老人问题创作了《社区志愿者》。谈到学校的德育教育，2020 年赵润林创作了《弟子规全套》，以此激励学生读懂弟子规，领会弟子规，弘扬尊老爱幼、兄友弟恭的正能量。为了教育孩子们懂孝道，她觉得旧版二十四孝已经不太适应新时代的教育，她还自己创新创作《现代二十四孝》。

2020 年春节刚过，一场新冠肺炎疫情席卷中华大地，在人们足不出户的时间里，为了纪念抗击新冠肺炎疫情的白衣天使和赴鄂救援的商都县医疗队七勇士，赵润林用她的艺术手法赞扬抗疫勇士，她创作了《同舟共济》《天使之歌》《商都赴鄂医疗队》……她的学生们也踊跃创作，并且多幅作品参加比赛，有《武汉加油》等四幅作品入围《赞美逆行者——第七届少年儿童书画展》。

为了传承和弘扬剪纸文化，她利用所有的业余时间进行学习、实践、创作。她珍惜每分每秒的时间，近年来，她没有逛过商场，她说感谢淘宝让她足不出户解决了生活的需求；感谢互联网让她有了更多更广的学习机会；感谢政府相关部门给予她很多外出学习和交流的机会。

赵润林不仅剪纸艺术成绩斐然，还具有较高的政治觉悟，积极完成上级有关部门交给她的每一项工作任务，团结同事，工作中以身作则，处处起模范带头作用。深受领导、同事，以及社会各界人士的好评。2017 年 12 月她被推选为商都县政协委员。2019 年被评为商都县三八红旗手。她的工作也得到了商都县政府的大力支持，为她开办了商都县非遗剪纸传承工作室。

民间艺术文化源远流长，有多少匠人经过一生奋斗，步入耄耋之年才成为传承艺术的巨匠。作为民间剪纸传承人，赵润林还很年轻，但是她已经用她对剪纸艺术的贡献，得到了文化界的认可。但愿她的剪纸艺术在商都这片热土上开花结果、后继有人，更期待她的作品走向世界。

创业精英

借得春绿染京华

安志明 整理

　　20 年，他信念弥坚，用毅力坚守那份初心；20 年，他拼搏进取，用勤奋开辟荆棘；20 年，他矢志不渝，用智慧撬动产业升级。他就是北京绿京华生态园林股份有限公司董事长、北京商都企业商会会长——李夺。在绿京华的发展史里，李夺始终践行着一名中国共产党员的使命与担当，奋勇拼搏，砥砺前行，为绿京华人谋幸福、为园林行业谋发展、为社会发展担责任。

　　在李夺的职业生涯里，他被贴上了众多标签，他被赋予了不同职责。他不仅是北京绿京华生态园林股份有限公司董事长、总经理、党支部书记，同时也是园林国手品牌创始人；他不仅是中国共产党北京市门头沟区第十二次代表大会代表、北京市园林绿化行业协会副会长，同时也是北京商都企业商会会长……

　　正是由于对园林事业的执着与热爱，他也获得了诸多荣誉：人力资源社会保障部第十四届国家技能人才培育突出贡献个人（人社部发〔2018〕71 号）、人力资源社会保障部第 44 届世界技能大赛突出贡献个人（人社部发〔2017〕86 号）、2019 年度商都县优秀政协委员、门头沟区大峪街道优秀党支部书记、中共大峪街道工委 2016—2018 年度优秀党务工作者、农业部畜牧总站 2010 年度优秀党员、农业部人力资源开发中心和农业部职业技能鉴定指导中心农业职业技能鉴定20周年优秀工作者以及内蒙古自治区发展"8337"创业典型等数十项荣誉称号。

他就是这样一位平凡而又自带光环的园林绿化人。

艰苦谋创业　转型争一流

1976年3月，李夺出生于内蒙古商都县，从小就在一望无际的辽阔草原上生活，对草原有着特殊的感情。

1999年7月，李夺以优异成绩毕业于内蒙古农业大学草业科学专业。带着对草原的特殊感情，他只身一人来到北京，开启了奋斗拼搏的创业人生。怀着对园林行业的特殊钟爱，本着"专注、专业、专家"的企业精神，肩负着"创造世界一流运动草毯和足球场地"的使命，李夺带领绿京华团队研发高技术草坪种植技术，潜心培育适用于各类草地的草毯。

草毯研发已近行业巅峰的李夺开始思考转型升级。在经过深思熟虑后，他毅然决然地选择涉足园林行业全产业链，致力于为绿茵园林添砖加瓦。

绿京华拥有一支年轻、高学历、高技能的人才队伍，正式员工160余人，其中博士、硕士等高学历人才数十人，具有中、高级职称人员30多个。

走进绿京华科研生产基地，碧绿如茵的各种草毯一字排开，这正是李夺带领绿京华数年来用心血换来的成果。自公司成立以来，绿京华已承接各项草坪优质项目百余项。2019年10月1日，中华人民共和国成立70周年庆典在北京天安门广场隆重举行，李夺受邀为当天庆典设计草坪布置。阅兵当天，除了振奋人心的阅兵仪式和游行方阵之外，广场上有两条映衬在绿地上的红飘带也格外醒目。在红色飘带之下，呈现的是如绿毯似的景观绿地，这也是广场一道亮丽的风景。这片深浅两色的绿地，正是由李夺带领绿京华技术骨干，连续奋战20多个日日夜夜，通宵达旦，采用球场专用可移动草毯倾心打造而成的。

"国庆当天，看着电视里播放的天安门广场阅兵庆典，心情无比激动，这个项目让我收获很大，也是最值得我们骄傲的项目之一。"李夺为此颇为自豪地说。

从默默无闻的园林学子，到创办园林公司成为董事长、总经理，一路走来，步履维艰，充满艰辛，李夺凭借扎实的专业功底、过人的智慧、坚毅的勇气，通过不懈努力，实现了事业一次又一次的升华。同时，在李夺的带领下，北京绿京华生态园林股份有限公司也成为行业翘楚。

丹心系家乡　精准谋公益

鸿雁归巢，游子归心。草原成长的雄鹰，无论盘旋于何处，最魂牵梦绕的仍是故乡。出生于内蒙古自治区商都县的李夺，在高质量发展企业的同时，心念故土，心系家乡发展，主动承担社会责任，精准对接商都县，牵头创办北京商都企业商会。

作为会长，李夺积极探索多元扶贫模式，做好首都同商都的衔接，通过教育扶贫、医疗扶贫、产业扶贫等方式，致力于为家乡实现精准扶贫、精准扶智、精准扶志做力所能及的事情，为家乡的经济发展出谋划策。

酒香也怕巷子深，家乡的农产品也迫切需要品牌运营。2018年，李夺带领商会牵头成立北京古驿七台科技有限公司。

采用"公司＋农户＋合作社"模式，落实一对一帮扶贫困农户，雇佣当地贫困人员，提高贫困家庭收入。同时扶助家乡（商都县）建立绿色无公害农产品生产、加工、展示基地，致力于商都县农产品产业规划，多次举办商都县农产品推介会，对50多家单位进行古驿七台产品推广宣传，带动销售，助力贫困户实现精准脱贫。

通过古驿七台的品牌运营，"商都月饼""商都土豆""商都胡麻油""商都三宝""商都五谷""商秋尚品"等一大批具有商都特色的系列产品，已悄然走入北京的千家万户。"古驿七台"已成为商都农产品在北京的一张亮丽名片。

2018年、2019年通过采购商都县本地特色农产品共计消费扶贫金额170余万元，扶贫30多户。

扶贫先扶志，扶志必扶智，扶智是脱贫的内生动力。"扶智"就要先从教育着手，培育出有科技素质、有智慧头脑的商都学子。为了给家乡学子提供更多学习机会，在李夺的号召下，绿京华先后多次开展为商都县小学捐赠图书活动、组织社会爱心企业开展公益捐赠活动。

在一次实地调研考察过程中，李夺了解到商都县平安小学的一名学生成绩优异，但由于父亲高位截瘫，家庭面临无法正常生活的困境。通过详细了解学生的学习和家庭生活情况后，李夺勉励该学生努力学习、报效国家，勉励家长要对生活充满信心，要相信党和政府。在征得学生和家长同意后，李夺不仅为学生提供了学业资助，而且为其父亲缴纳社会保险，在医疗、养老等方面提供了实质性保障，在一定程度上缓解了家庭生活压力。

这些年，李夺用他的爱心反哺着家乡，用他的热心资助着困难家庭。截至2020年，在李夺的带领下，绿京华公司向社会各界累计捐款捐物达15万元。2018年公司跻身北京市非公有制企业履行社会责任综合评价活动百家上榜单位，2019年入选《非公有制企业社会责任蓝皮书》。

匠心育英才　创新迎未来

人才是第一资源，发展是第一要务，创新是第一动力。三个"第一"的重要论断，抓住了企业高质量发展的关键，凸显了人才在企业发展、创新中的举足轻重的作用。深耕园林绿化行业多年的李夺，深知此论断的重要意义，深知专业人才对园林行业发展的重要作用。

人才兴，则事业兴。李夺立志要解决行业之痛、企业之痛，培育出园林行业工匠。怀着育才之心，李夺发挥榜样示范带头作用，实施园林行业技能人才振兴计划。

以理论为指导，以实战为基础，坚持可持续为导向，李夺在实践中不断完善人才培养方案，搭建人才培养体系。李夺邀请世界技能大赛园艺项目专家组成顾问团、选用科研院校和企业一级实战专家及行业知名园艺师组成教练团，共同开展园林技能培训工作。

通过不懈努力，李夺所带领的技能人才教练团队，不仅为绿京华团队培养出了核心管理技术骨干，还为行业输送了大批园林行业高技能人才。

作为国内最早正式编写园林类培训教材、标准的开拓者和践行者之一，李夺于2010年主编出版了《草坪建植工》教材，起草了《绿化工》行业标准，并主审出版《园林植物》《园林测量》《园林土建工程施工》等高职高专园林专业系列教材，参与出版《商都物语志》商都风物系列丛书，2020年又修订了《园林绿化工》国家职业技能标准。他广泛吸收当今园林园艺行业中的新材料、新成果和新技术，在保证知识系统性和易学性的前提下，充分强化技能实战性，大大提升了教学质量和专业技能水平，给学员带来了最科学、最前沿的专业知识。

2016年5月，李夺随国家人社部前往俄罗斯，参加俄罗斯全国技能大赛决赛观摩学习；2017 年 5 月，李夺受邀参加第 44 届世界技能大赛爱沙尼亚全国选拔赛；2017 年 6 月，李夺受聘于人力资源和社会保障部第 44 届世界技能大赛中国组委会，并担任园艺项目中国技术指导专家，10 月份带队参加了阿联酋阿布扎比第 44 届世界技能大赛。从俄罗斯到阿布扎比，历时 18 个月的园艺项目，李夺作为世赛的技术指导专家，为选手提供了专业意见与指导，全程深度参与，最终助力中国选手夺得铜牌，使中国园艺项目与国际正式接轨。

焰焰一火，灼灼之光。从阿布扎比归来后，李夺集思广益，借鉴世界技能大赛园艺项目办赛理念和经验，在国内突破性地提出了"以赛促学、以赛促训、以赛促教、以赛促改"的校企合作理念，同时提出并制定企业职工"回炉再造"的技能人才培养理念及方案。秉承以匠心塑造园林的精神，李夺正式建立了"园林国手"，独创"13518"人才培养体系，旨在为未来园林培养出更多高质量、高水平、高技能人才。

为促进行业间的学术交流与发展，搭建国际交流平台，李夺每年都组织举办或协助举办多场国内外园林园艺比赛和专业论坛，吸引了全国各地的园林绿化从业者前来交流分享。在论坛交流会上，李夺将最前沿、最专业、最实用的知识技术与实践经验传递给园林行业广大从业人员。

未来，李夺将坚持生态园林建设与技能人才培养双管齐下，做到理论与实践相结合、专业与行业相结合、人才与企业相结合、培训与市场相结合以及企业与平台相结合，为日益壮大的园林行业培养更多具有国际化视野的专业人才。通过实现园林技能人才的振兴，从而推动我国生态型城市的建设和发展，促进"振兴美丽乡村战略"的有效实施，创造自然和谐的绿色景观，为改善人类生态宜居环境和建设美丽中国作出了积极贡献。

追梦勇担当　传承书华章

党的十九大提出"文化兴则国兴，文化衰则国衰"。园林作为历史文化传承的艺术文化载体，肩负着复兴中华民族文化自信的重任与担当。

"我们的中华园林，有很深的历史底蕴，其文化层次、自然风貌和历史人文都非常值得深入研究。绿京华能走到今天，虽然步履蹒跚，但其不断攀高的动力源泉，就是来源于中华文化，来自中华园林。作为中华文化的传承者、弘扬者，发扬中华园林的精髓，是我们的动力源泉，也是我们的责任担当。"李夺说。

绿京华作为生态园林企业，在中国共产党的领导下，时刻立足于国家与行业发展，以开放的心态和扎实的技术，为建设美丽的中国而奋斗。李夺不忘初心，牢记使命，坚持"低成本创新、高标准创业"的原则，时刻发挥着非公有制经济在中国特色社会主义事业中的重要作用。

在李夺的带领下，2013年，绿京华成立了党支部；2016年，绿京华成立工会组织；2020年，绿京华成立了团总支，实现了"党建带工建、工建促团建"的党工团联建新格局。身为党支部书记的李夺，2018年创造性地提出在企业公众号开设"能听的党建"和"绿京华大讲堂"专题栏目，以此不断增强党性修养，加强党性锻炼，实现政治引领可持续高质量发展的新局面。

李夺表示："绿京华经过20年来不遗余力地发展，如今已成为园林建设的国家队和主力军。绿京华将充分发挥党组织把方向、管大局、保落实的核心领导作用，凝聚人心，稳定队伍，充分发挥科技竞争优势，提供'中国标准'，推广'中国方案'，奉献'中国建造'。"

十九大之后，园林行业遇到了前所未有的发展机遇。在李夺看来，未来的园林行业将会朝着生态园林的方向发展，而要实现生态，就必须要以科技作为引领。李夺说："我认为将来真正的园林，就是'数字园林'。也就是说，园林工程必然会用数字科学来衡量其好坏，这样将大大调高现在行业管理水平。"李夺描绘了一幅树木、花草、土壤、水景水系等在内的园林画面，以期营造和构建最接近自然生态体系的新标准、新体系。

今天的绿京华，已经不再是传统意义上的园林企业，借助科技的力量，它已在悄然发生着改变；今天的李夺，也不再是当年的懵懂少年，他已经布局未来，谋划全局，放眼天下。那个昔日草原之子，已然站在自己所从事行业的潮头浪尖，踏浪迎风，坚定前行。

20年弹指一挥间，李夺带领绿京华，完成了"科研生产、施工设计、绿地养护、专业球场、人才培养"五位一体和"1+N"战略布局，翻越了事业的一个又一个山峰，业务现已遍及全国。面向未来，李夺将继续带领绿京华不忘初心，牢记使命，反哺家乡，投身公益事业，助力社会主义现代化建设，勾勒园林行业宏伟蓝图，不断开拓创新，朝着更加美好的明天持续迈进！

创业成功绽芳华

薛秀霞

不经历风雨怎能见彩虹，没有人能随随便便成功，人生没有坦途，挫折其实就是迈向成功所应缴的过路费。

其实大多数人创业的原因都是因为某一件事的启发，也可称之为"机遇"，成功激发自己的欲望，引发自己的思想，点亮名为创业的新技能，并迅速开始有计划地实施自己内心的想法。经过时间的打磨，以及强硬的专业知识武装，不断"升级、强化、更新"，向认定的目标可持续前行，而这个过程必然是辛酸的，在这个并非尽善尽美的世界上，勤奋终会结出果实！

18岁是一朵花，在清晨张开绚丽的花盘，生机勃勃；是一只鸟，翱翔在天际，追逐彩云与清风嬉戏，青春洋溢；蔚蓝色天空上的云朵变成了戈壁滩上的羊群，又像是一群奔驰的骏马，仿佛我当时的心情。我清楚地记得，1998年2月那是我第一次出远门，辞别父母，扬帆远航。作为一个农村长大的孩子，我与村里的伙伴们一起怀着紧张、向往的心情，兴奋、好奇，也带有一点点的害怕，共同乘坐客车又转乘绿皮火车，踏上了北漂之旅，内心深处高声地呐喊着，北京我来了！那年的车辆行驶得很慢很慢，时间的流动都不足以平复我当时剧烈跳动的心情。车辆终于驶入北京，下车后，千姿百态的高楼大厦拔地而起，长龙一般的高速公路交错纵横，汽车似龙鳞又如蚂蚁紧挨着，飞速前进，川流不息。繁华的北京，无一处不深深地震撼着、冲击着我的双眼！在伙伴们的催促推搡下，发呆的我到达了北京电机厂，这是一家从事汽车生产配件的公司，我们被车间主任安排在了各个不同的岗位，而我是在生产发动机的车间。公司的管理制度特别严格且适用，所有的员工各司其职，形成一条完整的流水线，日复一日地运转着，我们不断地重复着自己的工作。其间有枯燥、烦闷，有思乡之愁、游玩之喜，也有互帮互助的感动，当然偶尔也会产生工作上的矛盾，引发争吵，等等！经历了 4 年的艰苦奋斗，尝遍了生活带来的酸甜苦辣，22 岁时的我从一个普通员工晋升到了车间主任的岗位。从未想过自己能有这样的成就，真的很自豪，农村的孩子没有给父母、家乡丢脸，我热泪盈眶地想着。受到公司领导的认可和鼓励后，我更加努力地向前辈们学习车间管理经验。3 年，恍然如梦，我从一个什么都不懂的小白，到管理经验丰富的高管，每一天都过得很充实，我就像一块海绵一样，孜孜不倦地吸取公司给予的一切"养分"。公司也在大家的紧密团结、共同努力下，逐步扩张，日胜一日，在 2005 年时，公司筹建了新厂区。厂区建成之初，根据工程部出具的图纸，需要种植工厂周边的绿化带，公司领导安排各车间的车间主任根据工程部出具的图纸，轮流去新工厂监工。当时厂内大部分员工均偏向年轻化，且当地员工较多，城市的孩子们总是会有很多顾虑，北京的天气很热，大家都怕晒黑，害怕起早贪黑，怕受苦。我是车间管理层中最小的一个，而且我生来就是农村的孩子，我主动担任了新厂区的监工，那是我第一次接触绿化种植工程，每天接收苗木，清点数量，监督工人正常出勤等。经过 3 年的努力奋斗，新工厂绿化全部栽植完毕，并且得到了公司领导层的一致认可、大力嘉奖，为我颁发荣誉证书以及奖金。我车间的员工也全部受益，获得每人 500 元的奖励，而我也为此次经历感到自豪，绿化栽植真的特别成功。我看着苗壮成长的花花草草，"嫩绿柔香远更浓，春来无处不茸茸"，仿佛一件艺术品，在我的眼里逐步绽放，难以言喻的一种声音，带给我深深的成就感。这 3 年很辛苦，但是也很值得，我是农民的孩子，我发自内心地热爱着花草树木！这一场经历，成功打开了我的思路，铸就了我的创业之路，我决定离职，向领导层的恩师们倾诉了我的想法，而我的恩师们，再次给予了我支持和鼓励。就这样我借用到不足 40 万元的创业资金，我正式向使我破茧成蝶的第二故乡告别，结束了长达十年的学习、历练！

怀着忐忑的心情，2008 年我勇往直前，返回乌兰察布开始创业，成立第一家企业"商都秀霞苗圃农民专业合作社"。在商都县先后承包 100 亩的土地，并且结合在北京的工程种植经验，成功种植大片的常青树，销售树苗，赚取到第一桶金。后又陆续发展，渐渐扩大到拥有 1500 亩苗木种植基地，并且每年能带动我的家乡附近村民收入约 13 万元，持续带动小海子乡麻尼卜村贫困户 16 户增收，逐步改善小海子乡村贫困的困境，荣获全国妇联授予的 2017 年"全国巾帼脱贫示范基地"称号。

在发展苗圃的同时，我也未忘记自己喜爱的绿化种植，在家人及朋友的支持下，2009 年我成功创建自己专业的园林绿化团队，成立"内蒙古博林苑园林绿化有限公司"，当时乌兰察布市对绿化的概念特别模糊不清，政府也仅仅是刚开始筹备、规划乌兰察布市整体城市绿化种植项目，而我经过了 3 年的经验积累，凭借着丰富的知识武装和阅历，成功拿到第一个项目"霸王河绿化工程"。在此次项目中，我全程参与工程各类事项，每日早出晚归，甚至整夜整夜地加班，无法安稳入睡，只为做出优秀的成绩，感谢政府的信任，回报大家的认可。记忆犹新的是，在创业初期，由于项目刚刚起步，前期政府向村民征收土地，双方未协商一致，在不知情的前提下，我直接组织开工进场。在工地开始施工时，农民突然聚集并干扰工人不让种植，随着农民情绪化高涨,竟然直接向我们扔起了石头。因我是工地领导,在这样的情况下,我只能压抑着自己的恐惧,对当地村民进行劝说、安抚,但是都无用,且直接导致了我头部流血受伤。见血后的害怕使他们一哄而散,而我也被工人报120后直接送入医院进行治疗。而此次事件的后续,更加在意料之外,拉运到现场的2万多棵3—3.5米的油松,无法顺利栽植,树木全部枯死,造成70余万元的经济损失。当时的我,突然感觉眼前一片漆黑,心痛难忍,步入绝地,无法翻身,一蹶不振。后来,在家人和朋友的支持开导下,我重新树立心理防线,鼓足勇气,开始想办法。我不想放弃,我不相信自己这样就被击倒,我只相信事在人为。在出院后的第一天,我直接来到了村民的家里,开始自己与当地村民协商沟通。就这样,一家又一家的沟通,经过1个多月的时间,大家终于被我的诚意打动,使得工地顺利施工。

在2013年6月,因工期紧任务重,新树苗刚刚栽植入坑,就到了中午工人吃饭的时间,但是树苗不等人,需要及时浇水。我告诉工人,把水闸打开后去吃饭,接着自己外出,在霸王河广场开始浇水。因天气炎热,且连日的劳累,在挪动水管时,不慎将脚腕扭伤错位骨折住院。中途由于伤情较为严重,只能连夜从280医院转院至巴盟"李氏接骨",接骨完成后,在疼痛难忍时,想到工程时间紧张,我毅然决定连夜返回乌兰察布。仅仅在家休息了4天,我的内心实在煎熬难耐,在无法自己行动时,由我的家人每日背着我赶赴工地,进行监工、布局,整体规划绿植栽植位置等等。诸如此类辛酸苦辣的经历,多不胜数,人生的成长无时无刻不在印证着那句"成功没有捷径,胜在努力坚持"。

经过5年的绿化施工,我用事实证明了我的实力,圆满交付了人生第一笔完美答卷,绿植栽植成活率全部高达80%以上。对比其他项目工程团队,我的团队成了成活率最高的园林企业,为后期的工程合作项目奠定了坚不可摧的基础！随着时间的奔走，我的公司先后承接了白海子公园设计、种植、养护工程，鄂尔多斯七星湖沙漠绿化项目，河北沙城 2020 年冬奥运动会绿廊通道种植绿化养护项目，卓资山绿化项目等重点工程！

在政府的支持下，随着工程量的增加，为了单位得到进一步的发展，我再次成立"内蒙古意诺生物科技发展有限公司"，创建内蒙古自治区内一家以玫瑰产品和其他植物产品研发、生产、销售、生态农业及休闲旅游开发为主的综合性现代化企业，并且开始"乌兰察布市万亩玫瑰种植加工及特色旅游项目"建设，在集宁区白海子镇大河湾行政村流转耕地 5838 亩。从 2017 年开始，每年仅土地流转村民可直接受益 90.64 万元，带动 265 户 752 人增收，贫困户 13 户 22 人，村民人均收入 1241 元。其中大河湾村集体经济收入 10.4 万元，而且每年项目区村民的自来水、用电全由公司来解决。从 2018 年开始流转小东号行政村 250 亩耕地和 1600 亩林地，每年土地流转为该村带来 11.75 万元收入，直接带动 39 户 149 人增收。为支持村集体经济，在市林业局和公司合作的果树经济项目中为这两个行政村各保留 10% 的股份，除按时收缴土地租金外，还可直接参与分红。在项目建设初期，仅 2019 年就带动附近农民务工收入约 34 万元，项目成立至今共给周边村民增收约 76 万元，与此同时，在多年的创业经历中，我从未忘记我是乡村的孩子，一直热衷于各类社会公益事业：

2014—2019 年慰问商都县小海子乡麻尼卜村村民，捐款 14 万余元；

2015 年至今资助兴安盟贫困儿童，资助约 12000 元；

2017—2019 年慰问集宁区大河湾村民，捐款 10 余万元；

2018—2019 年慰问集宁区小东号村民，捐款约 5 万元；

2018 年资助乌兰察布市察右前旗贫困儿童，资助 15000 元；

2019 年 5 月参加集宁区统战系统捐助实验小学乡村少年宫公益

活动，为学生们捐助篮球、足球等体育用品；

2020 年积极响应国家号召，全力支持疫情防控，与党和全国人民共同抗击新冠肺炎疫情，捐赠物品 KN95 医用口罩 3000 个、一次性医用防护口罩 15000 个、八宝粥 100 箱、方便面 100 箱、现金 5000 元等，物资共计价值 15 万余元。

至今为止，我仍然深刻铭记着商界大佬马云对创业者的忠告："今天很残酷，明天更残酷，后天很美好，但是绝大多数人都死在明天晚上，看不到后天的太阳。"我感谢培养我十年的北京电机厂，感谢我的每一次经历，坚持我的每一项选择，更热爱我的家乡和我所做的所有公益及蒸蒸日上的事业，这些旅程将是陪伴我一生的绚丽色彩，无论是今天、明天，还是后天，每一天都只会是我的起点，只会让我更加持之以恒地前行，永不停息！

从农民工到企业家

——记商都籍农民企业家王财

翁　文　安志明

　　山不在高，有仙则名；水不在深，有龙则灵。乌尼圪其，蒙古语意为山上有狐狸。她坐落在玻璃忽镜乡的东南部，村子不大，90户人家，她像一颗闪亮的珍珠镶嵌在商都的土地上。出县城东北行18公里，便可到达乌尼圪其。一条油路直通村落的尽头，两旁晶莹剔透的路灯像亭亭玉立的少女欢迎远方的客人，棵棵浓绿的新疆杨苍翠欲滴，排排整齐洁白的农家小院在绿树掩映下生机盎然。右边占地2000平方米的娱乐活动广场方砖铺地，华灯盏盏，时隐时现，五座红柱绿顶的砖木仿古小凉亭点缀小村的各个角落。全县2017年建设新农村实施"十个全覆盖"，虽然村村旧貌换新颜，却在绿化、硬化、美化、亮化几个方面如此高端大气上档次，实属罕见。

　　据村支书介绍，乌尼圪其能有今天这样的巨变，外地打拼的王财功不可没。王财，1968年出生于乌尼圪其村，现任陕西省西安市财利建筑工程有限公司董事长、法定代表人。他富了不忘家乡的父老乡亲，时刻牵挂着乌尼圪其的脱贫致富进程。虽然工作繁忙，他总是为家乡的发展出谋划策，有时在百忙中回来亲自指挥谋划村里的建设与发展。在财力、物力、精力上给予家乡更多的投入。仅2012年至 2017 年的五年间，王财就拿出 800 多万元买育种羊分发给村里的农户作为脱贫的途径。全村 90 户 200 多口人不同程度得到他的捐助，80% 重点贫困户受到资助，谁家有特殊情况急需资金，只要王财知道了，就会主动帮助解决，对特殊原因如疾病等更是有求必应。

从 2018 年至 2019 年，王财先后为家乡修建柏油路 2.15 公里，路两旁植树 6000 余棵，修建广场 2000 多平方米，砖木结构仿古凉亭 5 座，安装玉兰花路灯 100 多盏，体育器材 40 余件，文化娱乐服装 50 套，累计投资 500 余万元。

一、苦涩的简历

生活就是这样，眼泪里泡出的微笑更晶莹，惆怅里沉淀的歌声更动听，寂寞里凫出的孤独更昂扬，迷惘中走出的人生更清醒。用这句话概括王财艰难的创业历程再恰当不过了。

这位 20 世纪 60 年代出生的农村小伙子，12 岁丧父，14 岁丧母，本应是读书的年华，可命运多舛的王财读完小学后便辍学了。就在 14 岁后半年只身一人去西安投奔表舅谋生。他先是在西安饭店打杂工，只管吃住不挣工钱。18 岁那年经表舅的朋友介绍去面粉厂当搬运工人，过早的重体力劳动让他再一次体验到了人生的艰辛与不易，生活的磨炼、苦难的沉淀让他深深懂得了靠打工永远是衣食温饱，要想富起来就得自己干事业。19 岁与人合伙开饭店，天道酬勤，三年下来他有了一定的积蓄。

二、辉煌的业绩

俗话说得好，一活百活，一转百转，有了启动资金创业就有了保障。21 岁那年，王财买了两辆出租车经营了三年。2003 年，他创办了西安通达驾校。2006 年，王财注册成立了西安财利建筑工程有限公司。该公司集土建、市政、园林绿化、汽车销售维修、红木家具及养殖为一体，实行多元化经营。几年来，承办的重点工程有：西姿曲江南湖秦二世遗址公园，陕西赵公财神庙文化遗址公园，陕西楼观台道文化景区，西安大秦寺遗址景区，陕西梁家河改造工程，陕西富平县习仲勋故居，陕西白鹿原、白鹿仓景区工程，陕西铜川孟姜女故居工程。近几年，王财的事业风生水起，越做越大。跻身于陕西省大企业的行列。人生的价值永远与他的奉献成正比。随着事业的发展，王财的社会职务也越来越多。他担任西安东曲村支部委员，2009 年至今连续四届被西安市公安局聘为"警风警务监督员"；2012 年任西安池江春置业有限公司监事会主席；2012 年至今连续任东曲社区党支部书记；2013 年任雁塔区曲江联合工会主席，劳动模范；2012—2016 年连续四年被陕西省政法委评为"全省优秀红袖章平安志愿者"；优秀党务工作者和优秀共产党员；2015 年被省公安厅聘为"交通执法监督员"；2016 年 9 月雁塔区十三次党代表；同年11 月当选为雁塔区第十七届人大代表；2017 年元月任陕西省内蒙古商会会长，2017 年聘为雁塔区工商联合会名誉会长，雁塔区工商联副主席。

三、刻苦的提升

对于一个初出茅庐的企业家来说，清醒的头脑比什么都重要。陕西西安是我国当之无愧的古都之首，先后有十三个朝代在此建都，名胜古迹，历史文化，人文景观荟萃于此。王财深深地认识到了这一点，继承和弘扬中华文化与文明产业的创新与发展是西安得天独厚的旅游资源，许多名胜古迹、文化遗址，历经千年风雨亟待修缮。他看准这一商机，努力学习古建筑的维修与仿建，抽出一定时间游历了西安古城大部分古建筑，拍摄照片，查询资料，还专门设立了古建筑维修与仿照团队，在他的引领下，三年时间，一批建筑仿古人才脱颖而出，先后承揽并完成了十几项建筑维修与仿古景区的建设。

一滴水见太阳，细节决定成败。王财从一个孤苦伶仃的打工仔成长为著名企业家，这鲤鱼跃龙门式的变化，一是源于党的改革开放政策好，给予他发展的空间和用武之地，二是自身刻苦磨炼，努力钻研，提高文化素质。2007年王财光荣加入中国共产党，他牢记使命，不忘初心。这个只上过几年小学的后生，通过刻苦学习进修，已获得延安农大专科、市党校本科学历，现正在攻读建筑系研究生硕士学位。知识改变命运在这位农民企业家身上得以充分显现。

四、低调的善良

纯朴厚道、低调谦逊，一直是他为人处事的准则。创业的成功没有改变王财朴实厚道的农民本色，举止言行处处给人一种亲和的感觉，去单位上班，王财总是叫司机开车至大院门口，离办公楼500米之外停车徒步进入办公楼。这在常人看来微不足道，却生动诠释了他不事张扬的低调。不喜显摆的平和。即使回到自己居住的小区，他也提前下车，路上与小区居民招呼步行回家，没有半点财大气粗盛气凌人的感觉。

细节决定成败，一滴水也能折射出斑斓的色彩。他时时迸射着爱的光芒。2003年非典时，事业刚刚起步的王财捐款1万元，2008年汶川地震捐款5万元，2020年新冠肺炎疫情捐赠口罩2万只，防护服50套，手套2000双，捐款10.6万元，2018年得知陕西省泾阳县桥底镇褚牛村八组一个12岁农村学龄儿童杜赫泽患白血病，他第一时间安排工作人员转捐5万元以解燃眉之急，他曾多次对下属人员说：病患无情人有情，虽然5万元是一滴水，但多了就汇成河。患者后续治疗费 40 万元我们陆续捐助。至于公司所有人员谁有困难他都有求必应，从不记账，员工们心悦诚服地说：王总的心永远被爱包裹着。是的，王财这位地道的农民企业家，用他的大爱无疆诠释着"天地藏正气，人间有真爱"。

心香一瓣

支边的岁月

李继业

1961 年 9 月，按照上级的分配，响应国家年轻知识分子支援边疆建设的号召，我来到了坝上的商都县。

那时，商都县城里人口不多，土路两侧有几家小商店，还有一个电影院，城西是县人民政府所在地。我和同学王炳炎相随着一起进入了商都县人民政府大院，他是和我一起分配到商都的。在校时，他学的是体育专业，当时我们虽然同在一所大学，相互之间却并不熟悉，后来是在张家口饭店认识的。商都政府大院是一个凹字形建筑，教育局长包茂芳操着一口四川话和我们进行了简短而热情的交谈，表达了对支边大学生的欢迎。得知我们是第一批支边的师范院校本科学生，再加上包局长也是外地人，他对我们颇为亲热。商都只有一所中学，急需提高教育教学质量，因此，他对我们寄予了很大的期望。我们被安排在商都县招待所居住。招待所只有两排房，房间内都是大铺，被子整洁干净，在当时，这就算是最好的房间了。我们住下不久，河北、北京师院的许大本、孙世林、高欣和河北医学院的陈文都陆续来了。几天后，我们受到了县委代理书记赵琇的热情接待。他个头不高，但很壮实，说话直爽，是一位工农干部，他的朴实和热情给了我们很大鼓舞。

在商都吃的第一顿饭是在政府招待所食堂，大师傅手持大勺，给我们每人满满盛上一碗热腾腾的猪肉大烩菜，烩菜散发出香喷喷的气味，让我直流口水。大馒头随便吃，在国家经济极端困难的20世纪60年代，这就算是一种享受了。后来我们才知道，原来这是赵琇书记的指示，他让所里给我们吃饱，不受供给指标的限制。据说，当时我们吃的标准已达到了地区专员的标准。我心想，这真是个好地方，因为在这里能吃饱肚子。压根儿就没想到这仅仅是一次招待，以后的日子并不好过。那时，我看到人们吃完饭后，在桌上剩下大大小小的土豆块，心里觉得沉甸甸的。

到了第七天，教育局下了通知，分配我到商都中学任教。在这里，我受到陈少南书记和李同录校长，孟家骥、郑广瑞副校长，韩化童主任的接待。入校后，郑广瑞副校长把菜园内一间房顶有几片破瓦的小房分配给我做宿舍。这间房子也是管理菜园的郝万雨老师的办公室，可谓一室两用。那时，最让我关心的仍然是吃饭问题。伙食管理员是王旭俊同志，他身材瘦长，慢言细语，是一位精干的人。炊事员是著名厨师朱德俊，有高超的烹调技术，不亚于星级宾馆的名厨，他爱做高档饭菜，家常饭菜一般不动手。他用"增量法"做发糕，曾受到县领导的好评，还在全县进行推广。当时，最高档的具有地方特色的食品是糖肉，用糖菜渣经过加工做成，色香味很像现在的山楂糕。我买了糖肉，带回张家口给母亲品尝，她说比张家口的食品好。

商都中学的老教师们能吃到自己种的蔬菜，学校分配给老师们每人一块小片荒，由自己去开垦种植，人们多数种的是圆白菜。每天晚自习以后，教师们就在宿舍里"开小锅"，热腾腾的山药烩白菜香气诱人。我和陈修谘老师初到此地，不愿意享受人家的小片荒收入，往往等到他们吃完小锅后才回到宿舍。饥饿没有让我失去自尊，我永远不会贪食他人的劳动成果，要靠自己的劳动改变现状。在我的意念中，到这里来是支援边疆贫穷地区的教育事业的，而不是坐享其成的。

菜园的管理员兼生物课教师郝万雨老师，年老体弱，教育、教学方法都很滞后。他辛辛苦苦地饲养了十几只兔子，兔笼子就放在我们的宿舍里，各种味道都有。郝老师看到我们吃不饱饭，常常表现出很不安的样子，于是，就把喂兔子的黄豆拿给我们吃一点，这样，我们每晚都能和兔子共进晚餐，虽然是人兔共餐，吃起来却津津有味，一碗煮熟的黄豆撒上一些盐，胜过现在的清炒虾仁，喝上一碗小米黄豆稀饭胜过现在的八宝粥。对郝老师给予的帮助，我永远不能忘记。1983 年他去世了，我帮助他料理了丧事，也算是对他一种感谢。在寒假期间，我回张家口探视母亲，穿着单薄，很难御寒，郑广瑞副校长送给我一件没有袖子的皮上衣和一件灰布上衣，据说，这是当年发给师范学生用的，他送给了我。这是对我的特殊照顾。商都中学的领导和老师给我的温暖，变成了我努力工作的动力。

学校负责教学工作的是韩化童主任和南振业副主任，他们分配我任高中班的生物课，我欣然同意，多年来的服从分配已经形成习惯。高中生物课对于我来说是轻车熟路，我没有感到丝毫的紧张和困难。可惜大学本科所学到的知识所学非所用，能够用在教学中的仅那么一点，当时我就感到大学师范教育需要改革，教育必须服务于经济建设和社会进步，脱离实际的教育必然招致失败。学校按照学科编组，我被编在了自然科学组，组长是荆佃宝老师。组内又按学科性质分成物理、化学、生物三个教研小组。学校要求老师们提前一周写出教案，备课组和教研组长要不定期地检查，而且经教研组长签字后才能使用。韩化童主任抽查过我的教案，他说我的教案写得好，内容翔实不说，格式也很规范。他知道我学过教育学、心理学以及教学法，鼓励我要努力做好工作。他认真负责的工作态度，一丝不苟的工作作风令我敬佩。当时，学校经常组织各种教研活动，新老师的小课堂请老教师们听课，这叫过关课。此外，还有新授课、复习课、练习课、观摩课、示范课等多类课型。通过这些课，老师们相互商讨，共同提高，对提高教学质量大有益处。那时的老师们，真正是发自内心的相互学习，敢于直言，不带偏见，把批评和自我批评的好作风切实贯彻到了教学研究之中。上晚自习时，老师除了备课以外，多数时间和学生在一起，9点半之前是不会离开学校的。工作是三班制，可大家丝毫没有怨言，也不向学校索取任何报酬。夜里，老师们在淡黄色的煤油灯下，闻着呛鼻子的煤油味儿，默默地备课，批改作业，辅导学生，鼻孔都被煤油灯焰熏得黑黑的。那时，学生的作业是全批全改，一个高中班容量四五十人，初中班五六十人，工作量可想而知。学生作业有错，必须要求重做，真正做到了诲人不倦，教书育人、教书教心。每逢节日，教师们还亲自编戏、演戏，我们组就自编自演过《居里夫人》，我也充当了其中的角色。在《千万不要忘记》一剧中，我还担任过主角。教学生活有劳有逸，紧张有序，心情舒畅。这段时光令人难以忘怀。

繁忙的工作之余总是想家，特别是想念老母亲。为此，我在实习教学的一周时间内，利用晚自习时间，连续写了6篇日记，没承想，这竟然成了"文化大革命"中我的"反动"材料。今日忆及此事，真是啼笑皆非。

1962年，反"右倾"斗争波及商都中学，人们绷着脸，紧张地听着党支部书记的讲话。他照本宣科传达上级反"右倾"斗争精神。小小会议室挤着60多人，纸烟味和煤灰味混杂在一起，呛得人难以呼吸，大家的精神还比较松懈。不久，学校反"右倾"斗争的矛头，开始集中到李光亚老师身上。李老师出身地主家庭，毕业于北京师范学院，讲一口流利的北京话，是当时学校里很有声望的历史教师。讲课认真，颇受学生欢迎，性格直爽，敢于直言，他经过了多次政治运动，算得上一位老"运动"员了。在反"右倾"斗争中，他被定为"右倾分子"，受到行政降级处分。其他教师也受到了不同程度的冲击。

那时，加入党组织是人们共同追求的政治目标，但要做一名共产党员很难，我先天不足，不敢奢望。好在我是共青团员，而团组织是党的助手，所以在政治上并没有被冷落，学校共青团每周都有生活会，我和其他同志一起开展批评和自我批评，坚持学习、学习、再学习，自觉地在各方面起模范带头作用，心情是很舒畅的。那时的政治氛围很浓，团员每周六要开生活会，学习或开展批评和自我批评。

从 1961 到 1966 年，我过着平凡的生活，做着平凡的工作。其间，先后任过初中 32 班、38 班，高中 16 班、18 班的班主任。那时，当班主任要看政治面貌和家庭出身，我虽然家庭出身不太好，但因为是共青团员，所以能够担任班主任，而学校让我担任高中班的班主任则是组织上对我的最大信任，所以，我工作起来非常努力，这一干就是六年。六年来，严格有序的教学生活仿佛弹指一挥间。这是我感到最满意的六年，所学的知识得到充分运用，思想日渐成熟，工作收获巨大。

我从事教学一线工作达 30 多年，送出初、高中毕业生千余名。1983 年，受到教育部，劳动人事部、民委的表彰，荣获少数民族地区科技人员支边证书。20 世纪 60 年代，塞北边疆条件艰苦，一切教学设备都没有，我自己解剖并制作人体骨骼标本，亲自制作动植物标本 40 多套，蜡叶标本数百种，这些标本现在还保存在商都一中实验室内。与此同时，我每年都带着学生到野外实习，采集动、植物标本。除了用于教学外，还作为第一手资料提供给县农科所，用于编写《商都县种子植物志》。此外，我还与学生们一起种植了 300 多棵果树，并嫁接成功。还带领学生进行真菌培育研讨。这些工作不仅巩固了学生们的知识，培养了他们的能力，也为学校获得了一定的经济利益。

积多年教学经验，我总结出了"十六字教法"，即"启发思维、精讲多练、教会教活、全面负责"。总结出"三先三后一总结"的学法，即"先预习、后听课；先复习、后作业；先独立思考、后共同研究；学完一个单元进行一次自我总结"。其中"十六字教法"，曾在1987年全盟教学经验研讨会上做过介绍，全文先后在《内蒙古教学研究》和《中学生》杂志上发表。

现在我的学生多数是普通劳动者，也有不少是学者、专家和各级领导干部，我为拥有这么多学生而自豪，这是其他行业的人所没法享受的"特殊待遇"。遗憾的是，因为教过的学生太多，以至于连许多学生的姓名也记不清楚了，经常会出现知其人不知其名或知其名不知其人的现象。不过，学生们还记得我。在他们求学期间，我教给他们知识，教给他们做人的道理，因此，他们没有忘记我。每当见到看望我的学生，忆及往日的学校生活时，我总是思绪绵绵，感慨万千。

昔日的商都中学，如今已发生了巨大变化。这是商都各级领导和人民重视关心教育的结果。1992年，已改为商都一中的商都中学隆重地举行了40年校庆，一中校领导向宾客们作了这样的介绍："四十年的风雨沧桑，商都县第一中学历经艰难，奋发向上，在各级领导和社会各界的热情关怀和大力支持下，办学条件逐年改善，校容校貌明显改观。40年峥嵘岁月，商都一中历经磨炼，教职工的政治、业务素质不断提高，一支深受全县人民信赖和欢迎的师资队伍正在形成。40年辛勤耕耘，商都一中已是桃李芬芳，英才辈出，这里培养出17109名初、高中毕业生，现在他们已成为祖国社会主义建设的主力军，在祖国各地创造着非凡的业绩和崭新的生活，为母校增添着诱人的魅力和夺目的光彩。学校全面贯彻党的教育方针，坚持德育为首、教学为主、全面发展的办学方向，从严治校，从严治教，从严治学，把教书育人、管理育人、服务育人、劳动育人、环境育人有机结合起来，形成了'团结、奋进、求实、创新'的良好校风。学校在抓好常规工作的同时，深入进行教学改革，教育教学质量显著提高，高考、中考连年取得良好成绩。今后我们将继续努力，为全面提高人才素质，做出不懈的努力……"我敢自豪地说，这其中有我的一份心血。

而今我已退休，逐渐远离了一中，对她的成长历程也由清晰变得模糊了。但是，一中的老领导和老教师经常来看望我，我知道他们在改革的大潮中激流勇进，为向高校输送合格人才不懈地努力着。因而和往日一样，商都人民对他们寄托着无限的希望，而他们也决不会辜负人民的热望，一定会做出比往日更加辉煌的业绩，这当中，必须永远保留育人的神圣与纯洁；真正端正办学思想，为贫困地区的老百姓办学，做到教书育人，以不负享誉已久的盛名。其中关键在办学理念的确立。理念是行为的先导，是办学的灵魂，理念必须与时俱进，特别是改革开放以来，更应该实事求是地确立办学理念。不管教育的天空是晴是阴，都应当顺应时代，顺应历史，与时俱进。秉持"正正规规办学，标准从高从严，切切实实教书育人，工作求真求精"的原则，多方培育学生成才，要以德育为宗旨，以育德为核心，以弘扬中华美德为主旋律，培养全面发展的高素质人才，秉承先驱的旗帜，去开启后来的灯塔。诚如此，则商都一中肯定会创造出新的辉煌。

我的父亲

潘金忠

父亲离开我们已有十几个年头了，他生前那些不为人知的经历和他的正直善良更使我永生难忘。

我的父亲叫潘全来，是村里出了名的老好人，包括周边三里五村的人都知道。他们提到我父亲都会说一句："二侉子（父亲排行老二）是个老好人，树叶落下都怕砸了头。"

说到侉子那是因为父亲的祖籍是河北省完县一个小村庄的人，父亲他们说的话咱本地人听不懂，因而侉子就成了父辈们的代名词。

20世纪30年代日本侵略者占据了河北，百姓陷入水深火热之中。为了躲避日军的蹂躏，爷爷毅然挑起担子带着全家伙同当地部分村民一路北上，打听没有日本人管制的地方。

一路上他们历经磨难，吃尽苦头，每天昼伏夜出，生怕被日本兵发现。真是怕啥来啥，结果在一个伸手不见五指的深夜，遇到了一个小队的日本兵。这里是一个主要路口，日本人也摸清了那些逃难百姓的规律，每晚就早早地埋伏在这里，专抓那些年轻力壮的百姓回去当劳工。

爷爷他们那些人差不多有30来个，除去老弱妇幼，年轻力壮的也就10来个。他们这些人分成两伙，10来个年轻力壮的走在前面探路，大爷就在其中。其他人与他们相隔 2 里多，为的是有突发情况好隐藏。就在大爷他们行走中，前面几十米处忽然亮起了车灯，一队日本兵端着枪叽里呱啦地围了上来。有两个村民当时撒腿就跑，结果被日本兵开枪打死，其他人被绑起来押到卡车上。后面的人听到动静早已散开，藏在沟坎中连动也不敢动。日本人用手电筒四下照了照，没看到啥，也没听到动静，就开车扬长而去。父亲因为要帮爷爷照顾奶奶和两个弟弟一个妹妹，因此幸免于难。当年大爷也就十七八岁。这次大爷被抓却注定了他今后的传奇人生。也注定了父亲这一生因兄弟情深而导致的沉默寡言和与世无争。

后来爷爷他们那些人几经周折，来到了察哈尔省地界。然后各自散开，寻找自己的归属地。爷爷奶奶带着父亲、三叔、姑姑和四叔来到商都县大库伦村定居（当时叫王四海围）。

定居以后，奶奶整天以泪洗面，爷爷和父亲也郁郁寡欢。三叔、姑姑和四叔当时还比较小，表面上显不出多大的悲伤，但内心也明白，自己的大哥恐怕永远也回不来了。

战乱年代死一个人那是分分钟的事，因此活着的人都把悲伤藏进了心底，努力地活下去，寻找机会为亲人报仇。父亲就属于这个类型的人。他当年也只有十五六岁，个头不高，身体瘦弱。为了能减轻爷爷的负担，为了能帮奶奶把弟弟妹妹拉扯大，更为了能早日长大为兄报仇，拖着瘦弱的身体到地主家打了短工。时间在煎熬中一天天度过，大约三个多月后，大爷又活生生地回到了家中，全家人惊喜交加，抱头痛哭。

据父亲讲述，那年大爷被抓后和一些各地抓来的劳工，被日本人塞进一列闷罐子火车，一路开向东北，后来又被送进了矿山。大爷是个顶天立地的汉子，身材魁梧，胆大心细。他不甘心被日本人奴役，始终在找机会出逃。一个月后他终于如愿以偿。在一个月黑风高之夜，当他观察到只有一个日本兵在看守的时候，就悄悄地摸过去，用石头砸倒了日本兵跑了出去，至于日本兵的死活就无法考证了。

大爷一路上就像《铁道游击队》里写的那样，一次次地爬上飞驰的列车，几经周折，又回到了河北地界。然后按照爷爷出走时的路线，一边打短工，一边打听爷爷他们的消息。只可惜当时打听到的都是逃难出来的老乡，他们只知道爷爷他们继续向北走了。就这样，在商都周边东奔西跑，历经一个多月的时间，终于和家人团聚了。

大爷自从经历了这场变故，心思根本就不在苟且偷生上了，刚回家没几天就独自一人走了。没走几天，大爷又回来了。这次回来他没有回家见爷爷奶奶，只是找到了父亲让父亲跟他走。父亲从小就敬重大哥，大哥叫干啥他都义无反顾，所以毫不犹豫地跟着大哥走了。临走时大爷让父亲悄悄给家里留下两块大洋，让父亲不要和爷爷奶奶说走的事。父亲把大洋交给了三叔，让三叔照顾好家人，先不要告诉爷爷奶奶他们要走的事，三叔照做了。当爷爷奶奶知道的时候已经是第二天了，这一次爷爷奶奶没有悲伤，没有流泪，因为他们知道儿子是去干正事了，只是祈祷上天保佑他们平安无事，早日归来。没承想大爷这一次的出走却成了和家人的永别。

那天，大爷带着父亲出了村，在村外的蒿草地中找出了一杆步枪。父亲这才知道大爷已经当了兵，大爷这次是带着任务回来的，区里面让大爷出来招兵。在回家的沿途中已经联系好六七个人了，只等大爷返回时一起走。从此父亲跟着大爷走上了革命的道路。

大爷进了部队没当一天兵，区里直接安排大爷当了排长（连班长都没当过）。父亲因为身体瘦弱，区委书记赵秀就让他留在身边当了通讯员。当时父亲他们所在的部队是地方部队，不是正规的野战部队。这是一支骑兵部队，一直活动在商都、四子王旗一带。

经过几次战斗大爷出名了，他打仗勇敢，指挥有方。司令员听说后直接把他调走了，调到一个营里当了营教导员（连连长都没当过）。那时大爷的名字叫潘全有，司令员听了后说不响亮，直接改名叫潘成龙。这个名字当年在部队真是响当当的。从此父亲和大爷见面的机会就更少了。

后来日本战败，宣告投降。紧接着国共两党再启战端，毛泽东主席为了中国不再受蒋家王朝的统治，为了中国老百姓不再受地主老财的奴役，带领中国共产党领导的军队向国民党反动派展开反击。

其实父亲给我讲过很多当兵那几年的故事，因时间太久，有些事已经模模糊糊，记不太清楚了，因此也无法记录。所记录下的只是些印象深刻的片段。记得父亲和我讲他第二次遇险的经历，那一次，父亲和死神只差几秒钟擦肩而过……

那年咱内蒙古地区的一位首长途经父亲所在部队的防区，去参加党中央召开的一次重要会议。他只带了两个警卫，当时区里派了一个警卫班负责护送任务，怕人手不够又临时从后勤人员里找了几个机灵的小伙一同前往，父亲也在其中。

在护送的这段路上，要经过敌占区的一道封锁线。在离封锁线不远时，班长命令所有人下马，把马蹄用早已准备好的厚实的棉衣、棉布之类的东西包裹好，以免发出声响，然后打马向封锁线冲去。刚刚穿过封锁线就被敌人的巡逻队发现了，班长和父亲还有几个战友负责阻击敌人，其他战士护送首长继续向前冲去。当看不到首长他们的背影时，班长命令撤退。在撤退的途中，父亲的战马不幸中弹，父亲从马上摔了下来。班长回头发现时，父亲已被敌人抓走了。敌人也知道最近有共产党的领导要从此经过，所以他们也增加了巡逻次数，没承想真被他们遇上了。当抓到父亲后他们不敢疏忽，连夜派车把父亲押解到北京大钟寺监狱。经过几次严刑拷问，父亲什么都没说，只有三个字"不知道"。几天后敌人觉得没什么价值，就把父亲还有其他不知是哪个部队的几位战友拉到刑场准备执行死刑（听父亲说当时是要活埋）。就在父亲和战友们高呼"打倒国民党反动派，中国共产党万岁！"时，一辆越野车急速开来，车上一个当官模样的人高喊"停止行刑"。父亲和几个战友不知出了啥状况，只见当官的和行刑官耳语了几句，行刑官向父亲他们走来。到了跟前，打开父亲他们的镣铐说："你们的小命保住了，到长官那里去，长官给你们训话。"父亲他们相互对视一眼，向那个当官的走去。"共军弟兄们，如今国共要实行第二次合作，为表诚意，蒋委员长电令，释放所有政治犯，你们自由了。"当官的说完挥了挥手让父亲他们离去。就这样父亲又一次逃离死神之手。

父亲被捕后，区里通知了大爷。大爷知道后啥话都没说，心中又多了一份对国民党反动派的仇恨。没多久，国共谈判破裂，人民解放军展开了全面进攻。大爷他们营接到命令，解放张北县城。当城门被炸开的那一刻，大爷高举战刀，大喊一声："同志们！冲啊！"只身一人，率先冲入城中。

大爷在每次的战斗中都是身先士卒，率先冲锋，因此深受官兵的爱戴。这次也不例外，他高举战刀，一直冲锋在前。没承想被一个假死的国民党兵从背后开枪打中，壮烈牺牲。牺牲时年仅24岁。至今大爷的灵位还摆放在张北县烈士陵园里。

大爷的牺牲是对父亲最大的打击，因为从小到大大哥都呵护着他，他也很依赖大哥，一下失去了大哥他心里难以适应。从那以后父亲变了，变得更加沉默寡言了。不久后中华人民共和国成立了，父亲要求复员回家，经上级批准父亲回到了爷爷奶奶身边。

新中国成立后，父亲复员回村当了农民，那时弟弟妹妹们也长大了。爷爷奶奶虽然失去了一个儿子，但也为有这么个英雄的儿子感到自豪。

一天县里来人通知父亲到县政府一趟，当时没有交通工具，父亲徒步去了县城。90里的路程，对父亲而言，那是小菜一碟，因为当年父亲在部队里当过通讯员，是出了名的飞毛腿。

来到县城后，召见父亲的正是在部队时的领导赵秀，新中国成立后，他当了商都县第一任县长。因为大爷是革命烈士，父亲又在他手下当过通讯员，所以把父亲找去要在县里给安排工作。由于父亲目不识丁，只能给安排一个后勤工作。每天给领导办公室打扫一下卫生，完事再往办公室送壶开水等一些琐碎的事情。工作虽然挺轻松，但要按时按点上班。没过几天，父亲习惯不了这种按时按点上班的生活，总觉得当农民自由，所以辞职不干了（这是父亲一生的第一次决定）。

因为父亲身体瘦弱，不胜重体力劳动，回村后政府又把父亲安排到村里的供销社当了粮管员。那时还没有粮库，供销社代收农民交的公粮。当时有部分农民思想觉悟低，为了自己的利益，专门在交纳的公粮里面掺和一些砂土。出身军人的父亲，出于对党和国家的忠诚，拒绝收购那些掺杂的粮食。但那些村民不但不知悔改，反而和父亲争吵。由于都是乡里乡亲，父亲不愿和他们有太大的冲突，一气之下又辞职不干了（这是父亲一生的第二次决定）。从此，父亲"老好人"的名头也传开了。

三叔在大爷和父亲当兵的时候，在村里就是进步青年，最后通过自己的努力成为一名光荣的中国共产党党员。三叔有当年大爷的风范，说话做事雷厉风行，因此村民们推选三叔当了生产队队长。那时国家百废待兴，各个行业都需要劳动力，县里给了我们村两个招工名额。由于大爷是烈士，父亲是复员军人，三叔是共产党党员，因此刚刚成年的姑姑和四叔顺理成章地到包钢当了工人。姊妹五人只有父亲成了一名最普通的农民。

父亲大约是在二十七八岁时成的家，比母亲整整大了十岁。母亲也是个苦命的人，十来岁时就没了娘，也是解放前跟着我姥爷逃荒从口里来到了这里。当年的老百姓特别崇拜解放军，因此母亲也不嫌弃父亲岁数大，就嫁给了父亲。虽然日子苦些，但他们生活得也挺甜蜜。

几年以后，父亲终于又迎来了一次转机（那时候我也出生了，上面还有三个姐姐）。当时村里的小学需要一名打杂的工友，校长知道父亲的为人，于是和公社打了招呼，向生产队直接把人要了过去。这一次父亲总算有了个安稳轻松的工作。具体工作就是上下课时摇一摇铃子，每天担上几担水供学校师生饮用。到了冬天给每个班分发一下引火柴和煤炭。另外就是早晨把每个办公室和几个低年级的火炉生着。这次没有争吵，没有角逐，每个月能领几元的工资，也乐得其所，因此这一干就是 20 多年。这 20 多年里父亲没有一丝不满，也没有一点怨言，每天默默无闻地工作，家里的一切大小事务都是母亲一手操持。

从我记事起就没见父亲发过脾气，发过牢骚。只是在毛主席逝世的那天，父亲流泪了，这是我记事以来第一次见父亲流泪，而且也是仅有的一次。当时举国上下大小民众无不为毛主席的逝世哭泣流泪，所以我也没感觉到父亲的特别，直到后来我懂事了才感觉到父亲的眼泪是对毛主席有着更深的情意！

父亲在平凡的岁月里，过着比普通百姓更平静的生活，从没有过非分之想，就在家庭最困难的时候（那时已有了我们姊妹六人），也没向政府申请一分钱的补助。母亲常常因此唠叨父亲，说父亲窝囊。看人家谁谁谁，三天两头去公社要补助（这个人也是退伍军人），每次公社都得给几元钱或者让生产队给几十斤粮。对母亲的唠叨，父亲从来不急不恼，只是平静地对母亲说："行了，知足点哇，旧社会吃了上顿没下顿，不也活过来了吗？现在国家有困难，咱们不能跟着添乱，虽然吃不饱，但顿顿都有的吃，比过去强多了。"父亲虽然不爱多言多语，但每次说出的话却让母亲无力反驳。

在我十四五岁的时候，父亲就开始给我讲他过去的经历，每当讲起我大爷的时候就显得特别激动。最后总要说上一句："唉！你大爷打仗太勇敢了，每一次都是冲锋在前，要不是那样他也不会牺牲了。"那时候我还年少，懵懵懂懂的，还不能完全理解父亲的感受，只觉得父亲讲起当年的事滔滔不绝，根本不像一个沉默寡言的人。每次讲到大爷的英勇事迹和自己被捕的经历，听得我热血沸腾。因此，在以后看电视剧时，特别喜爱战争年代的影视故事。总觉得那里有大爷和父亲的影子，也觉得电视剧中的情节特别真实。

时间慢慢地流逝，岁月不断地更新。在20世纪80年代初，国家实行改革开放，大集体解散了，所有的土地都包产到户。那时候我大姐、二姐和三姐都已出嫁，我正在上高中，妹妹和弟弟也在读初中。家里只有母亲一人，承包下的土地她无力经营，因此父亲又辞职不干了（这是父亲的第三次决定）。

父亲在其他的事情上从来没有自主过，当兵时，到县政府工作时，没有要求调配工作；在学校工作了20多年，没有要求转正过；唯有这三次却自主决定了，因此造就了他平凡的一生，但他从来没有后悔过……

这就是父亲，一个平凡的甚至被所有人忽视了的人。在母亲的眼里，是个"窝囊"的人。在众人的眼里，是个"老好人"。甚至我过去也认为父亲有点"迂腐"。但随着年龄的增长，我渐渐读懂了父亲。特别是近几年，常常想起父亲，想起他一生的点点滴滴。仔细回味，觉得他平凡的背后，有一颗闪光的心，他的灵魂就像一汪清水，清澈透明，没有一丝污点，不掺半点杂质。

乡村有真爱

李金声

当人们走进商都县西井子镇粉家沟自然村，谈及家庭事，就会听到一对夫妻动人心弦的爱情故事。

粉家沟自然村坐落在距商都县城西北部 70 华里的小山沟里。村庄东西两面秃山连绵起伏，一条小河沟把 25 户村民分隔为沟东沟西，丈夫李志明、妻子邦美连就出生在这里。

李志明的父母生育四男三女，全家 9 口人，他在男儿中排行老二，村民给他起了个绰号：二毛眼。虽然生活在艰苦年代，但 16 岁的李志明已长成大后生，中等个子，仪表堂堂。本应拥有少年的活泼乱跳，无忧无虑，读书学习，但他却患上肺结核病，严重的肺气肿使他呼吸极为困难。由于家里人口多，卫生条件又差，数年后又患了心脏病和腰椎结核这些痼疾。病上加病，病魔缠身，治疗只能缓解，无法根治，他只好停了小学学业，待在家养病。19 岁那年，二毛眼的状况及家境被同村沟西年方十五心地善良的邦美连看在眼里，怜悯心上。她瞒着父母，隔三岔五跑到二毛眼家和他玩，为他消除寂寞，给他递水喝药……慢慢地日久生情，他们俩暗恋了。又过了三年，村里人闲言碎语传开了。美连父母听到后气愤地立即阻止女儿和二毛眼来往。几天后，美连不哭不闹，不吃不喝，父母生怕女儿出事，但又束手无策。村里有些人建议：赶快给美连找个婆家吧！于是父母托人在外村给女儿介绍对象。然而，这一切无济于事。美连去二毛眼家更勤快了。打里照外，整天陪着他、护着他。二毛眼妈看到高兴地说："美连啊，你真是个好女孩！不是他疾病在身，嫁给我们二毛眼吧！"

事，往往不能如愿。正在此时，一位长辈上门给邦美连提亲了，但美连一口回绝。父母苦口婆心地说："女儿呀，妈就你这么一个姑娘。二毛眼人挺好，但你也不能嫁给一个长年累月的痨病蛋子。你要不听妈的话，妈高血压发作了，那怎么办呀？"美连听了父母一席话，连连点头应许。但心里暗自盘算，只好以退为进。

第二天，介绍人把后旗陈家地一位姓琚的民办教师领来相见。这位琚老师中等身材，举止文雅，眉清目秀。他看见邦美连身材苗条面容姣好，一下子相准了，但美连却不看琚老师一眼，她低着头，扳着手指。不知是羞涩，还是无声抗拒。邦美连相对象的消息立马传遍沟东沟西。二毛眼听到后用棉被捂住头痛哭不已，他心碎了，他绝望了！就在此时，破门而入的美连急着问李婶："志明哪里去了？"志明妈指向被窝。美连不由分说，掀起被子拉起志明说："你别哭，等着我！"说完撒腿跑回了她家。过了数日，在父母的压力下美连和琚老师订了婚。逢年过节，琚老师叫来美连。她一反常态，恼头动脸，既无礼貌，又粗野蛮横。

订婚仅一年时间，琚老师提出了退婚。解除了婚约，邦美连心里乐开了花。21岁的邦美连又立马找到李志明说："我退婚了，你赶紧找人去我家提亲。不然，我妈又把我找给外村了。"于是李志明把美连的话告诉了母亲。他妈心事重重地对儿子说："二儿呀，就算美连想嫁给你，她父母也决不会同意。因为你得了终生病，还是打消这个念想吧。"他父亲接着说："借米能丢半升吗？硬叫碰了，也不能误了。为父明天就找个介绍人，拿上一些礼物去美连家提亲。"结果赔了礼物，碰了个钉子，人家不同意。此后，美连含泪一边做父母工作，一边给志明鼓劲。最终她病了，卧炕不起。心疼女儿的父母看到此情此况，只好答应了美连的恳求。几经努力，几经周折，他们终于订了婚约，实现了夙愿。村里人得知美连和二毛眼订婚了，有人却说："美连啊，你真愣！二毛眼虽好，可是个痨病疸呀，一辈子不能干活。嫁过去以后日子怎么过呢？"美连马上脱口而出："我就要嫁给这个痨病疸，心甘情愿养活、伺候他一辈子，有你啥相干？"

为了爱情，为了养活、照顾二毛眼一辈子，邦美连冲破了家庭阻挠，顶住了村民的"善意良语"，24 岁的她和 29 岁的李志明终于在公社领了结婚证。他们结婚典礼时，被子是弹了又弹的旧棉絮，炕上无席，是美连父母拿出 50 元钱买来的竹席。简陋的婚房就是这样简单的布置，但他俩笑了，笑得那么甜蜜，笑得那么开心，笑得那么幸福！

婚后第四年，农村土地承包责任制下来了，人们欢呼雀跃，奔走相告。二毛眼家承包了 50 亩土地和一头牛。每年春种到秋收，哥弟姊妹自顾不暇，哪能帮上他（二毛眼）的忙呢？这一下，美连真的成了家里家外"一把手"，忙得不亦乐乎。她一个人既要无微不至照顾病丈夫和孩子，又要不违农时干地里农活。

爱情的力量是无穷的。几十年来，美连在家庭千斤重担压力下，无怨无悔，从不叫一声苦，从不叹一口气，从不说一声累。她只有泰山压顶不弯腰，勇往直前走下去。耕地牛不听使唤，拉着空犁疯跑，她没哭一声；犁铧碰伤腿红一片紫一块，她不屑一顾；拔麦子，手泡累累，她没喊一声疼。扬场打碾样样农活学得精通，练得手熟；丈夫偶尔病郁发脾气，她一笑了之；她起早贪黑，家里窗明几净，井然有序；家庭副业全村数一数二，全给丈夫买药治病。后来，现代化走进了农村。庄稼人经营土地越来越轻松，生活越来越幸福，邦美连家也不例外。

如今党中央心系农村，关怀农民。脱贫致富，精准扶贫奔小康。

他们和其他人一样，活在天堂上，生活得更幸福！住的是砖瓦结构房，吃得饱穿得好，美满生活史无前例。美连向往幸福的昔日预言今朝变成了现实。现在，他们儿子成家在外，夫妻俩面色红润，肤色细嫩，丈夫的肺结核、腰椎结核、心脏病经大医院治疗得到了有效控制，显得年轻了，70岁的他就像60的人。李志明常对人说："我感谢党中央的好政策！感谢妻子美连的善爱和厚爱！否则，十个我也不在人世了。"他面对东山，激情地高声呐喊："我，李志明还想再活70年……再活70年啊！"悠悠的呐喊声在山谷间回荡……

厨师黄建满

谷　秀

各行各业都有名人，七十二行，行行出状元。厨师黄建满就是商都的名人，黄建满生命短暂，57岁撒手人间。但他的厨艺之高超，历来为商都人所称道。

黄建满打小就在商都崔家饭馆学艺。他还没出徒就与在饭馆里跑堂的庞润成了名人。当时七台镇就有"亮嗓子堂倌庞润，快手厨师黄闷"的说法。

跑堂的，也就是接待顾客，端茶倒酒上菜上饭的服务员（那时的服务员全凭喊话与后厨沟通）。庞润嗓子亮，喊菜传饭有韵味，而且端起饭菜如一阵风，碎步无声，深受顾客的喜爱。

厨师黄建满则技精艺绝，一天不说几句话。顾客只能听到他炒菜装盘的声音，闻到厨房里飘出来的香味，很难听到他的言语，更难见到他的面。因而，顾客私下称他"黄闷"。

顾客点了饭菜，庞润边为顾客安排座位边向厨房内喊一嗓子："馅饼5张、过油肉1盘，外加花生米一碟、烧酒一瓶"。就听得厨房里"叮叮当当"的锅铲声和"滋滋嚓嚓"的炒菜声有节奏地传出来。不一会儿，"当当"两声敲击炒瓢的声音——菜得了。再一会儿，"嘭嘭"两声敲击案板的信号——馅饼好了。这时，肩头搭块毛巾，手里端着盘碟，迈着云水细步的庞润便出现在顾客面前。他笑眯眯地报上饭菜名，摆到桌上。最后还要滑稽地叮嘱一句："客官慢用！有啥需要的招呼小的一声！"除了色香味俱佳的饭菜，这温馨的服务也使顾客体验了一种满意的享受。

1952年，黄建满学成了手艺，也接受了党的教育，成了党组织培养的对象。因革命工作的需要，黄建满被分派到张北县公安局当了炊事员。直到1960年，张北大县重新划定时他才回到商都，先是在人民银行商都县支行当炊事员，两年后又调到了商都县公安局干老本行。

1962年，由于工作出色，厨艺高超，黄建满又被调到商都县人民政府后勤部成了食堂的主厨。县政府食堂相对封闭，一般老百姓进不去。但却可以接触到很多有头有脸的上级领导。凡是来商都检查指导工作的，在政府食堂吃完饭，没有一个不夸黄师傅的饭菜做得好，他们的口碑为黄建满做了广告。

首先是乌兰察布盟的领导们来的次数最多，他们每次陪同上级或其他省市的客人来，都要主动向客人介绍黄建满的厨艺。以致黄建满的名声在区内外得以传播。

70年代初，兰州军区的领导来过商都一次。走的时候跟黄建满说，"如果你愿意就跟我们走，调动手续由我们出面与当地政府协商办理。"可黄建满谢绝了。

那时商都北边的八股地林场是国营重点林场。国家每到夏季都要派飞机来进行防虫作业。每次来，县里都要派黄建满去为飞行员们做饭。飞行员的伙食有严格的要求，必须按食谱做，一般的厨师根本达不到人家规定的标准，而黄建满的烹饪技术和服务水平却让他们非常满意。有一位首长还提出请他到海南去，也被他婉言谢绝了。

像这样的邀请和调动还有过几次，都是因为看上了黄师傅的厨艺。那时的黄建满已有了4个儿女，还赡养着年迈的岳母，这样的一个 7 口之家，不是想走就可以走的。在那个年代，到哪里都一样，工资不会有太大的差别。家中的难处他已习惯于自己解决，从不与外人说，更不愿给领导添麻烦。当孩子们间接地提起找领导办事时，他便教训似的扔出一句话："有本事就端自己的碗，别瞅人家碗中的肉！"

改革开放之后，黄建满决心辞职下海开饭店。那就是 20 多年前七台镇有名的"塞北居"饭店。

他的儿女们说，黄师傅太倔，没有跟家人商量就从政府食堂退了出来。租了房子后，开始装修了才通知孩子们抽空儿去帮忙。

10 多天后，房子装修好了。那时的开业也十分简单，买齐了厨具、桌椅之类，贴上一副对联，响一挂鞭炮就开张了。既没请什么乐队、戏班，也没有请谁来助兴。但是，听到消息的县领导和其他机关、单位的熟人都来了。就这些熟人，还满满地排了一下午的宴席。

这是商都改革开放初第一家私营饭馆，有这么多头面人物出面捧场，又是黄师傅这样的名师主厨经营，业务很快就火了起来。

每天清晨 5 点，黄师傅就来到饭馆忙开了。他不只自己守时，对自愿合伙的大儿子和参与操持的家人也要求十分严格，分工也特别精细。他对各类人的到岗时间要求不同，但必须准时不能误事。

有拜师学艺的基础，加上 30 多年的敬业，黄建满接触过天南地北五湖四海的客人，也了解全国各地饮食习惯的不同。他经过自己钻研，掌握了全国各地不同菜系的做法。所以，他要求手下的所有人，必须留心每位顾客，特别是那些外地客人。要了解他们的生活地域，饮食习惯，及时地把信息传递给他，为制作对方适口的饭菜提供依据。由于有了这一规定和他的精烹细作，"塞北居"的饭菜总能满足客人的口味，获得广泛的好评。

他除了能照顾到客人的地域差别，还特别注重菜的色香味。他说，菜的色泽就如人的外貌，是赢得顾客喜悦的第一要诀；香，就如人的气质，未尝而能引人垂涎才是合格的好菜；味，则是诱人食欲，入口称绝而回味长久的勾魂之法。只有这样，生意才能长久不衰。正当生意兴隆，日趋胜境的时候，黄师傅的身体却出现了问题。经省级以上的几家医院诊断，确诊为肺癌晚期，是由于太多的油烟吸入，使肺部受到了严重毒害，已经无法治疗。不到三个月，57 岁的黄建满师傅就永远地离开了人间，使商都的餐饮界失去了一位名厨。

深切的怀念

吴志红

从我记事起，常听长辈们赞赏我爷爷，说他老人家是个大好人，乐善好施，同情穷人，自觉投身革命，解放前曾为当地共产党领导的"四支队"做了大量的支持工作，得到了部队很高的评价。《商都文史资料》第八辑《往事拾零》《商都史志》等都刊登过爷爷的事迹。趁父亲、叔父、姑母们还健在，我经多方收集爷爷的生平事迹，写下这些文字，权当是对爷爷的深切追思。

我的爷爷吴进智，1897 年 5 月 5 日出生于山西省天镇县七里屯一个贫穷的家庭，共有兄弟姊妹 8 人（6 男 2 女），在男孩里爷爷排行老五，老四早年夭折。民国十五年（1926 年），爷爷全家因生活所迫，走西口至内蒙古商都县常顺堂二号，靠给人打短工当长工为生。后来又半种了丁统领土地，几年后积攒下一些钱，从放地商人（当时从事土地买卖的商人）手里买了一些荒地，举家迁居到格化司台大西沟附近开始开荒。当时爷爷身体瘦弱，扛不动犁，每次耕地都由其二哥把犁扛到地里，于是人们说我爷爷软得像拿糕，而他在弟兄中排行老五，由此人们称他为"五拿糕"。对于"五拿糕"这个称呼民间还有另外的传说，爷爷兄弟五人开荒期间，每天早出晚归，为了节省做饭时间，经常吃搅拿糕，被村里人们称作"吴拿糕"兄弟，我爷爷排行老五就称"五拿糕"。

民国十八年（1929 年），开荒所种的菜籽、谷子、黍子、糜子获得大丰收，卖粮以后建了吴家大院，有住房、油坊、酒坊、磨面加工房，并打了一口水井。随着粮食的积累，爷爷家开始把加工后的面、油拿到牧区和当地牧民换来牛、羊、奶制品等。通过辛勤的劳作和初步的商业运营，爷爷家成了村里的首富，后来此地被人们称为吴家村。

乐善好施　同情穷人

爷爷为人忠厚善良，乐善好施。家庭生活条件好了以后，家里雇了一些长工短汉，爷爷家人与他们一起吃饭。别人有困难，他总会帮忙。爷爷常说，上门求人难，从来不等来人说话，就先问人家需要什么，有求必应。有一年青黄不接，村民很多人都没有粮吃，爷爷就揭开自家的粮食窖子，取出七十二石糜子分给村民，使村民顺利度过了荒年，这件事是村民聂昌父亲亲自代办的。还有一年过年的时候，我爷爷和我父亲赶着牛车去商都县城办年货，回到村里后，爷爷拿出不少东西送给了乡亲们。

外地来到吴家村落脚的刘、蔡两户人家，刚来时两手空空。爷爷把自己家用的炊具、农具送给他们，还将牲畜借给他们使用，使这两家人在吴家村很快安了家。

20 世纪 60 年代困难时期，一个河南逃难的农民站在爷爷家门前讨饭吃，正赶上爷爷家吃饭。这个时期，其实爷爷家也很困难，没有多少粮食，但是我爷爷还是让这个人进家，上炕和家人一起吃饭，我姑姑还没有吃饱，却让这个农民吃得饱饱的。那人走后，爷爷对姑姑说："人有困难上门求你是件很难的事情，如果他没有吃饱，咱们自己有饭也吃不下去呀！"

爷爷的助人为乐、积德行善被传为佳话。好多年以后，原格化司台中学张汉文老师的姑姑从境外回国探亲，见到我的小姑姑吴凤莲说："真高兴见到了吴家的后人，你父亲是个难得的好人，当年闹土匪的时候，邻近村民都跑到了你家的大院里，家里容纳不下，有的人住在了作坊里。吃饭是用油炒块垒（莜面制成的食品）招待大家。像这样的情况不是一两次，而是好多次。"

爱憎分明　支持革命

日本侵华战争时期，我爷爷被日本人抓走要枪要钱，因为没有给，被日本人关起来严刑拷打，受尽折磨。爷爷不屈不挠，没让日本人得逞。当时我父亲年纪虽小，但是看到我爷爷受刑就一边骂一边往前冲，要和日本人拼命。周围村民怕父亲出危险，硬是把他抱走了，否则后果不堪设想。

1946 年 1 月，共产党领导下蒙古族骑兵部队四支队，从蒙古人民共和国整训回来在吴家村和大西沟附近打了一阵子游击战。部队经过多方了解，得知爷爷的为人后，决定进驻吴家村。司令部就设在我爷爷家的大院，战士们主要集中住在吴家大院和姚家大院。

四支队的任务是保障张家口至二连一线军区、联合会与苏蒙联系的通道安全畅通，并为老百姓消除当地匪患。晋察冀军区任命乌勒吉敖喜尔为四支队司令员，关保扎布为政委。最初，部队进驻吴家村时仅有 120 多人，他们一边频繁战斗，一边整顿学习，一边宣传群众、组织扩军，当四支队离开吴家村时，部队已发展到 800 多人。

在四支队进驻吴家村一年多时间里，爷爷与官兵亲密相处，尽管语言不通，民族各异，但是爷爷尽最大努力帮助他们，并遵守纪律，从不向别人透露四支队的事情。比如说，当时四支队有多少人、长官是谁、用啥武器等等。即便四支队离开吴家村以后，也从没有和别人谈起过四支队的详细情况。

我爷爷对四支队的帮助是无私的。他的土地让给四支队近百亩，主要种植莜麦、菜籽等，以解决部队战马的饲料问题。村民赵河才的母亲亲口和我小姑说，我爷爷经常给村民发放布料，组织她们给战士们做军装。我爷爷还帮助四支队建起了磨坊、油坊、豆腐坊，还酿酒做醋，除了满足部队自身需求外，多余部分出售后还能换回一些军需品。

1947 年，国民党占领了商都县，四支队在西苏旗一带打游击，缺少外伤药。四支队李副官派人打扮成农夫到商都找我爷爷帮助买外伤药（当时我爷爷家在商都县城）。该药当时是禁用药，而商都县城城门设有哨兵把守，出入人员都要严格检查。我爷爷冒着危险买上药送到来人的手里并将他安全送出城外，解决了四支队紧缺的外伤药。

1947 年冬季，部队转移到忽力格尔庙（位于西苏旗都仁乌力吉苏木附近）。在转移时，爷爷把家里的几辆车与马匹送给四支队，方便他们运输物资。四支队政治部主任李文精临走时说："以后遇到什么难事，来找我，一定会尽力帮忙的。"但是，后来我爷爷遇到些困难也没有去打扰他。

1948 年，内蒙古人民解放军骑兵第十一师（原四支队）派人来商都找到了我爷爷，还给了我爷爷 9 匹马，让爷爷在吴家村开办裕蒙商店，经营食盐、米面、砖茶、肥皂等日用品。业务范围是服务大后方的草原牧民，让我爷爷当经理。直到 1951 年初，十一师派三连连长接任经理，秋后买卖不佳，商店就关闭了。

吴家村是四支队从蒙古人民共和国回来后的第一个营地，也是最为困难时期的根据地。在吴家大院里，中共巴（巴彦塔拉）乌（乌兰察布）工委书记奎壁曾经主持过大中型动员会，分析当前形势，提出任务、预测前景，极大地鼓舞了大家的信心。

改革开放后，上级专门派人去吴家村慰问了几次。其中一次还发放了慰问金。收到慰问金的村民聂厚说："这钱是'五拿糕'老汉给大家挣下的。"

1997年8月，数十位健在的四支队老战士专程到吴家村看望了乡亲们，还问到我爷爷后人的情况。后来，四支队老战士的后代也组织回吴家村，看望父辈们战斗和生活过的地方，也在多方了解我爷爷后人的情况。

教子有方 代代相传

我爷爷虽然没有文化，不识字，但对孩子们学文化、长知识还是非常重视的。他为供孩子们读书，付出了很多艰辛。我父亲吴振昌在商都县城中学读到初二最后一学期，由于家里困难交不起伙食费，只好把家里铺的一张狗皮也卖了供父亲上学。就是在这样艰难的环境下，他的几个子女都为教子有方、重视教育的爷爷争了光。我的父亲吴振昌靠着勤奋自学，成为新民中学的优秀教师，学生和家长都说好。我的叔叔吴振云，1967年内蒙古师范大学毕业后，先后在包头的中学、大学任教。应该说，在爷爷的教导下，他的子女们学业有成，个个都是好样的。爷爷的子女传承了这种家教，所以爷爷的孙辈们通过勤奋读书小有成就。我的哥哥吴志新毕业于内大物理系，子承父业，一直在西苏一中任教。我毕业于内蒙古警校，虽然平凡，但实现了金色盾牌的梦寐所求。叔叔的儿子吴志峰毕业于华北电力大学，就职于宝山钢铁公司。姑姑的儿子殷玉清毕业于石家庄陆军学院，曾任政治处主任、军事法院院长等，并荣获二等功、三等功。小姑姑的三个儿子都考上了大学，长子燕北东毕业于北京大学计算机学院，博士生，现在北京工作。爷爷的重孙有的在北京的大学任教，有的在国外留学。

我们深知，这一切，得益于爷爷重视教育、教子有方的理念，得益于爷爷代代相传的家风家教。

爷爷虽然离开我们 49 个年头了，但他的高贵品质是我们几代人享用不尽的精神财富！

我永远怀念敬爱的爷爷——吴进智。

寻 亲 记

李茂春 口述　　王学吾 整理

旧社会使人家破人亡，骨肉分离，新社会让人生活幸福，兄妹团聚。商都县公安局不辞劳苦，为沈阳市居民赵荣莲找到了亲人，使离别35年的兄妹重新团聚。

时间回溯到 1963 年。那时，我在商都县公安局工作，负责人民来信及档案管理工作。

1 月 6 日，公安局收到一封张家口市公安局转来的人民来信，这封信是从辽宁省沈阳市寄来的，信中请求公安局的同志帮助她寻找亲人。

来信的人叫祝凤珍，现在部队工作。她在信中说："我母亲赵荣莲，原来是张家口市西部 300 里处的一个农民。她在 1929 年逃荒时，被人贩子拐来了东北，从此亲人离散。我们流过多少泪，伤过多少心啊！解放后，令人高兴的消息不断传来，许多失散多年的人会面了。这些神话般的消息深深感动了我，引起了我们寻找亲人的念头。可是，我母亲是个文盲，加上她离家时年幼，只记点滴情况，离散的亲人无从打听，至今还是一桩心事。现在我怀揣冒昧大胆恳求你们，帮助我找一找离别的老家和亲人。如能找到，不用说我是如何的高兴和感激。"

这封来信介绍她亲人的线索时说："我的老家据说是在张家口西的韩大成村，这里离七台约一天路程。我母亲离家时，家中共有 7 口人，外祖父叫赵福庆，现约 80 多岁了。外祖母王氏大概也够 70 多岁了。还有两个舅舅，一个叫赵喜奎，一个叫赵荣奎，算来也都是四五十岁的人了。"

公安局局长张林元同志仔细阅读了这封来信后，深深感到责任重大。这封信的一字一句都充满了对党和政府的无限信任，它是一封人民委托书。来信介绍的线索是简单的，张家口西的 300 里处，是一个三角地带，它归属河北、山西、内蒙古三省（区）管辖，这个地方有多大啊！要从这个地方找一个没有详细地址的人，那真如大海捞针，实在是件难办的事情。但是，张林元同志没有过多地去考虑这些困难，他这时感叹的是："万恶的旧社会，使多少穷人背井离乡，骨肉分离，今天在党的领导下，一定让他们团圆欢聚。"他立即把我叫到他的办公室，郑重地对我说："这封人民来信很重要，虽然线索不明，但要想办法，一定给他们找到……"我接受了查找赵福庆老人的任务。

当这封信拿到我手里以后，我反复研究了这封来信的内容，按照局长的指示，立即行动起来。首先给祝凤珍写了回信，表示决心为她找到亲人，并请她多多提供线索。同时，根据她提供的线索，开始下手查找。我找来商都地图，但并无"韩大成村"，又在民国时《察哈尔通志》中记载的商都村名中寻找，也没有这个村名。"按图索骥"这一招看来不顶用。

我想，商都过去一些以人名命作村名的，后来有很多只用姓不用名，这个韩大成村是不是现在叫成韩家村呢？于是，我把全县叫韩家村的都找了出来：小海子公社有个韩家村，清河公社有一个韩家村，大库伦公社也有一个韩家村。但按照来信说的距离七台只有一天路程，我想小海子公社韩家村或者清河公社韩家村是她要找的村子。于是，我立即骑马去这两个村调查。在这两个村庄，我挨门逐户地进行访问，特别是注意询问了当地的老年人，但是人们都说从来没有叫过韩大成村，也没有过一个叫赵福庆的人，走访调查没有结果。

我将调查结果向局领导作了汇报。张林元局长鼓励我不要灰心，要继续找下去，一定得为人民找到亲人。有局领导的支持和鼓励，我为人民群众办好事的决心更大了。我想：信中提到的韩大成村离"七台"是一天的路程，这一天是怎么走的信中没说，是骑马还是步行，是牛车还是马车？如果是骑马或者是马车，大库伦公社的韩家村距离七台也是一天的路程。于是我又来到大库伦公社韩家村，但还是没有结果。

为了尽快帮助祝凤珍找到亲人，我想到一个人力量毕竟单薄，如果全局警员都注意这件事，说不定就能问出来。我向张林元局长提议后得到批准，他在全局干警大会上向大家宣读了这封人民来信。又在公社特派员会议上也念了这封信，人们听了以后，个个憎恨万恶的旧社会，人人同情阶级兄弟的遭遇，都表示要把这件事当成政治任务去完成。于是，全局工作人员都结合本职工作，处处打听韩大成村和赵福庆的下落。他们走到哪里问到哪里，见人就问，逢人便讲。访问赵福庆老人的工作，在全县各个角落进行着。

由于战乱，失散的人口不少，20 世纪 60 年代，寻找亲人的来信很多，都是我亲手办理的。只要来信说清村庄和人名，哪怕是小名，我们都能找到，一查一个准，没有一件悬着。祝凤珍同志的这封来信，却让我犯了难。我十分着急，得空儿就向各处打电话询问；出勤时，有时间就四处走访。这封来信我看了又看，生怕落下什么线索，都能熟读如流，但来信提供的线索也就这么多了。不但我着急，许多同志都很着急，我们股的股长苏甲对此事更加关心，他一条腿有残疾，下乡时行动不便，但仍然念念不忘地为祝凤珍找亲人，走到哪个村，就问到哪个村，先后询问数百人次。城关公社派出所所长魏巨才，自从听了祝凤珍的来信后，一直把这事搁在自己的心上，他除了嘱咐全体干警注意打听外，还亲自下手普查户口底册，希望在户口簿的籍贯栏里发现一个韩大成村的线索。他在每次访问居民时，也总要顺便打听一下韩大成村和赵福庆的下落。小海子公社的韩家村，除了我去过两次外，别的同志也专门打听了六七次，但是这个公社的特派员叶世瑞仍不放心，他一次又一次再去访问，并且还问遍了周围所有的村庄。

韩大成村，赵福庆老人，究竟在哪里呢？商都县公安局的同志们人人在打听着。他们不惜千辛万苦，打了几十次电话，走访了几十个村庄，访问数百人次，决心要为阶级兄弟找到亲人，使他们重新团圆，共享今天的幸福生活。但是，全县的各个角落都查到了，没有找出韩大成村和赵福庆老人。

眨眼间，1963年过去了，商都县公安局为祝凤珍寻找亲人整整奔波了一年，但仍然没有结果，人人都为此事焦虑着。这时，祝凤珍又来了一封回信，她在信中说："你局热心为我寻找亲人，我与母亲感谢至极。"但信中没有提供任何一点新的线索。怎么办呢？给祝凤珍回信，以"住址不明，经查找无结果"告诉她吗？不能，这是人民的委托啊！一定得尽力办到。于是，商都县公安局又召开局务会议，再次专门讨论祝凤珍的来信，会议决定：不怕困难，不能灰心，继续查找，一定要千方百计地帮助阶级兄弟重新团聚。按照局务会议的决定，全局工作人员又在新的一年里，重新投入了查找赵福庆的战斗。

山重水复疑无路，柳暗花明又一村。数月之后，处处留心这件事的苏甲同志终于发现了一条新的线索。他在审讯一个盗窃案的嫌疑人时，嫌疑人称，他虽然是兴和人，但从没去过兴和县城，倒是经常来七台。苏甲随口问了一句："你们村附近有没有一个韩大成村？"犯人说，离他们村不远确实有一个韩大成村，这是一个小村，人家不多，解放后已经改名为韩家村了。苏甲同志立即把这个消息向领导作了汇报。

　　韩大成村，就像大海里的一根针，商都县公安局的同志们终于捞到了它，人人感到喜出望外。但是，这个韩大成村是否就是祝凤珍所找的那个地方呢？这个地方是否就有个赵福庆呢？这仍然是个"谜"，公安局的同志决心要揭开这个"谜"。为了不再更多地耽误时间，为了使赵荣莲、祝凤珍母女早日与亲人会面，我们没有和兴和县联系，局长张林元带着我去到这个韩家村做专门调查。调查证实，祝凤珍信中提到的韩大成村，正是这个村子。赵荣莲35年找不到的亲人，终于被我们找到了线索：赵福庆已在1954年去世，赵王氏在卖出两个女儿后的第三年，即得疯病离开了人间，现在韩家村居住的只有祝凤珍的舅舅赵喜奎一人了。我们立即将这一讯息报告给远在沈阳的赵荣莲母女。

　　1963年7月1日，祝凤珍的母亲赵荣莲接到商都县公安局的去信后，急急忙忙从几千里外的沈阳市赶来了。她们在商都县公安局和离散35年的亲人会了面。他们拥抱着、凝视着，激动得热泪盈眶，半晌说不出一句话来，想念亲人已久的赵荣莲只是反复地说着一句话："毛主席真好！毛主席真好！"她的哥哥赵喜奎说："如果不是毛主席、共产党的领导，咱们哪能活到今天？就是活到今天，咱们也见不了面啊！"

　　旧社会，使人背井离乡，不得团聚；新社会使人重新团圆了。多少年来只能在梦乡里见到亲人，今天真正会面了。在这悲喜交加的时刻，赵喜奎兄妹回忆起过去的苦楚：赵荣莲父亲靠给地主扛长工度日月，终年劳动不得温饱。1929年，家乡遭了旱灾，赵荣莲的父亲被地主解雇了，一家人房无一间米无一粒，只好背井离乡，外出逃荒。到了张家口以后，一家人宿在庙里，依靠乞讨求生，有时候三四天不进一口食，她的一个兄弟就这样活活被饿死了。真是祸不单行，正在这饥饿线上挣扎的时候，赵荣莲的父亲不幸又得了伤寒病，全家人都处在死亡的边缘上。为了解救全家人的生命，赵荣莲的母亲忍痛把荣莲和妹妹玉莲卖到张家口，后来，荣莲又被人贩子拐到东北。从此一家亲人分开了。如今，兄妹团聚，他们怎能不万分高兴，又怎能不感谢我们的党，怎能不感谢我们的伟大领袖毛主席呢！

赵荣莲回到沈阳后，怀着满腔的热情让她的女儿祝凤珍又给商都县公安局寄来了一封感谢信。

来信说："旧社会使我们全家骨肉分离，新社会和毛主席使我们全家团圆又团聚，我们全家的高兴，真是无法形容。你们全心全意为人民服务，关心群众疾苦，真不愧为共产党和毛主席的好干部、好战士！我们一定向你们学习，好好工作，倾尽全力报答党和毛主席。"

来信还说："你们千辛万苦为我们找到亲人，使我们更进一步、更深刻地体会到社会主义制度的优越，特别是加深了我们对党和毛主席的无限感激和万分热爱。你们像大海捞针，帮助我们找到了离散35年的亲人，可以想象你们是克服了多少困难，想了多少办法，有多少不知名的同志为我们操劳，为我们走遍了各个角落，这只有在社会主义社会，在共产党和毛主席的领导下，才有可能。我们永远不忘旧社会的阶级苦，一定要好好地教育下一代，来报答党和毛主席。"

姥姥门前唱大戏

乔有才

　　拉大锯，扯大锯，
　　姥姥门上唱大戏。
　　搬闺女，叫女婿，
　　不要脸的外孙也要去。
　　不叫去！就要去！
　　一个逼兜打回去……

　　这是一首在我们当地流传很广，也流传很久的童谣。记得小时候，我们就是这样，手拉手做出拉锯的样子，来回往复，唱着歌谣。到最后，先放手的那边轻轻地打一下对方，把那句"一个逼兜打回去"重重地说出来，就算完成了游戏。非常好玩儿，也非常有趣！

　　伴着这一首童谣和游戏，我度过了快乐的童年。也许是因为歌中传唱的内容吧，我总有一种隔代的陌生感。过去姥姥门上唱大戏，有娘家人来搬闺女回去看戏的习俗？特别是，里头那个戏逗小外孙，不叫去，就要去，一个逼兜打回去……这些用词，专门为情节平添一点喜乐的效果？但我对拉锯和扯锯怎么能和姥姥门前唱大戏扯到一块，始终又解释不了。

即使是那样，我的快乐，也大过了困惑。好在姥姥门前唱大戏，成了我童年最大的安慰。那里即使不在姥姥门前，即使没有所谓的大戏。土土的小戏台，也让我珍爱不已。

我对大戏的理解，也局限于童年的认知当中。大概以为县里的晋剧团，那样的排场、阵容、水准、气势，就是大戏了。小时候虽说是看过，也不懂戏文，只见舞台效果，却也震撼到了。

真正有一场好戏，用大戏去作比喻，似乎又不妥，我曾看过一场高水平的演出，所以也有些疑问，它归不归大戏里头。这场演出，就是现代京剧《智取威虎山》。

我们村，就在元宝山下，当年山下驻有部队，就在李四村，距离我们村也就二三里。那年，这个部队抗洪抢险牺牲了一位战士，名叫黄忠柱。因他被追认为英雄，师部文工团就专门到此地进行慰问演出，上演的就是《智取威虎山》。

记得那是个大热天，舞台上，上山打虎的杨子荣，穿林海，跨雪原，一身皮袄裘装的土匪打扮，虽然大汗淋漓，却依然豪气万丈。我亲眼见到的舞台形象，鲜活到近可触摸，原来电影中的画面，能搬到舞台当中？戏剧艺术，是这么令人陶醉！

可以说，它是我小时候唯一看过的一场大戏，演出质量和水平最高的戏剧作品。

我从小出生在乡下农村，也没有出过远门。外面的世界，根本没见过。除了上学，就剩淘气了。电影和戏剧，就是展示给我们的一个认知窗口。不知啥时候才能有公社的放映员赶着驴车来放一场露天电影。当年的片子，多半是重复的《地道战》《地雷战》之类的。虽然台词都会背了，却还是让我们新鲜到看不够。

我们村靠近元宝山，元宝山驻地部队是常常上映电影的。一有消息，好客的李四村人，就捎话过来，说部队要放电影了。我们一伙结伴同行，不等半后晌，就赶到李四村西北边的部队营地。营地里的秩序和整齐，军号和队列是另外一个世界的符号。部队的电影，也是我们不曾看过的外国影片。也是战争片，以南斯拉夫和阿尔巴尼亚的居多。有时候，看不懂，但新奇！

我总是不厌其烦地说起小时候的看电影了。用现在的话说，还是精神生活太单一了，以至于形成的饥渴状态吧？

当年我们村，是公社里剧团节目演出最好的大队。想一想，那是很不错的感觉！那个团队也肯定非常棒！包括导演、编剧、司琴，特别是演员。

我姥姥家就出了三位拿大梁的主角，我的三姨、我的六舅和六舅妈。我三姨长得苗条秀丽，人样子又好看，我的六舅也是数一数二的好人才，帅气的小哥，六舅妈更是全村的大美人。

我不记得三姨演过啥？当过甚？反正我六舅当过《沙家浜》里的胡司令。因为也姓胡，又兼职导演，村里人就称他胡司令。我的六舅妈扮演的是阿庆嫂。他们的爱情，大概也就是从那戏剧搭档开始的吧？因为我还小，已经记不得他们演出了，但知道他们都是唱红的主角。

他们那一茬过后，就轮到我三姐她们一拨又上来了。现代京剧样板戏已经不是主流剧目，取而代之的，也不过是当时时行的一些小戏曲。

好像是每年秋收过后，刚入冬，剧团就又重新开始排练了。几乎一个冬天，我们都能听到锣鼓、弦乐和笛子的声音，以及吊嗓子、唱念的调子。单等正月时节，除了去公社会演，便在村里演出。

演出之前，人家还在吃饭的时候，招人的锣鼓"咚咚"响起，激得人心里火儿火儿的，生怕误了看戏。

每次演出，都是在大队的大礼堂。未开戏前，礼堂里已站满了人。年龄小的，为抢地势，早先占了前排，后面大一点儿的，就起哄，一浪一浪地往前拥挤，有的孩子小，也不知被挤哭多少次了。因为不讲秩序，也催生出一个铁面的打场子人。手里扬着皮带，劈头盖脸地向观众席打过去，口中还不停地骂骂咧咧的。唯有在开戏之后，人们才会安静下来。

汽灯滋滋地响，发出耀眼的白光，报幕员站出来报幕之后，幕布缓缓拉开，展示出布景舞台，音乐声、梆子声、鼓点儿依次响起，正式演出开始。

我看戏，从来没有受过那样的罪。三姐是主唱，也给了我最大的呵护。戏台两边，是琴师们的位置，三姐就将我安顿在他们背后，有时，三姐因为剧务，照顾不到我，怕清台的把我撵下去，就把一些小道具，比如绸带、戏服或其他小玩意儿，让我保管。他人见了，也无奈，只得作罢。

也许你能想象出来，我的看戏，也成了全视角的了。不仅是台前，幕后，还有台下的观众。我喜爱艺术，大概就是启蒙于这小时候的亲身经历吧？

我刚上小学不久，姥姥就将六舅留下的两本样板戏的剧本和一把京胡给了我。两本剧本，一本是带彩照的《沙家浜》，一本是《沙家浜》《红灯记》和《智取威虎山》的合集普本。

样板戏的盛兴在我成人之前，但我不仅记得里面的台词，甚至还会一些唱段。那两本剧本，也被我翻得稀烂。只是京胡没学会，至今也是吱吱呀呀地瞎圪锯。

姥姥家离我们家不远，最多两根电线杆 100 来米的距离。童谣里，姥姥门前唱大戏，总是应景地给我关联起来。那年头，还有什么能比得过小小舞台带给我的快乐感觉呢？

民俗拾遗

巴达木图民俗拾趣

郝秀英　哈斯巴特尔

　　简单地说，民俗是民间流行的风尚、习俗，是指一个民族或一个社会群体在长期的生产实践和社会生活中逐渐形成并世代相传、较为稳定的文化事象。弘扬民俗文化，对增强民族凝聚力有着十分重要的意义。

　　商都县巴达木图（俗称小庙子）嘎查的蒙古族属于察哈尔部落蒙古族，而且本嘎查是清朝察哈尔军民第一次西迁戍边的出发地。察哈尔礼仪风俗是蒙古民族传统文化的重要组成部分，是了解察哈尔蒙古族繁荣发展历史的窗口，其内容丰富多彩，涵盖物质生活、精神生活和社会生活。这里只介绍本嘎查蒙古族的过年、祭火、祭敖包及信仰习俗，以飨读者。

过　年

　　过年是蒙古族一年中最隆重而热烈的传统节日。蒙古族把农历正月称为"查干萨日"（意为白月）。蒙古族崇尚白色，把岁首之月称为白月，以示纯洁、美满、吉祥、幸福。在白月中举行多种形式的活动。

巴达木图嘎查的过年基本上与其他地方察哈尔人过年一样，仍然保持着世代传承的风俗习惯。腊月二十三日祭火，过小年。祭火后第七天便是大年初一，这七天被称作"火与年的间隙"，是准备新年最为繁忙的日子。妇女们赶制新衣、清扫家室、炸粿条、包饺子；男人们打扫棚圈、修剪打扮马鬃马尾、晾晒新年要穿的衣服、除去旧尘。

除夕，蒙古语叫"毕囤"，是圆满或封住的意思。这一天是最热闹而忙碌的日子。家家户户换新衣、贴对联、上烛香、燃佛灯、供佛祭祖、备年饭、摆看盘。摆盘是十分重要且需要技巧的活计，看盘里摆满油炸粿条、奶豆腐、奶皮、乳糖、红枣等琳琅满目的食品，有三层、五层、七层，高大而美观、色味俱佳，体现牧民的勤劳和智慧。看盘仅供人们欣赏，而不能拆下来吃，而且一般留到正月十五方可拆下。串门拜年时首先映入眼帘的是精美丰盛的看盘，拜年的客人们还评论一番谁家的看盘好看。除夕白天，晚辈们向邻里的老人们拜旧年、请安问好。

大年初一，兴奋的人们天未亮就起床，洗漱打扮，穿戴整齐，熬制新年奶茶，首先给家里的老人拜年、敬酒、献哈达、行鼻烟壶礼。这时，长辈祝福你长命百岁、终生幸福等。随后全家人也互拜新年。家庭内部拜年结束后，每家人不分尊卑、不论贫富，挨家挨户串门拜年。小孩子们跟上大人或三五结伴背上小包串门，每家还为孩子们备足新年礼物，有月饼、糖块、红枣等，孩子们得到礼物之后装进背包里，兴高采烈地带回家，过年期间也积攒不少糖果，然后十分珍惜地慢慢食用。

在邻里间拜完年后，初一至初三，人们骑上剪修打扮的骏马前往近亲挚友家拜年贺岁。初三之后，男人们多到远方和一般亲朋好友家拜年。给亲戚拜年时带上哈达、酒和其他礼物，其中哈达是必不可少的。晚辈们给父母长辈拜年时，先请长辈入座，双手平举哈达向长辈行单腿屈膝礼后再与长辈对举哈达，然后交换鼻烟壶。

祭　火

崇拜火是蒙古民族古老的传统。蒙古民族认为，火是纯洁的象征、神灵的化身。火灶是民族、部落和家庭的保护神，可赐予人们幸福和财富，也是人丁兴旺、传宗接代的源泉。蒙古族祭祀火神要用羊胸叉、奶食品、酒等供品。在家祭火时，男主人双手托起煮好的羊胸叉放入图拉嘎（火撑子）火中，全家人对着火焰向火神叩拜祈祷。图拉嘎，汉语叫火撑子，是一种腰缠三箍，上有四个支撑点的火架子，里边放干柴，把蓝、白、黄、红、绿五彩布条挂在火撑子或木柴四眉上，分别代表蓝天、白云、黄教、绿色的生命。

现在本嘎查在庙前已有集体祭火专用的巨型图拉嘎，祭火时，家家户户带上供品前去摆在备好的长桌上，待喇嘛诵念祭火经后，大家口念呼瑞顺时针绕图拉嘎三圈，将供品放入图拉嘎里的旺火中，行三拜九叩礼，一起叩拜祈祷，尽情享受火神给予的恩施。

祭　敖　包

祭敖包是蒙古民族盛大的祭祀活动之一，也是草原民族崇尚自然的表现形式之一。祭敖包经国务院批准列入第一批国家级非物质文化遗产名录。早先蒙古族以为，天地是人类赖以生存的源泉，特别加以崇拜。由于天地神没有偶像，于是人们就把敖包当成对接天地神的象征，进行祭祀。人们通过祭敖包祈求天地神保佑人间风调雨顺、牛羊兴旺、国泰民安。

祭敖包的时间不固定，但多在阴历五月十三日，巴达木图敖包祭祀时间是阴历六月十三日。祭敖包那天，牧民们（按祭敖包礼仪已婚妇女不得上敖包）五更天带上祭品上到敖包山，开始准备祭祀活动。

祭祀时，在敖包前的供台上摆放整羊、奶食、酒、茶、糕点、水果等供品，由喇嘛分香点火，诵词念经，牧民们都围绕着敖包，顺时针转三圈，同时将供品撒向敖包，然后向敖包跪拜祈祷平安、求神降福。

待敖包祭祀仪式结束后，举行传统的赛马、射箭、摔跤、演出等文体活动。然后，所有参与祭祀活动的人员举行会餐，所有花费均由本嘎查牧民自愿奉献。如有人家遇有丰年或喜事也单独承办。各地祭祀敖包基本上所有人员都要参与，如因特殊原因不能参加也会将礼金献上。

信　仰

喇嘛教是巴达木图嘎查蒙古人由来已久的信仰。它和人们日常生活息息相关，结婚庆典、丧葬礼仪、乔迁新居、小孩起名都要请教高僧大德。巴达木图庙历史悠久，在佛教界享有很高的声誉，据传说，本寺庙喇嘛佛学文化较高，历代活佛在喇嘛教中威望颇高，所以，这里的人们为是巴达木图人而自豪，邻近旗县的蒙古人经常前来朝拜供灯并参加庙里每月进行的诵经会或大型法会。每当举办大型法会时，每家都自愿承担所有香客和僧人的一日三餐，以此了却一大心愿。在巴达木图嘎查供养僧人和寺庙酥油香火是每个人应尽的义务，钱多多出，钱少少出，如很少参与，这人或这家在人们的心目中便没啥地位，让人瞧不起。

这就是今天生活在商都县十八顷镇巴达木图（小庙子）嘎查的察哈尔蒙古人。

蒙古语谜语

——极具意义的语言艺术

哈斯巴特尔

　　蒙古语谜语是蒙古族民间文学的重要组成部分，是一种特殊的韵文形式的语言艺术。其主要特点是不去直接描写事物，而是运用比喻、拟人、象征等手法，以诗歌形式描绘某一事物的特征。虽为韵文体，但又不像其他韵文体那样直抒情怀，而以描写性质相同或相近的另一事物和现象去表现真实含义。它的内容广泛、形式多样、妙趣横生，引人入胜，深受蒙古族人民的喜爱。

　　蒙古语谜语是我们的祖先在长期的生产劳动和生活实践中发明创造并完善发展的宝贵的文化遗产，也是蒙古族劳动人民集体智慧的结晶。它在蒙古族人民群众精神文化生活中发挥着启迪智慧、丰富知识和活跃文化生活的作用。

启迪智慧

　　谜语是根据某一事物的特征、性质、作用，通过形象的手法加以描绘，然后巧妙地设置疑团来让人们猜测其谜底的。如"小鸟落于树枝头，全身布满小点点。"——顶针。"以腹食入，从背排出。"——

推刨。猜测谜语需要根据谜语中所提供的某些现象和特征，经过分析、推理、联想等思维活动来解开疑团。这个过程可锻炼人的思维能力和解决问题能力。猜测谜语又是一种竞技性活动，猜测谜语促使大脑积极思考，激发人们的想象力，开启智慧大门。再说，谜语还需要记住后讲给别人听的，背谜语能锻炼记忆力。这些精神活动，对开发智力，特别是对儿童少年的智力开发，具有很好的作用。有人称谜语为"智力体操"，也不为过。

丰富知识

蒙古语谜语涉猎的内容很广，上知天文，下知地理，应有尽有、包罗万象。如，"云不像云，烟不像烟，浮于风力，散于阳光。"（雾）"生于光露，断于风速，躺于洼地，死于深谷。"（刺沙蓬）谜语是一种语言艺术，它的语言丰富、生动、形象，朗朗上口、易记易传。通过猜谜语、说谜语可以学习词汇，学会用词，提高语言表达能力。谜语也是一种文学体裁，即民间文学的特殊形式，它不仅韵律感强，而且运用比喻、拟人、象征、对比等文学手法，所以，通过猜测谜语可以学习文学知识，提高文学修养。特别是谜语中的生活知识很多。如，"相同一对船，却无桨和帆，白天载人员，晚上睡地板。"（鞋）"昼间三角形，夜间正方形。"（蒙古包天窗的幪毡）还有各种文化知识、科技知识等。如，"不知从何而至，形状如同方盒，既能说又能唱，为人传递新信息。"（收音机）

总之，我们通过说谜语、猜谜语可学到多方面的知识，而且在娱乐中学知识，在学习中得乐趣。

活跃文化生活

过去，由于经济文化落后，在偏远的牧区文化娱乐生活贫乏单调。当时，一家人或邻里乡亲聚在一起猜谜语是一种很好的娱乐形式，它不受时间、场地限制，生动活泼、幽默风趣，可活跃业余文化生活，增添欢乐气氛。如今，虽然文化生活很丰富，但是人们也很喜欢猜谜语，蒙古族在微信平台猜测谜语比较普遍。

蒙古语谜语与其他民间文学形式一样为蒙古民族文学花园增添了光彩。尤其是在开发少年儿童智力方面发挥了不可低估的作用。让我们继承和发展这一极具意义的语言艺术，使其在提高民族文化素质方面发挥更大的作用。

家乡的端午节

肖东芳

时间在静静地流淌，一年一度的端午节如期而至。

大街上到处都飘散着粽子和艾草的清香。经过早市门口，地摊上摆着显眼的端午小物件——花线绳、小公鸡、小香包……为端午节增香添色，引得人们流连驻足。此情此景，我的思绪不由得飞回到小时候家乡的端午节。

那时候，我们村里人不知道端午节是为了纪念楚国诗人屈原的日子，所以不知道粽子的由来，更不懂赛龙舟是什么？

其实，端午节的习俗很多。全国各地因地域文化不同，每个地方的习俗内容在细节上也有相应的差异。记忆中，我村的端午节也极有特色。它丰富多彩、神秘而又充满了欢乐。

凡是刚出嫁不久没生娃的女儿，端午节都要回娘家住一天，叫"躲端午"。听说贱蛤蟆（癞蛤蟆）都躲端午了，我闺女怎么不能躲端午呢？其实父母是想女儿了，趁此机会，借口让女儿回家看看，能吃一顿好饭，再一起叙叙旧。

说起贱蛤蟆躲端午，确有此事并令人咋舌。那时候，一到夏天，我们常去西河沟玩耍。看见深水处的癞蛤蟆们，自由自在地窜游，有的相互还背着摞摞。傍晚时分，听取蛙声一片。可端午节这一天，真是猫儿吃菜了——奇了怪了。蛤蟆们忽然销声匿迹，无踪无影。传说，端午节如果能逮到贱蛤蟆，扒之皮，贴在长有毒痈疮人的身上，保证药到病除。可端午节这一天，你去哪里找蛤蟆？妄想！

从初一二开始，家家户户的门头上和窗头上都贴上了妈妈们用五彩纸叠好拼接起来的棱形块儿五彩符。远远望去，五色斑斓，特别引人注目。五彩符也有祈福避邪之说，预示祈求着一年当中能够风调雨顺，五谷丰登。

接着，许多小伙伴们的胳膊腕上、腿腕上，还有前胸的纽扣上，都挽着两种（必须是红黄二色）和五种颜色搓成的精细的花线绳。传说农历五月是恶月，有一种叫蚰蜒的毒虫，专门往小孩身上疯狂窜咬，甚至会钻进小孩的屁股里。如果戴上花线绳，毒虫就再不敢上身啦！

看见小伙伴们大多有了花线绳，我好生羡慕！赶紧回家缠着母亲给我搓花线绳。母亲没有彩色线，就领上我去房后头干妈家找秀姐姐。那时秀姐姐在我心中很有钱，她已找了对象。她用彩礼钱买了许多五颜六色的彩色线，用来刺绣花枕套、小被单等。热情大方的秀姐姐为我精心挑选出五种颜色和两种颜色的彩线搭配在一起，然后挽起裤脚，在白嫩的腿肚子上伸展修长纤细的手指，娴熟地搓起来：一下、两下……很快就搓好了。于是，我的两胳膊上、腿腕上、前胸上也有了花线绳，我的心忽然又美又亮堂。

端午节若能吃到粽子那该多好啊！可那时村里人都很贫穷。

随着端午节的临近，一天，村里忽然来了一个担夫，吆喝着卖粽子。呼啦啦围过一圈人，尤其是我们小孩子，好奇地睁大眼睛，瞅着两半桶湿漉漉的绿棱形的东西，香得哈喇子都快流出来了。母亲们也好诱惑，都想给自家的孩子哪怕买上一个，来尝尝鲜。可只有两位妈妈从兜里翻出一分、二分凑起来的五分零散硬币，各自给孩子买了一个。剥开里面，是黏黏的黄黄的小米，当中横卧着一个小小的馋人的红枣。那粽子太小了，孩子一口就吸溜进肚了。吃完粽子，又把粽叶皮舔了又舔。其余人都眼巴巴地瞅着，闻着一股余香味儿，津津乐道……目送着担夫走远，直至消失得无影无踪。

随着时代的发展，城里人开始在家蒸江米凉糕。母亲和住在商都县城的大姨学了做凉糕的手艺。每年快到端午节，母亲提前去城里买回粽叶子和江米，便吩咐在乡里头教书的父亲，顺便去供销社称上一斤红枣，再买一包白砂糖回来。

初三吃罢晚饭，母亲就张罗着把长粒江米用水淘了再泡上，把粽叶子和红枣分别洗干净，再把粽叶子泡在盆子的热水中，上面还要扣上几只空碗，为了使粽叶子充分泡湿。

看见满小盆红润润的枣子，我故作矜持地说："妈！我给剥枣核吧！"因为那时一般买不上鲜枣，都是干的，所以许多枣子里难免有虫子。母亲巴不得我这个小懒汉做营生，便爽快地一口应允。其实我心里早已打好了如意小算盘：我剥枣的时候，能把残存在枣核上的一点点枣肉放到嘴里来回啃，用来打打牙祭，事先解解肚子里的馋虫。

第二天吃罢晚饭，母亲把淘了又泡、泡了又淘的嫩水江米一股脑儿倒进一口出勺大锅里；一鼓作气烧滚，再小火慢煮，水没了，江米粘连在一起；再把泡好的粽叶子依次密密挨挨铺满笼屉；然后把熟米铲到粽叶子上，摊平，把无核红枣全部镶嵌在中间一层；上面再摊上一层熟江米，从中心依次把粽叶子码放一圈儿后，再依次把粽叶插放一圈又一圈。蒸笼上马上像盛开的一朵大莲花，令人赏心悦目而又垂涎欲滴。最后，母亲把泡过粽叶的水轻轻地泼洒在最上层的粽叶上，并不住地用手拍打按压。母亲说这样铺粽叶能锁住泡粽叶水的水分，使味道更浓。按压是为了凉糕变得更筋道细腻，吃起来更可口。最后母亲把笼稳放在添好水的锅里，上面还要压上一块切菜板子，盖上锅盖。为了蒸汽尽量不外漏，锅盖上还要压上斧头。

真正蒸凉糕的任务就交给了父亲。堂屋的光线逐渐暗了下来，煤油灯那豆大的火花儿在昏暗的屋子里滋滋地响着；拼命地闪烁着、跳跃着。父亲"吧嗒吧嗒"悠悠地拉着风箱，红红的炭火映照在父亲绛紫色的脸膛上。父亲的脸上带着特别甜蜜和意味深长的笑容，犹如天边一抹神秘的晚霞。

睡梦中还惦记着蒸好的江米凉糕。清晨天刚蒙蒙亮，我们从被窝里一骨碌爬出来，赶紧穿好衣服，梳小辫……走进堂屋，一股粽子的清香扑鼻而来，沁人心脾。这时，父亲已踏着晨露拔回了艾蒿。他用线绳认真地把艾捆好，郑重地拴在堂屋的门头上，用以迎祥纳福，驱虫避邪。还留下一小撮，母亲分别挂在我们的耳朵上，放在洗脸盆里，来表达他们对孩子的艾（爱）。我们嗅着艾蒿的清香，用浅绿的艾水洗脸，感受着这份浓浓的爱。

等我们一个个洗罢脸，母亲就赶紧掀起了锅盖，拿掉上层的粽叶子。捂了整夜的凉糕，晶亮晶亮的，像一块硕大瓷实的透着微绿的无瑕美玉。接着，母亲喜笑颜开地用铲子认真地划切成小方块，分别铲在我们的碗里，撒上白糖。我早就迫不及待了，赶紧咬一口。嗯！清香软糯，滑甜爽口。

而后，母亲又盛在盘子里三大块，撒上白糖，隔墙吆喝着二婶："粉梅！粉梅……"那时，村里人大多还不会做凉糕。二婶笑盈盈地过来了，"她大娘，单（端）午节又得蒸凉糕了？""嗯，可精啦！赶快跟她二叔还有孩子们吃去吧！"二婶仍然笑盈盈的，恭恭敬敬、小心翼翼地接过去，和家人一同分享去了……

接近中午，太阳似乎更热情了，大地像融入了明晃晃的镜子里，亮堂堂的。下课在学校的院子里玩儿，空气中忽然传来了油炸糕扑鼻的香味。同伴们会不约而同地惊呼起来：谁家锅底塌了！好香！早晨我吃的凉糕早已消化了，此时肚子也不听话，叽里咕噜地叫起来。心里头总有一种蠢蠢欲动，想立刻跑回家的感觉……

一进屋，当炕一盆红黄红黄的油炸糕吹起了密密麻麻的小泡泡，还有每人一大碗黄灿灿的炒鸡蛋，叫人垂涎三尺。我和妹妹都迫不及待地爬上炕，端起碗就吃……开始满嘴喷香，吃着吃着再也加增不进去了，就把剩下的半碗炒鸡蛋放在窑窑里。饱嗝儿连天。晚上食欲又上来了，一口炒鸡蛋，一口凉糕……舒适而惬意的五月端午，悄悄溜过。

剩下的凉糕，放在西凉房的一个瓷盆里，母亲用湿笼布撒住，至少还能吃两天。

端午节刚过不久，雨水逐渐多了起来。雨，密密地斜织着，沙沙沙……敲打着门窗、艾叶和符。艾叶在风中欢快地摇啊摆啊！整个五月在不知不觉中结束了。我们按照本村的习俗，把花线绳解下来，扔到羊圈里。我真舍不得秀姐姐的"杰作"，我也搞不懂为什么要扔到羊圈里？只有那捆艾草和符静静地候在堂屋门头上。有时艾叶被风一吹，像个头发蓬乱的孩子，活蹦乱跳。符，渐渐地褪了色。早已吃完的凉糕，仍在我心中久久地回味着，直到第二年的端午节。

我在祈盼中戴秀姐姐的花线绳和父亲的艾、吃母亲的凉糕和那一大碗炒鸡蛋，一年年，不知不觉，渐渐长大。

故乡的端午节令我怀念，给我遐思。它浸透着一种浓浓的乡亲，亲情！